高等职业教育精品教材

工程机械管理

罗来兴 主编
管会生 马秀成 主审

西南交通大学出版社
·成 都·

图书在版编目（CIP）数据

工程机械管理 / 罗来兴主编. —成都：西南交通大学出版社，2022.8（2025.9 重印）
ISBN 978-7-5643-8782-2

Ⅰ. ①工… Ⅱ. ①罗… Ⅲ. ①道路工程 – 工程机械 – 高等职业教育 – 教材 Ⅳ. ①U415.5

中国版本图书馆 CIP 数据核字（2022）第 129811 号

Gongcheng Jixie Guanli
工程机械管理

罗来兴 主编

责任编辑 刘 昕
封面设计 何东琳设计工作室

出版发行 西南交通大学出版社
（四川省成都市金牛区二环路北一段 111 号
西南交通大学创新大厦 21 楼）
邮政编码 610031
发行部电话 028-87600564 028-87600533
网址 https://www.xnjdcbs.com
印刷 四川玖艺呈现印刷有限公司

成品尺寸 185 mm × 260 mm
印张 16
字数 371 千
版次 2022 年 8 月第 1 版
印次 2025 年 9 月第 3 次
书号 ISBN 978-7-5643-8782-2
定价 53.00 元

课件咨询电话：028-81435775
图书如有印装质量问题 本社负责退换

前言
PREFACE

工程机械机构极为复杂，规格繁多、种类复杂的技术结构，涉及工程多个知识领域。此外，工程机械采购选择、出工使用、日常维修保养这些方面都存在着一定的技术门槛。因此，如何管好、用好工程机械设备就成为广大工程建设单位的管理者、机械工程师面临的重要课题。

本书以活页式教材方式引导学生完成工程机械管理领域学习情境中的典型工作任务，促进学生综合能力提升；按照高等职业教育的特点，根据行业企业专家和专业教师的意见，在同类教材的基础上，结合行业数字化、网络化、智能化发展，把工程机械管理的知识、技术、方法融入典型工作任务，强调实用性、可操作性，更有利于学生对国内工程机械管理的学习。

本书内容包括认识工程机械设备管理、工程机械设备控制管理、工程机械经营与租赁管理、工程机械使用与备件油料管理、工程机械维护管理、工程机械修理管理、工程机械安全管理、工程机械智能监控共八个学习情境。为便于学生掌握工程机械管理知识和技能，本书在每个学习情境的开始均明确提出知识、能力目标，以引导学生把握重点、要点、难点；根据学习情境具体内容设置若干工作子任务，通过引导式问题，使学生逐步掌握工程机械管理核心知识和技能，并通过拓展学习，更深入了解工程机械管理；为检验学生知识和技能掌握、职业素养目标达成等情况，在每个子任务中设置自评与反馈、课后巩固。

本书全面涵盖了工程机械管理主要内容和技术要求，引入了企业实际案例，实用性强，符合高等职业教育特点，非常适合作为高职高专工程机械相关专业工程机械管理课程教材。

本书由四川交通职业技术学院罗来兴副教授主编，西南交通大学管会生教授、沃尔沃建筑设备（中国）有限公司马秀成高级工程师主审。其中导言和学习情境八由罗来兴编写，学习情境二由四川交通职业技术学院李克编写，学习情境三由四川交通职业技术学院陆明洁编写，学习情境四和七由四川交通职业技术学院王世良编写，学习情境五由四川交通职业技术学院童严编写，学习情境六由四川交通职业技术学院李静编写，学习情境一由谢武斌编写。

在编著过程中，本书得到了沃尔沃建筑设备（中国）有限公司、四川省建筑业商会沥青路面分会、蜀道投资集团有限责任公司、四川冠中工程机械有限公司、四川三祺资产管理有限公司、成都龙建达工程机械有限公司等单位的专家、同行的大力支持，在此表示诚挚的感谢！鉴于编者水平所限，书中难免有不足之处，敬请各位同行及广大读者不吝赐教。

编　者

2022 年 3 月

目 录

CONTENTS

导 言

一、课程性质

“工程机械管理”是基于工程机械工作过程开发出来的学习领域课程，是高等职业教育智能工程机械运用技术专业教学标准中确定的专业核心课程。

适用专业：智能工程机械运用技术

建议学时：64 学时

二、典型工作任务

科学、高效、安全的管理是提高工程机械运用水平的关键内容。随着各种新技术、新工艺、新材料、新设备不断出现，工程机械管理的内容和方式也在不断变化。技术人员需要在正确理解工程机械设备管理的地位和作用基础上，运用人工智能、物联网、大数据等智能监控手段，掌握动态运作实时监控，按照国家安全、环保、低碳等方面的技术规范开展控制管理、经营与租赁管理、使用与备件油料管理、维护管理、维修管理、安全管理。

三、学习目标

通过本课程的学习，同学们应该能够

（1）正确地认识工程机械管理主要内容，理解管理在工程机械运用过程中的地位和作用；

（2）掌握工程机械信息管理与统计分析、检查评价方法，开展工程机械资产管理和经济管理；

（3）根据运用技术要求开展工程机械整机、零备件经营管理，掌握工程机械租赁和风险管理方法；

（4）掌握工程机械使用合理性评价方法，编制工程机械需求计划，根据使用需要进行仓库管理和常用油料选用；

（5）根据工程机械使用要求完成维护，按照分类开展工程机械维修管理；

（6）掌握工程机械安全转场的方法，对事故进行预防和处理；

（7）了解智能施工过程中的机群组网方式，运用人工智能、物联网等技术开展智能监控，并进行大数据分析，以提升工程机械管理能力。

四、学习组织形式和方法

针对学生群体，本课程对学习组织形式和方法的建议如下。

亲爱的同学：

你好！欢迎学习《工程机械管理》课程！

通过这本活页式教材学习如何完成工程机械管理领域中的典型工作，促进综合能力提升，使你成为工程机械管理技术能手！

在正式开始学习之前请你仔细阅读以下内容，了解即将开始的教学，做好学习准备。

1. 主动学习

在学习过程中，你会发现本课程与传统课堂讲投为主的教学有着本质的区别——你是学习的主体，自主学习将成为本课程的主旋律。工作能力只有通过自己亲自实践才能获得。在工作过程中获取的知识最为牢固，而教师在你的学习和工作过程中只能对你进行方法的指导，为你的学习与工作提供帮助。

2. 用好工作活页

首先，要深刻理解学习情境的每一个学习目标，利用这些目标指导自己的学习并评价自己的学习效果；其次，要明确学习内容的结构，在引导问题帮助下，尽量独自地去学习并完成包括填写工作活页内容等整个学习任务；同时你可以在教师和同学的帮助下，通过查阅现行技术规范、参考文献等资料，学习重要的工作任务知识；再次，你应当积极参与小组讨论，去尝试解决复杂和综合性的问题，进行工作质量的自检和小组互检，并注意操作规范和安全要求，在多种技术实践活动中形成自己的技术思维方式；最后，在完成一个工作任务后，反思是否有更有效的方法完成工作目标。

3. 团队协作

课程的每个学习情境都是一个完整的工作过程，大部分的工作需要团队协作才能完成，教师会帮助大家划分学习小组，但要求各小组成员在组长的带领下，制定可行的学习与工作计划，并能合理安排学习与工作时间，分工协作、互相帮助，互相学习，开展交流，大胆发表观点和见解，及时、保质、保量地完成任务。你是小组中的一员，参与和努力是团队完成任务的重要保证。

4. 把握好学习过程和学习资源

学习过程是由学习准备、计划与实施和评价反馈所组成的完整过程。需要在学习中完成观察与独立思考、动手操作和评价反思。

对于学习资源，你可以参阅每个学习任务结束后所列的相关知识点。此外，也可以通过图书馆、互联网等途径获得更多的专业技术信息，这将为你的学习与工作提供更多的帮助和技术支持，拓展你的学习视野。

预祝你学习取得成功，早日成为工程机械管理领域的技术能手！

针对教师群体，本课程对学习组织形式和方法的建议如下。

尊敬的老师：

您好！感谢您选择《工程机械管理》这本活页式教材！

本课程针对智能工程机械运用技术专业典型工作任务学习领域课程开发的活页式教材，是一本强调学生主动学习和有效学习的新型教材。它的特点是在学习与工作一体化的情境下，引导学生完成“工程机械管理”这一职业典型工作任务，经历完整的学习与工作过程，在培养专业能力的同时，促进其关键能力和提高综合素质，从而发展学生的综合职业能力。

1. 教师作用与有效教学

在教学组织与实施方面，需要组建教学团队，构建和改善教学环境，以实现工作过程系统化的教学；在指导学生学习时，请尽量改善学生的学习环境，为学生提供学习资源，充分调动学生学习的主动性，让学生在小组合作与交流的氛围中，尽可能通过亲自实践来学习，并加强学习过程的质量控制，耐心指导和有效的管理将使学生学习效率更高。

2. 学习目标与学业评价

学习目标反映学生完成学习任务后预期达到的能力和水平，包含专业能力与关键能力，既有针对本学习任务的过程和结果的质量要求，也有对今后完成类似工作任务的要求。每个学习目标都要落实到具体的教学活动中，对学生的学业评价要在学习过程中体现，您可以通过学生的自评、小组同学的互评及您的检查与评价来实现对学生学业的综合评价。

3. 学习内容与活动设计

本课程的学习内容是一体化的学习任务。在教学时，您可以根据当前的实际情况自行设计或者从企业引进一个真实的案例作为教学的载体。重要的是要建立任务完成与知识学习之间的内在联系，将完成工作任务的整个过程分解为一系列可以让学生独立学习和工作的相对完整的教学活动，这些活动可以依据实践教学情况来设计。在实施时，要充分相信学生并发挥学生的主体作用，与他们共同进行活动过程的质量控制。

4. 教学方法与组织形式

本课程倡导行动导向的教学，通过问题引导，促进学生进行主动的思考和学习。请您根据学习情境所需的工作要求，组建学习小组。学生在协作中共同完成工作任务。分组时请注意兼顾学生的学习能力、性格和态度等个体差异，注重学生个性化发展。

5. 其他建议

建议您在教学过程中，加强对教学环境的管理，强调必须按照操作规程，安全文明施工，做好安全与健康防范预案。

预祝这套活页式教材使您的教学更为有效！

五、学习情境设计

结合工程机械管理典型工作任务主要内容，按照任务驱动教学思路，本教材将主要内容划分为认识工程机械设备管理、工程机械设备控制管理、工程机械经营与租赁管理、工程机械使用与备件油料管理、工程机械维护管理、工程机械修理管理、工程机械安全管理和工程机械智能监控共八个学习情境，具体学习情境设计如表 0-1 所示。

表 0-1　学习情境设计

序号	学习情境	学习任务	任务简介	学时
1	认识工程机械设备管理	（1）工程机械设备管理知识和技术认知	按照工程机械设备使用要求，学习工程机械管理基础知识、基本技术，并能灵活应用	2
		（2）认识工程机械管理的地位和作用	按照工程机械设备管理要求，正确认识工程机械管理的地位和作用	
2	工程机械设备控制管理	（1）工程机械分类管理	根据施工企业管理的需要确定固定资产的分类方法，并能按照实际施工的需要对工程机械进行分类管理	12
		（2）工程机械信息管理与统计分析	根据实际施工的需要建立施工机械的信息化管理系统，并能使用信息化管理系统对机械设备进行经济核算	
		（3）工程机械设备检查与评价	根据实际施工的需要确定机械设备检查的分类及机械设备检查的主要内容，并能根据企业需要进行机械设备技术等级评定	
		（4）工程机械资产管理	根据实际施工的需要进行机械的购置、验收、安装和调试	
		（5）工程机械经济管理	根据实际施工的需要确定机械设备技术经济定额，并能按照企业需要对机械设备进行经济核算和经济分析	
3	工程机械经营与租赁管理	（1）工程机械整机、零备件销售管理	根据客户需求，制定合理的工程机械销售流程，并能依据工程机械零备件特点选择不同的销售模式	12
		（2）工程机械租赁方式选择	依据设备特点、客户需求，指定不同的工程机械设备租赁模式	
		（3）租赁方案分析	依据不同的条件计算租金，并由此选择适合的租赁方案	
		（4）租赁营销策略确定	根据用户实际需求设计并推销机械设备租赁方案	
		（5）融资租赁的风险管理	明确融资租赁过程中所面临的各类风险并进行有效防范	

续表

序号	学习情境	学习任务	任务简介	学时
4	工程机械使用与备件油料管理	(1)工程机械使用合理性评价	(1)工程机械使用制度与操作规程的具体要求; (2)工程机械合理使用的标志; (3)选择施工机械的一般原则、配置方案评价体系	12
		(2)编制工程机械需求计划	(1)工程机械配套的基本要求和原则; (2)工程机械需求量计划的基本内容; (3)工程机械设备配置依据、进场计划	
		(3)工程机械备件仓库管理	(1)备件技术管理包含的内容; (2)工程机械备件仓库管理的要求	
		(4)选用工程机械常用油料	(1)轻柴油的要求和选用; (2)润滑油、液体传动油的分类、规格牌号和选用; (3)润滑脂的牌号和选用	
5	工程机械维护管理	(1)制定工程机械维护计划	(1)工程机械维护计划的作用、分类、内容; (2)制定工程机械维护计划的基本要求	6
		(2)工程机械维护实施	(1)工程机械设备维护要求; (2)工程机械维护的预防性养修制度、设备维护分级、维护周期、维护作业项目和技术要求、维护步骤、质量检验等	
6	工程机械修理管理	(1)工程机械修理分类	根据机械技术状况，对工程机械维修进行分类管理	8
		(2)组织实施工程机械大修	根据机械技术状况合理组织工程机械大修	
		(3)绿色维修及再制造	合理制定绿色维修实施方案	
7	工程机械安全管理	(1)安全转移、运输工程机械	(1)安全管理的基本概念; (2)工程机械技术责任制的内容; (3)工程机械安全转移、运输和设备停放场地的具体要求	8
		(2)工程机械事故预防	(1)事故发生与发展的基本规律; (2)工程机械事故的预防内容	
		(3)工程机械事故处理	(1)工程机械事故的性质; (2)工程机械事故分类; (3)工程机械事故处理方法	

续表

序号	学习情境	学习任务	任务简介	学时
8	工程机械智能监控	（1）机械化施工机群组网	根据机群作业模式，结合施工质量、施工成本、工期、施工机械（车辆）效率或寿命等因素，进行机群配置，并进行优化	4
		（2）工程机械智能监控	选择合理的通信技术和监控方法，对设备工况、使用状态以及地理信息进行采集与统一调度，及时协调处理故障、安全隐患、设备调度等工作	
		（3）工程机械大数据分析	按照工程机械设备使用要求，掌握工程机械管理的管理内容、管理对象等基本知识和系统工程、关键技术	

六、学习评价

本课程学业评价表主要用于对学生每个学习任务完成情况进行评价，按照各学习情境重要性设置评价权重，教师可结合线上教学、分组任务完成、学习成果展示等情况开展学习评价，学习综合评价表如表 0-2 所示。

表 0-2　学习综合评价表

学号	姓名	情境 1（6%）	情境 2（20%）	情境 3（20%）	情境 4（20%）	情境 5（8%）	情境 6（10%）	情境 7（10%）	情境 8（6%）	总评（100%）

学习情境一　认识工程机械设备管理

学习目标

通过本情境的学习，你应该能够掌握以下知识：

（1）设备管理新理念、设备现代化管理基本内容；

（2）工程机械管理的内容、基本任务、岗位职责、管理体制；

（3）国际设备管理新模式，以利用率为中心的维修（ACM）、全面计划质量维修（TPQM）、大数据驱动的维修体系（BDDM）。

通过本情境的学习，你应该能够具备的能力：

认识工程机械管理在企业管理中的重要性，明确机械设备管理的主要目标和任务，能自觉将各种工程机械设备管理技术、管理方法应用于工作中。

任务一　工程机械设备管理知识和技术认知

生产活动是人类社会最基本、最主要的部分。在早期的生产中，作为生产资料的生产工具比较简陋，对整个生产过程的影响不大。随着社会及科学技术的发展，生产规模越来越大，生活节奏越来越快，生产中使用的机械设备日趋复杂化、智能化、数字化和网络化，机械设备在生产中的地位日益重要。加强对机械设备管理的科学研究，已成为非常重要的课题。

一、任务描述

按照工程机械设备使用要求，学习工程机械管理基础知识、基本技术，并能灵活应用。

二、任务要求

在本学习任务完成过程中，你应该努力做到以下几点：

（1）准确描述新时代背景下设备管理内涵；

（2）正确说出工程机械管理主要任务；

（3）准确描述工程机械管理主要职责，体会责任内涵；

（4）准确描述工程机械管理体制核心要求。

三、任务实施

将学生按特定数量分组，明确每组的工作任务，并填写分组任务表（见表 1-1），每组任务可以一样也可以有差异性，视任务大小而定。

表 1-1　学生分组任务情况表

组别	工作任务	备注
1		
2		
3		
4		
5		
6		

【问题引导 1】

什么是设备现代化管理?

____

____

【学习提示】

设备管理现代化是为了适应现代科学技术和生产力发展水平，遵循市场经济发展的客观规律，应用现代科学技术理论、方法、手段，系统地、综合地进行设备管理，充分发挥设备的综合效能，适应现代化生产的需要，从而创造出最佳的设备投资效益。

设备管理现代化是设备管理的综合发展趋势，是一个不断发展的动态过程，它的内容体系随科技的进步而不断更新和发展。设备现代化管理思想包括设备综合管理理念、产品市场观念、投资效益观念、市场竞争观念、设备与人员安全和环境保护观念等内容。

以李葆文教授为核心的专家团队，提出了更适应中国企业特点的管理模式，即中国自己的人机系统管理体系——全面规范化生产维护（Total Normalized Productive Maintenance，TnPM）。TnPM 是以设备综合效率和完全有效生产率为目标，以设备检查、系统预防维修解决方案为载体，以员工的行为规范化作为过程，全体人员参与为基础的生产和设备维护保养的维修体制。设备系统往往因为一个十分微小的问题，而酿成影响整个系统的大祸，故 TnPM 主张将规范渗透到“毛细血管”，将精确传递到“神经末梢”。

要想提高设备管理的现代化水平，必须大力开发设备管理软件技术，可以在以下几个方面开展工作：

（1）实施设备信息化管理，建立设备状态监测数据平台。

（2）不断开发设备管理软件，全面获取设备状态信息数据。

（3）管理信息化系统和自动化系统实现数据交换。

（4）设备管理软件为优化检修提供技术支撑。

（5）不断开发、应用设备维修智能决策信息系统技术。

（6）对主要设备状态进行自动监测、智能报警和精密故障诊断，实现设备最优化运行。

【问题引导 2】

简述设备现代化管理内容。

____

____

【学习提示】

运用现代化的理论和方法对设备实行综合管理，是我国设备管理现代化的必由之路。所谓综合管理就是以提高设备综合效率和实现寿命周期费用最佳化为目标，进行设备终身管理。

1. 设备的综合效率

设备综合效率，是指设备完好率、主要设备可开动率、主要设备大修理实现率、主要设备利用率、主要设备有效利用率、设备维修费用率和库存各种资金周转期等七项技术经济指标的综合指标。只有综合效率才能反映设备的管理水平。

提高设备综合效率，就是要充分利用和发挥企业现有设备的潜力，为发展生产和搞好建设，以及为增加社会财富服务。具体措施如下：

（1）应用现代化技术开展技术革新，对老旧设备进行改造与更新，改善和提高设备素质，增强设备效能，提高劳动生产率。

（2）在保证质量的前提下，缩短检修工期，减少停机损失，降低检修成本。

（3）物尽其用，积极清理并调剂、利用闲置设备。

（4）采用新工艺积极开展旧件修复。

（5）大搞综合利用，节约资金支出。

2. 设备的终身管理

设备终身管理，指设备从规划、设计制造，到使用、修理、改造的全过程管理。设备的全过程管理必须以设备寿命周期费用最佳为目标，这是有别于只管理维修一段的传统设备管理的主要标志。

设备终身管理要注意五个方面的结合：

（1）制造与使用相结合；

（2）修理与改造、更新相结合；

（3）群众管理与专业技术队伍管理相结合；

（4）技术管理与经济管理相结合；

（5）日常维护与计划检修相结合。

设备的寿命周期费用（Live Circle Cost，LCC）是一项综合性的货币形态价值预测指标，它给出了设备一生中全部投入的价值量，是企业经营管理的基础资料之一。一个优秀的设备管理人员，必须具备工程技术、财务经济和生产组织三个方面的丰富知识，才能通盘把握设备一生的各个阶段，了解各阶段对管理工作提出的问题，找到管理工作的目标和方法。

【问题引导 3】

工程机械管理的主要任务有哪些？

【学习提示】

1. 工程机械管理基本任务

机械设备管理的主要任务是贯彻执行国家和行业有关的方针、政策、法规、办法，以资产经营为组带，采取技术、经济、组织措施对机械设备规划、选型、购置（设计、制造）、监造、安装、调试、验收、使用、保养、检修、改造、报废直至更新的全过程实行综合管理；保持良好技术状态，提高技术装备水平，充分发挥机械效能，取得最佳投资效益；做到优化配置、择优选购、正确使用、精心保养、安全运行、科学检修、适时改造和更新。优质、高效、低耗、安全地完成各项生产经营任务。

2. 工程机械管理具体任务

《全民所有制工业交通企业设备管理条例》规定：“企业设备管理的主要任务是对设备进行综合管理，保持设备完好，不断改善和提高企业技术装备素质，充分发挥机械设备效能，取得良好的投资效益。”工程机械设备综合管理是企业机械设备管理的指导思想，也是完成工程机械设备管理任务的基本保证。结合公路施工与养护单位的实际情况，工程机械设备管理的具体任务如下：

（1）根据企业长远发展和年度生产经营的方针、目标，制定本单位的工程机械设备管理的工作目标和计划指标，层层分解并落实到基层，推行岗位责任制，明确各级的工作任务，保证实现工程机械设备管理目标。

（2）贯彻执行国家和行业主管部门颁发的有关规章制度、规程规定、技术标准、定额指标等，结合本单位具体情况，制定实施细则和补充规定。

（3）不断改进和完善技术经济考核指标体系，重视经济核算和信息管理，应用现代化管理手段和先进技术，做好工程管理的基础工作。努力完成行业主管部门规定的和本单位制定的工程管理各项考核指标。

（4）采用新技术，对现有的工程机械设备进行有计划的更新和技术改造，以适应企业生产发展的需要，不断提高企业的专业水平。参与制定技术装备规划和更新改造规划。

（5）参与施工组织设计的编制、审查和实施。

（6）以生产中关键机械设备为重点，加强工程机械的设备管理，坚持预防维修、正确使用、精心维护、定期检查，采用适用的检测手段和诊断技术，开展机械设备故障的早期预测，及时采取措施，防患于未然，以减少停机造成的损失。

（7）负责机械设备的选型、购置、验收、安装、调试、改造、更新、报废等工作，并负责具体办理新购工程机械的索赔工作。

（8）运用寿命周期费用最优化的理论，从工程机械设备全寿命周期的各个阶段加以权衡，认真做好前期管理。在工程机械设备规划购置阶段，要进行可行性研究，既要经济合理地使用工程机械设备投资，又要注意在后期管理中降低使用和维修费用，以实现寿命周期费用最优的目标。

（9）办理机械设备的调拨和日常调度工作以及对外工程机械租赁工作。

（10）进行单机成本核算，组织制定工程机械技术经济定额。

（11）建立机械设备台账及技术档案，掌握技术情况。对机械设备的管理、使用、维修等采用计算机管理，做好工程机械原始记录和使用统计资料的积累和分析。

（12）积极应用和推广现代化管理理论和方法，以提高工程机械设备管理水平和工作效率。对机械设备的管理、使用、维修等工作进行定期检查，不断总结推广先进经验。

（13）从实际出发，针对不同的生产条件和工程机械设备条件，采用不同的维修方式，在定期维修的基础上，逐步推行状态监测维修，努力提高维修质量与效率，结合施工的特点，充分利用生产空隙时间进行修理。保持机械设备的良好状态，延长工程机械使用寿命、降低维修成本。

（14）指导合理使用机械设备，降低能耗，保障安全生产，负责或参与工程机械事故的分析与处理。

（15）把培养工程机械管理人才放在重要位置，有计划、有步骤地组织技术、业务培训，不断提高工程管理人员、技术人员、维修人员及操作人员的综合素质。

（16）对工程机械技术工人进行技术培训和考核，管理、核发“工程机械操作证”。

【问题引导 4】

负责工程机械管理的机械工程师主要职责有哪些？

____

____

【学习提示】

1. 各级机械管理负责人的主要职责

（1）认真贯彻执行国家和上级有关机械管理的方针、政策和法规，掌握机械管理动态，处理机械工作中重大问题，组织并督促机械检查工作。

（2）提出公司机械管理工作方针、目标、工作要求并督促实施。

（3）检查监督机械固定资产基本折旧计划，负责审查机械设备的购置、更新改造、大修理及保养计划并组织实施。

（4）负责健全本单位机械管理机构，配齐机械管理、技术人员和维护操作人员，并通过定期开展设备竞赛评比和岗位技术培训活动，不断提高机械技术人员的综合素质和机械管理水平。

（5）协调施工生产和设备维修保养的关系，组织机械维护操作人员合理使用和维修保养机械，建立岗位责任制，推广现代管理技术。

（6）对机械的安全生产负有领导责任，严禁违章指挥。对设备及相关生产人员的安全生产、环境保护、职业健康负责。

（7）主持机械事故的调查和处理。

（8）树立设备管理就是法人管理行为的意识，保证设备管理制度的切实落实。

2. 机械工程师岗位职责

（1）严格按照公司颁布的机械设备各项管理制度，进行本项目机械设备的管理工作。

（2）负责本项目施工设备的管、养、修、算全过程的管理工作。组织项目部设备的配备、选型、鉴定、交验、安检、调拨、安装、报废等工作。

（3）配合项目相关部门对新上岗人员进行岗前技术培训和教育，对机械操作人员、特殊工种人员进行技术培训，确保持证上岗。

（4）参加本项目的生产会议，及时报告设备运行情况，了解和收集项目有关设备管理工作中的先进经验，做好总结推广和上报工作。

（5）对起重机械、运输车辆以及大型临时设施等，严格按照国家有关规定和公司有关文件规定做好检测、检查工作，确保安全运行。

（6）建立健全本项目外租设备及协作队伍设备台账，以及机械设备进场时的检查、验收、鉴定工作和日常安全检查工作。

3. 项目经理部主要职责

（1）根据工程任务量和施工工期，及时组织设备进场。

（2）按照工程特点，制定设备使用和配置计划，制定安全措施。

（3）监督设备的维修保养，并提供必要的资金。

（4）督促施工单位落实设备管理制度。

（5）有计划地安排设备的退场和退场前的整修工作。

【问题引导5】

工程机械管理体制有哪些形式?

____

____

【学习提示】

随着社会的发展，现代化企业由于生产技术的需要，对机械设备的依赖程度日益增加。在一个企业内，自动化和成套设备越来越多，也使从事设备管理和维修的人员逐渐增多。如何组织机械设备管理和维修人员高效率工作，是一个非常值得重视和研究的课题。

公路工程具有点多、线长、工种多样的特点，往往需要品种繁多的机械设备。因此，机械管理体制也不完全一致。就目前情况而言，基本有以下两种形式。

1. 集中管理、管用统一

这种管理体制是机械设备不论大小，都集中使用和管理。由于一个施工单位（项目经理部或工程队）掌握较多的自有机械设备，机械化程度高，对外依赖程度低，有利于独立作业，便于指挥调度，使用起来很方便。但其弊端在于每个施工单位生产任务不可能十分均衡，随着任务或工艺的变化，使用机械设备的品种、数量也发生变化，倘若样样自给自足，必然在机械使用上造成忙闲不均、无法调剂，形成备者不用、需者又缺的情况。当利用率低，长期停置不用时，机械会因自然锈蚀而损坏，同时，还造成很大的经济损失。

2. 大型集中，中、小型分散

大型机械集中管理，中、小型分散管理，对于施工单位来说，这种管理制度有时会造成不便，施工急需的机械设备往往不能及时到位，影响工程进度。但从整体而言，这样可以提高大型机械的使用率，可以加强管理和维修。中、小型工程机械实行自管自用，极大地方便了现场的调度使用。这种机械管理体制，目前采用者较多。

【问题引导 6】

国际上有哪些设备管理新模式?

____

____

【学习提示】

1. 以利用率为中心的维修（ACM）

20 世纪 90 年代，设备的生产能力出现了新的飞跃，国际维修体制也在不断变革，不少新的维修理论出现，以利用率为中心的维修就是其中之一。

以利用率为中心的维修（Availability Centered Maintenance，ACM），是把设备利用率放到第一位来制定维修策略的维修方式。它和可靠性为中心的适应性维修体制有相似之处，但也有自己的特点。

以利用率为中心的维修思想把当代维修方式分成以下五类：

（1）定期维修。它通常也称计划维修，是按照一定周期进行维修的传统体制。

（2）视情维修。它通常也称状态维修，是根据状态检测出的故障模式决定维修策略。

（3）事后维修。它是无需任何计划的维修，但必须在人力、备件、工具上有一定准备和保障，成本较低，是可以当作最后考虑的一种维修策略。

（4）机会维修。它是与视情维修和定期维修并行的一种维修体制。

（5）改进（设计）维修。对故障发生过于频繁或维修费用过大的设备部件，可以采用改进（设计）维修，从根本上消除故障。

2. 全面计划质量维修（TPQM）

全面计划质量维修（Total Planning Qualitative Maintenance，TPQM），是一种以设备整个寿命周期内的可靠性、设备有效利用率以及经济性为总目标的维修技术和资源管理体系。其内涵：维修范围的全面性——对维修职能做全面的要求；维修过程的系统性——建立一套发挥维修职能的质量指标；维修技术的基础性——根据维修和后勤工程的原则，以维修技术为工作的基础。

TPQM 1989 年在美国被提出。它是一种维修管理的新概念。它与 TPM 虽然有着相似的总目标，但侧重点各有不同。TPQM 强调质量过程、质量规定和维修职能的发挥。其重点在于选择最佳维修策略，然后有效地应用这些策略，以达到高标准的质量、安全、设备可靠性、有效利用率和经济的资源管理。

3. 大数据驱动的维修体系（BDDM）

大数据驱动的维修（Big Data Driven Maintenance，BDDM），也称为大数据导向的维修（Big Data Oriented Maintenance），是近年来发展起来的一个热门话题。

涉及精准维修的发展趋势是，未来，工作人员对设备信息的输入内容会逐渐减少，更多地依赖数据的作用。早期，在描述设备处于什么状态时，工作人员的信息输入量比较大。当进入预知维修时代，更多的信息依赖于设备数据。而到了精准维修时代，决策支持或自动化决策基本依赖数据。

越来越多的企业思考如何在数据里挖掘为什么发生，将发生什么，以及未来最可能发生什么的精准信息，从而辅助做出维修决策。

在大数据驱动维修流程里，数据通过传感器和硬件获取，通过软件程序进行筛选、过滤、分析和诊断，能够预测设备的未来状态，指导维修行为。这些维修行为包括持续运行、预防维修、相关资源的配置和支持或者再制造和重置等。

大数据驱动的维修体系从培训与教练开始，其次是开发监测工具，对设备实施有效监测，接着是预测设备状态，然后提出可靠性解决方案并加以实施，最后将产生的经验和案例归纳、反馈，构成未来指导设备维修的可调用知识库。

四、拓展学习——管理学及其发展

管理的职能可以概括为计划、组织、领导和控制；管理的目标是使资源成本最小化与活动实现的最佳化。诺贝尔经济学奖获得者西蒙（Herbert Simon）博士称“管理就是决策”。概括起来，管理者从事的活动包括以下几点。

（1）传统管理：决策、计划和控制。

（2）沟通：交流例行信息和处理文书工作。

（3）人力资源管理：激励、惩戒、调解冲突、人员配备和培训。

（4）网络联系：社交活动、政治活动和与外界交往。

管理学的发展是一个不断检验、修正、再检验的过程。现代管理诞生的标志是 1911 年，弗雷德里克·温斯路·泰勒（Frederick Winslow Taylor）的《科学管理原理》出版。它通过寻求从事每项工作的“最佳方法”，追求更高的生产效率；随后，在 20 世纪中期集中于人的人力资源管理方法，采用数字和统计技术，定量化改变资源配置决策管理以及寻求应用于整体组织原则的一般行政管理。

五、评价反馈（见表 1-2）

表 1-2　自评与反馈

序号	评价项目	评价标准	分值	得分
1	工程机械管理基本知识	能正确理解工程机械管理的概念、内容和要求	10	
2	工程机械管理任务	能正确描述设备管理基本任务及工程机械管理具体任务	10	
3	工程机械管理岗位职责	能正确描述各级人员岗位职责，并能正确理解各级岗位职责内涵	10	
4	工程机械管理体制	知道设备管理体制主要形式，并能正确分析不同管理体制特点	10	
5	工作态度	态度端正、无无故缺勤、迟到、早退现象	10	
6	工作质量	能正确理解工程机械管理中安全、技术要求，按计划完成工作任务	10	
7	协调能力	与小组成员、同学之间能合作交流，协调工作	10	
8	职业素质	能做到安全生产，文明施工，保护环境，爱护公共设施	10	
9	知识拓展	能查阅文献，深入学习相关知识	10	
10	创新意识	能针对具体管理案例，运用新知识思考可能的创新点	10	
合计			100	

六、课后巩固

（1）以利用率为中心的维修思想把当代维修方式分成_______、________、_______、________、________五种。

（2）设备终身管理，指设备从规划、_______，到使用、修理、改造的______管理。

（3）简述两种设备管理体制的优缺点。

（4）如何提高设备综合效率?

情境一任务一数字资源

任务二　认识工程机械管理的地位和作用

随着社会及科学技术的发展，生产规模越来越大，生活节奏越来越快，生产中使用的机械设备日趋复杂化、智能化、数字化和网络化，能否实现设备现代化管理，关系到企业是否能增加生产、稳定产品质量、发展品种、降低成本等方面。因此，对机械设备现代化管理的正确认识必须加强。

一、任务描述

按照工程机械设备管理要求，正确认识工程机械管理的地位和作用。

二、任务要求

在本学习任务完成过程中，你应该努力做到以下几点：

（1）准确描述新时代背景下设备管理的重要性；

（2）准确描述工程机械管理的内涵和意义。

三、任务实施

将学生按特定数量分组，明确每组的工作任务，并填写分组任务表（见表 1-3），每组任务可以一样也可以有差异性，视任务大小而定。

表 1-3　学生分组任务情况表

组别	工作任务	备注
1		
2		
3		
4		
5		

【问题引导 1】

为什么要进行工程机械现代化管理？

____

____

【学习提示】

自人类使用机械设备以来，就伴随着机械设备的管理工作，只是由于早期的机械设备比较简单，管理工作仅由操作者个人的经验来进行。随着工业生产的发展和科学技术的进步，机械设备的现代化水平不断提高，其在现代化生产中的作用与影响日益扩大，机械设备管理工作才得到重视和发展，逐步形成为一门独立的机械设备管理科学。

在企业管理中，无论是生产型企业或施工型企业，机械设备管理都占有极其重要的地位，是企业管理的重要组成部分。随着技术进步、生产自动化程度的提高，生产过程对设备的依赖程度不断增加，因而，设备管理和企业的经营方针及目标的关系更加密切，企业生产的发展更要依靠设备装备水平的提高。设备综合管理（即设备管理工程）理论的提出与实践，提高了人们对机械设备管理重要性的认识。

机械设备管理是保证企业进行生产和再生产的物质基础，也是现代化生产的基础。它标志着国家现代化程度和科学技术水平，它对于企业增加生产、确保产品质量、发展品种、产品更新换代和降低成本等，都具有十分重要的意义。

机械设备是工人为国家创造物质财富的重要劳动工具，是国家的宝贵财富，也是进行现代化建设的物质技术基础。由此可见，做好机械设备管理工作非常重要。做好机械设备管理对一个企业来说，不仅是保证简单再生产必不可少的一个条件，而且对提高企业生产技术水平和产品质量、降低消耗、保护环境、保证安全生产、提高经济效益具有极为重要的意义。

【问题引导2】

当前国内工程机械现代化管理存在哪些典型问题?

____

____

【学习提示】

设备管理是企业生产经营管理的基础工作，几乎涉及企业生产经营的各个方面，它对企业的影响或在工业生产中的效益，可以归纳为以下几个方面。

1. 关系到产品的产量和质量

从狭义上讲，设备管理就是要使设备经常处于良好的技术状态，保持正常的生产秩序与节奏，确保生产达到预定的产量、质量指标。如果任何一台现代生产设备在合理使用、维护保养、计划检修、定期检查和安全运行等任何一个环节出现错误，就会打乱正常的生产节奏，影响到产量或质量指标的完成。

产品质量是企业的生命，产品是通过机器设备生产出来的，如果生产设备技术状态不良，特别是对一些投资和运转费用十分昂贵的大型、自动、连续型生产设备，不论是主机，还是其中某一子系统，在运行中出现任何结构、性能等方面不完好状态，就会影响整个企业的生产计划，或者导致产品质量的降低，或者达不到额定生产率，严重时还会造成重大的事故。

2. 关系到产品的成本

设备管理对产品成本的影响，除了上述的产量和质量因素外，还有设备的维修、动力、燃料和润滑油脂消耗等费用。加强维护保养，能有效地延长设备的使用寿命和检修周期，节省维修费用。但过分维修，则会增加维修成本。如何合理地确定检修周期，对于不同种类的设备，有不同的确定原则。

3. 关系到安全生产和环境保护

工业生产中意外的设备人身事故，不仅扰乱了企业的生产秩序，同时也使国家和企业遭受重大的经济损失，因而在实际生产中怎样更加有效地预防设备事故、保证安全生产、减少人身伤亡，已成为现代设备管理的一大课题。环境污染在一定程度上也是由于生产设备落后、设备管理不善造成的。加强设备安全管理，及时淘汰落后设备，采用技术先进的设备进行生产，以防止设备事故污染周边环境。

4. 关系到企业生产资金的合理利用

随着设备在工业生产中的地位和作用日益突出，以及现代化设备的不断发展和普遍采用，设备资产在固定资产中的比例越来越高，一般达 60%~70%。用于备品备件和二类机电储备的资金，通常占企业全部流动资金的 15%~20%。这两项资金加在一起就约占企业全部生产资金的 60%以上，显然要提高企业的经济效益，就要想方设法提高资金的合理利用程度，设备管理的科学化无疑将是个关键。如果说得更具体一点，那就是取决于如下一系列的设备经济管理环节是否达到了最佳水平。例如，设备投资回收期是否最优、选型是否合理、设备完好率是否理想，以及设备装备是否适应、备件储存量是否合理、管理制度是否科学等。

过去的几年里，我国的设备管理和维修工作取得了不小的进步，出现了可喜的变化。但是，与国际水平和国内经济发展形势相比，还相差较远，其仍然是当前工业生产和企业管理中的一个薄弱环节，主要表现在以下几个方面：

（1）企业设备陈旧落后的情况相当严重。设备更新速度十分缓慢，设备带病运转和失修的情况还较普遍，设备问题阻碍了企业的发展。

（2）对生产与维修的辩证关系认识不足。重生产轻维修，重使用轻管理，放松基础工作的倾向仍然存在，使得设备检修质量下降，直接影响了安全生产和产品质量的提高。

（3）片面地追求产值、速度和利润指标，取消正常生产维修和设备大修计划，设备失修和拼设备的短期行为还是存在。

（4）设备管理措施不落实，设备管理专业人员不足。对新设备、新技术的操作人员、维修人员的技术培训工作不到位。

（5）对设备终身管理的认识存在差距，缺少必要的手段和条件，因而还处在设备前、后半期分段管理的局面。

四、拓展学习——中国特色设备管理发展趋势

近年来，我国在设备管理方面的国际交流十分活跃，已经成为两年一届的欧洲维修团体联盟国际会议出席人数最多的非欧洲国家。每年到我国访问、参加相关国际会议进行学术交流的国外设备管理专家络绎不绝。

随着我国经济的发展，我国从制造大国向着制造强国的方向不断迈进，我国设备管理的理论必然将为世界做出积极的贡献。结合近年来的发展，我国在未来的主要发展趋势可以归纳为以下几个方面：

（1）设备管理已经跨越了零敲碎打的时代，需要一套系统管理模式的指导。企业在建成交钥匙之际，应该已经设计好完备的设备管理系统，其随着设备的运行投产，一起投入运行。今后的企业除了交设备和工艺两把钥匙，还要交设备管理体系这第三把制匙。随着我国设备管理的理论体系不断完善进步，具有中国特色的管理理论和模式，如 TnPM 管理体系、绿色维修和设备健康维护、精益维修管理等概念将植根企业，并不断深入发展，成为引导我国企业进步的主导体系。

（2）设备诊断、监测和点检信息化技术也将随着我国制造业的进步一起进步。因此，未来我国的设备诊断技术、点检信息化技术将越来越发达，也越来越普及。我国的设备将逐渐摆脱最原始的纯五感检查时代，将导入更大比例的电子信息化手段，使得人们对设备状态有更及时快捷、更准确的了解，设备预知维修、状态维修时代将真正到来。

（3）先进维修技术将在我国不断发展。离子喷涂、纳米喷涂、电刷镀技术，激光修复技术、不停车带压堵漏技术、防腐清洗技术等将在我国不断完善和发展，为设备维护提供更有效的技术手段。

（4）润滑管理系统解决方案将在企业中越来越流行，社会化的润滑管理体系将进入我国企业，为企业提供全方位、多角度的润滑技术和管理服务。

（5）我国企业将越来越多地采用社会化维修服务。这意味着我国在设备管理咨询、设备维修技术、备件第三方物流管理等领域的商业服务越来越发达，能为企业提供更高质量、价格合理的专业服务，让企业更关注自身的核心竞争能力，真正实现维修成本战略管理和系统优化。

（6）我国将有更多的设备资产管理信息系统企业成长，它们研制的信息系统将在我国企业中占主导地位，成为引导我国企业设备管理信息化的主力军。

（7）我国企业将越来重视设备知识资产信息化管理，有意识地将设备管理知识资产的导入、创新、选择、继承、传播、共享和淘汰纳入自己的管理体系，有效地防止知识资产的流失，充分发挥已有资产的使用效率，让知识资产管理成为设备管理的核心竞争能力。

五、评价反馈（见表 1-4）

表 1-4　自评与反馈

序号	评价项目	评价标准	分值	得分
1	工程机械重要性	能正确理解工程机械管理的重要性	10	
2	工程机械管理的意义	能正确描述工程机械管理的内涵意义	10	
3	工程机械管理典型问题	能分析当前国内工程机械管理存在的典型问题，并提出改进意见	20	
4	工作态度	态度端正、无无故缺勤、迟到、早退现象	10	
5	工作质量	能正确理解工程机械管理中安全、环保要求，按计划完成工作任务	10	
6	协调能力	与小组成员、同学之间能合作交流，协调工作	10	
7	职业素质	能做到安全生产，文明施工，保护环境，爱护公共设施	10	
8	知识拓展	能查阅文献，深入学习相关知识	10	
9	创新意识	能针对具体管理案例，运用新知识思考可能的创新点	10	
合计			100	

六、课后巩固

请分析国内工程机械管理现状，并提出工程机械现代化管理合理化建议。

情境一任务二数字资源

学习情境二 工程机械设备控制管理

学习目标

通过本情境的学习，你应该能够掌握以下知识：

（1）应用于机械设备管理中的分类管理、信息管理、统计分析、工程机械设备检查与评价、工程机械资产管理、工程机械经济管理等知识的内涵；

（2）固定资产的概念、固定资产的范围、设备台账、设备资产效益管理的含义；

（3）机械设备履历书的主要内容；

（4）固定资产的折旧方法，机械设备管理号码的编制方法，设备的处置报废流程；

（5）机械技术状况分级评分方法、机械设备检查的意义；

（6）机械设备分类、编号的方法。

通过本情境的学习，你应该能够具备以下能力：

（1）进行工程机械经济核算和分析；

（2）进行机械状况分级评分。

任务一　工程机械分类管理

随着公路建设的不断发展和科技进步，现代机械设备科技含量高，机、电、液、智能化为一体的设备越来越多。筑养路机械种类繁多，形式复杂，每种型号的机械设备又具有不同的技术性能和技术要求；公路野外施工，点多、线长、面广，工序复杂，工作条件差，设备容易损坏。施工设备忙闲不均，施工高峰时，多种机械设备一起作业；低峰时，设备闲置过多，使筑养路机械设备管理工作具有一定的难度和复杂性。高等级公路的施工 85%以上的工作量由机械设备来完成，做好机械设备的有效管理，可以发挥机械设备的最大效率，提高机械设备的使用寿命和企业的经济效益。针对专用机械和非专用机械、进口机械和国产机械，采用固定资产分类管理法，并根据各类机械设备的特点，采用不同的管理对策。

一、任务描述

按照工程机械设备使用要求，学习工程机械分类管理基础知识、基本技术，并能灵活应用。

二、任务要求

在本学习任务完成过程中，你应该努力做到以下几点：

（1）正确说出固定资产管理的含义；
（2）正确说出固定资产管理的主要任务；
（3）准确描述工程机械分类管理的依据；
（4）准确描述工程机械分类管理的核心要求。

三、任务实施

将学生按特定数量分组，明确每组的工作任务，并填写分组任务表（见表 2-1），每组任务可以一样也可以有差异性，视任务大小而定。

表 2-1　学生分组任务情况表

组别	工作任务	备注
1		
2		
3		
4		
5		
6		

【问题引导 1】

什么是工程机械的固定资产管理？

____

____

【学习提示】

1. 固定资产的管理范围

基建工程使用并按规定手续组成固定资产的施工设备及附属设备（但不包括基建工程本身安装的设备，施工生产用的仪器、仪表及文教、卫生、公安、生活、科研等部门的专用设备和机具）均属于固定资产的管理范围。

2. 固定资产的组成

（1）固定资产机械设备应具有两个基本条件：使用期限在一年以上；单机价值在 2 000 元以上。

虽具有以上两个基本条件，但不需要组成固定资产的施工设备及附属设备按小型机具进行管理，执行《小型机具管理办法》。一些机具，不论其单价是否超过 2 000 元，也应作为小型机具建账管理，但其购置、修理等费用均在工程材料费中列支，一次性摊入成本，范围如下：① 手持式凿岩机；② 手持式电动、风动、内燃工具及其他工具；③ 振捣器；④ 蛙式打夯机；⑤ 4 kW 及以下内燃发电机组；⑥ 电动机；⑦ 启动器；⑧ 500 t 及以下千斤顶；⑨ 水磨石机；⑩ 四台式钻。

（2）固定资产组成价值包括购置价款、运杂费、途中保险费、安装调试费、技术改造费、进口设备附加税、关税、港杂费及配套装置等直接用于购置的费用。自制设备则为建造过程中实际发生的全部支出。

（3）盾构机、TBM 只对主机、后配套拖车及其辅助设备的购置费用（包括进口设备的合到岸价与关税、港杂费、商检费、银行手续费和自主配套设备的费用）、港口到国内组装工前的运输费用、国内工厂组装调试费用进行组资。盾构机、TBM 的组资由专设的合同执行小组将相关资料上报公司物设部、财务部。

（4）经批准购置的机械设备到达后，接收单位应立即组织物设部、财务部门人员以及管理和使用人员等进行验收，填写“新机械设备到达通知单”和“新建新造固定资产验收交接记录”，并在 30 日内完成固定资产组资手续，上报股份公司物设部、财务部。在使用三个月后填写“新机械设备技术鉴定表”报股份公司物设部。

（5）符合组成固定资产条件的自制设备应及时办理组资手续。组资时应附有内部收据或结算单、质量检验合格证等，其折旧年限暂规定为 5 年。其他参照上述程序（4）办理。

（6）新购设备已经到达，但因发票未到时，可以依照合同价格进行预组资，今后价格如有变动，重新调整固定资产的价格。

（7）设备（经批准）进行技术改造后，由设备保管单位提出申请，报股份公司物设部审批，办理固定资产增值手续，其折旧年限暂规定为 5 年，同时撤销原管理号，重新下达管理号。

【问题引导 2】

对工程机械进行分类管理有什么好处？

____

____

【学习提示】

现代工程机械一般使用 ABC 机械设备分类进行管理，如表 2-2 所示，并根据各类机械设备的特点，采取不同的管理对策。

表 2-2　工程机械的 ABC 机械设备分类

分类	名称	设备原值 W/万元	管理要点
A	大型设备	$W \geqslant 50$	精心周密管理
B	中型设备	$10 \leqslant W < 50$	重要控制管理
C	小型设备	$W < 10$	专人重点管理

1. A 类设备管理

大型机械设备一般结构较复杂，管理、操作技术要求较高，保修难度大，价格昂贵，管理不周将直接影响机械设备技术状态、使用寿命和经济效益。因此，A 类设备尽可能集中管理，并做到正确使用、维修和安全操作，严格按程序封存、更新、报废。

（1）设备使用。

设备使用前要进行技术交底，使机组人员掌握操作及维护技能，新机械要遵守磨合期使用规定。实行机长负责制，定期对机组人员培训，工作中达到“四懂、三会”的水平，并持操作证上岗。操作员认真填写设备运行和维护记录，进口设备不得随意使用国产机油，确需更换须用技术性相同的油料，切实管好、用好、养好设备。搬迁时，要进行实地考察和详细技术经济分析，提出可行的实施方案，谨慎进行。

（2）设备维护与修理。

大型进口设备采取预防为主，多保、少修的原则。加强设备的例行维护和各级维护，认真进行设备定期检查，逐步采用现代故障诊断和监测技术，实行不解体检测，减少设备损坏和性能降低的概率。

（3）设备安全操作。

作业前向操作员进行安全交底，掌握安全生产要素，确保不因机械操作失误伤人；以机为重，抓好设备的安全。严格遵守机械安全操作规程和机械使用制度，不允许操作人员违章作业、机械带病操作和野蛮施工，不因操作不当损坏机械；以使用环境为必要条件，保障设备安全的同时不伤及他人。

（4）设备封存。

设备闲置 6 个月及以上，要进行封存。封存前，要报上一级管理机构备案并做好维护工作。对大型进口设备要做好防潮、防尘、防腐、防火处理。封存期实行定检、定养制度。

（5）设备更新与报废。

设备更新要进行技术经济评价，提出详细技术更新报告，由上级机构审查批准后方可实施；设备报废要请专家进行技术鉴定，提供详细技术鉴定报告，并报上级部门逐级批准，办理相应的报废手续后，对设备实施报废。对报废设备能使用的配件，可拆除作为施修配件使用，做到修旧利废。

2. B 类设备管理

中型机械设备品种、数量多，固定资产累计原值占总值比重也较大，在现代机械化施工中起着重要的作用。B 类设备尽可能采取分散管理模式，必须严格按照设备的操作规程，合理、正确地使用，及时进行定期检查维护与维修。设备更新与报废要同 A 类设备按有关程序进行。各单位要在管好、用好大型设备的同时，切实管好、用好中型机械设备。尤其是进口中型设备要重点管理，严格使用、操作与保管，强化定期维护，以提高机械的完好率和利用率，创造更大的经济效益，确保国有资产的保值、升值。

3. C 类设备管理

小型机械设备使用方便灵活，易于管理，要避免“抓大放小，重大轻小”的思想。

要配备专人对 C 类设备集中管理、重点维护和维修，严格按操作规程使用小型设备并定期检查。一项工程完成后，对小型设备要集中整修和保管，严禁随意处置小型设备，以免引起国有资产的损失。

四、拓展学习

公路工程机械是现代公路建设中极其关键的设备，它对公路修筑等级质量和成本有很大的影响。随着公路建设的现代化，公路工程机械也得到了快速发展，现代公路工程机械已进入高技术、高效能、多品种的新时代，正朝着自动化、智能化方向发展。

只有正确使用公路工程机械，才能充分发挥其效率，提高工程质量和降低工程成本，所以必须加强公路工程机械设备的科学管理。

1. 我国机械设备管理简介

（1）管理现状。

我国于 20 世纪 50 年代引进苏联计划预修制机械设备管理，并结合国情进行。20 世纪 80 年代“设备综合工程学”“全员生产维修”“后勤学”等现代设备管理科学被陆续引进，我国机械设备管理进入现代化管理新阶段。这以 1987 年 7 月国务院发布《全民所有制工业交通企业设备管理条例》为标志。其主要表现：

① 改变了旧的设备管理概念，开始树立新的设备综合管理概念；

② 改变了过去以修理为主的模式，树立了修理与改造、更新相结合的做法；

③ 建立了多种形式的设备维修经济责任制，改变了吃“大锅饭”的状态；

④ 初步建立了设备预防维修制度；

⑤ 学习推广了科学的管理方法和先进的修理技术；

⑥ 在全国范围内开展了设备管理评优活动。

（2）机械设备的综合管理。

我国设备管理人员总结过去机械设备管理维修工作经验，吸收近年来国外先进设备综合管理理论和实践，在一些企业试点验证的基础上归纳而形成了现代化机械设备管理的基本制度和方法。其含义是运用现代化科学技术、管理理论和管理方法对机械设备寿命周期全过程（从规划、设计、制造、购置、安装、使用、维护、修理、改造、更新到报废），从技术、经济和管理等方面进行综合研究和管理，以提高设备的综合效率和追求寿命周期费用的经济性为目标，进而为提高企业的经济效益服务。

2. 我国公路工程机械发展状况

交通运输部颁布的《公路筑养路机械保修规程》将机械类组划分为 8 大类：路面机械、压实械、土石方机械、混凝土机械、起重运输机械、桥涵机械、养护机械、动力与隧道机械。

我国机械的研制、开发，从 20 世纪 60 年代开始起步，经过几十年的努力，机械工业已经有了相当的基础和实力。目前，机械行业已初具规模，能够生产国内公路施工与养护所需的大部分机械设备。特别是改革开放以来，随着对外技术交流的广泛开展，技术引进工作的深入进行和企业自主能力的不断增强，我国机械技术水平已到了一个新的高度。可以说对于所有等级公路的修筑，机械化施工设备已经基本立足于国内提供。

但是，由于底子薄、基础差，我国同国外先进水平相比，差距仍很大。从整体上看，我国机械化水平还很低，特别是对于高等级公路，机械研制开发能力有待提高，企业素质有待加强。

五、评价反馈（见表 2-3）

表 2-3　自评与反馈

序号	评价项目	评价标准	分值	得分
1	工程机械固定资产管理知识	能正确理解机械设备固定资产管理内容和要求	30	
2	工程机械分类管理知识	能正确应用分类管理	30	
3	工作态度	态度端正、无无故缺勤、迟到、早退现象	10	
4	协调能力	与小组成员、同学之间能合作交流，协调工作	10	
5	知识拓展	能查阅文献，深入学习相关知识	10	
6	创新意识	能针对具体案例，运用新知识思考可能的创新点	10	
合计			100	

六、课后巩固

1. 填　空

（1）设备选型应遵循的原则是 __________、 ____________、________ 。

（2）固定资产按照用途分为两类，即_____固定资产和________ 固定资产。

（3）重点设备应执行“四定”：定_____；定_____；定_______；定备品配件。

2. 判　断

（1）机械设备采用大型集中、中型分散、小型集中管理。(　　)

（2）中型分散，小型集中不大方便现场调度，使用起来方便。(　　)

（3）固定资产机械设备应具有两个基本条件：使用期限在一年以上；单机价值在 2 000 元以上。(　　)

情境二任务一数字资源

任务二　工程机械信息管理与统计分析

所谓信息是指用文字、语言、数据、图表、图形或其他可以让使用者识别的信号表示的一种可以进行传递、处理及应用的经济资源。机械信息管理包括两部分内容：一是建立机械技术档案；二是建立计算机辅助机械管理系统。建立机械技术档案是机械信息管理的一项重要基础工作。

一、任务描述

按照工程机械设备使用要求，学习工程机械信息管理基础知识、基本技术，并能灵活应用。

二、任务要求

在本学习任务完成过程中，你应该努力做到以下几点：

（1）正确说出工程机械信息管理的含义；

（2）正确说出工程机械信息管理的主要任务；

（3）准确描述工程机械统计分析的依据；

（4）准确描述工程机械统计分析的核心要求。

三、任务实施

将学生按特定数量分组，明确每组的工作任务，并填写分组任务表（见表 2-4），每组任务可以一样也可以有差异性，视任务大小而定。

表 2-4　学生分组任务情况表

组别	工作任务	备注
1		
2		
3		
4		
5		

【问题引导 1】

机械技术档案包括哪些内容？

____

____

【学习提示】

机械技术档案作为内部信息源，可以为机械控制提供各种静、动态控制信息。建立机械信息管理系统的目的则在于使机械单位或部门不遗漏地积累必要的资料，并对资料进行有效的加工整理和存储，保证信息渠道的畅通和信息传递的及时准确，为控制活动和其他诸如决策、计划和施工，以及技术、质量、进度和财务等活动提供可靠的依据，最终实现信息的导向职能。

1. 机械设备的分类与编号

为了容易识别和便于管理，避免相互混淆，构成固定资产的机械设备应逐台统一编号。公路养护部门的机械设备种类繁多，对养护机械的分类方法无统一规定。为了便于管理，机械设备进行分类编号时应该与交通运输部制定的《公路养护会计制度》相一致，以求系统内的统一。按《公路养护会计制度》规定，可以将公路养护部门的固定资产分为 8 大类，如表 2-5 所示。

表 2-5　公路养护部门的固定资产分类

大类编号	名称	大类编号	名称
1	运输设备	5	其他固定资产
2	施工机械	6	房屋及建筑物
3	生产及动力设备	7	建构筑物
4	仪器及试验设备	8	土地

其中施工机械、运输设备、生产及动力设备是公路养护机械管理的主要对象。

由于在每一个大类中的机械设备的品种、型号仍较复杂，因此需在大类下进一步细分为若干小类，每小类中有不同机种或机型，如施工机械大类中有土石方机械，土石方机械中又有推土机、装载机、挖掘机等不同的机种或机型。因此，在同一单位内一个编号只对应一台机械设备，这无异于给每台设备起了一个名字，既容易识别，又便于单机管理。

编号一经确定，如无特殊情况就不再变动，直到设备报废或调出本单位予以销号为止。

使用单位将编号用铝制标牌固定或用统一字体喷涂在规定部位，要求整齐、美观、鲜明、一致。

2. 机械设备的建账立卡和年终清点

为了能随时掌握本单位机械设备的总拥有量、原值、来源、增减情况、分布情况以及每台机械设备的主要技术数据，各级公路养护部门的机械管理职能机构均应对构成固定资产的机械设备，从调入之日起建立账卡，按时登记有关资料，作为统计分析和修理、维护方面的资料。所谓“建账”即建立机械设备台账，作为掌握机械设备最基本情况的手段。机械设备台账是将机械设备分类列账，以机械设备编号为顺序登记的。机械设备台账的项目内容有类别、序号、统一编号、名称、规格型号、制造厂、出厂日期、出厂编号（主机）、设备来源、调入日期、原值、净值、动力部分以及内部调配动态记录等（见表 2-6），应按机械设备实际情况正确及时地填写登记。其中，如出厂编号等项目，它的使用价值有时比自编号更有意义，填写时不要遗漏。

表 2-6　资产设备明细台账

单位名称:														年　月　日	
设备编号	设备名称	型号规格	制造厂	出厂日期	出厂编号	设备来源	投产日期	原值/元	净值/元	发动机				使用单位	牌照号码
										型号	功率/kW	压缩比	燃料		

由于设备不是一次性领用消耗的物件，它将存在相当长一个时期。为了及时掌握它的动态过程，如分布、运转时间、维修情况、事故、操作人员的变化等，除了设备台账以外，养护单位的机务部门还要建立机械设备卡片。卡片分大、小两种，都是一机一卡。大卡片除了记录在台账上的编号、名称、规格技术性能等静态数据外，还要记录机械调动、机手变更、运转、维修、改造、改装、事故等动态情况，并按编号顺序装订在卡片薄内，以便随时查阅。当机械设备外调时，大卡片应随机转移。机械设备报废时，应附在报废申请表后送审。小卡片只记录某些主要的静态数据，分插在卡片夹内。机械设备在养护单位内部各使用单位之间调动时，卡片随之从调出单位栏内取出插入调入单位栏内，这是掌握机械设备分布情况最灵活、方便、有效的方法。小卡片在技术上并无多大价值，当设备调出或报废后，随即报废。

机械设备账、卡在性质上和财务物资库同样重要，必须指定专人根据有关资料认真填写，专人负责，不得随便修改并增减内容。账、卡、物三者必须相符。财务部门应建立公路养护机械固定资产卡片，亦为“一机一卡”，卡片中应记录折旧和大修理基金提取情况，以反映固定资产价值的变更情况。机务部门的账卡应与财务部门掌握的固定资产账中的相应部分相符。如发现有不符的情况，要查清原因，追究责任，并按规定的手续进行调整，制定措施堵塞漏洞。不得用随意改账的方法掩盖工作中实际存在的问题。

有些单位的机械设备经过一定时间使用后，由于调动、拆套换用、外借、丢失等原因，往往在数量与完整性上发生一些变化。为了检查使用单位对机械设备的使用保管情况，巩固和提高经济核算基础，保护国家财产的安全和完整，按照国家对固定资产清查盘点的规定，公路养护单位每年年终要对机械设备进行一次全面的清查盘点。

通过请查盘点，可查明实物，调整账目，核实分布情况和价值，做到账卡相符、账物相符。同时，又可借此加强对职工的爱岗敬业精神和提高工作责任感的教育。

在清查盘点工作中，应注意下列几点：

（1）最主要的一点就是必须坚持做到“实物见面，核对编号”的原则。切忌凭借追忆口述来回答某物存于某处，某种设备有多少台等。凡是有统一编号的机械设备，不能只做到名称、数量相符，必须核对统一编号。

（2）对于大型机械，要特别注意清点附件，有条件时最好结合清点，在集中保管方面采取措施施以改进，至少也应作出记录，避免因人员调动再次出现混乱现象。

（3）在清点中发现的盘亏盘盈现象，除按规定的手续予以调整外，更主要的是要分析产生这种现象的根本原因，从制度上予以改善，以杜绝再次发生的可能。

【问题引导 2】

机械设备的技术档案的主要作用是什么？

____

____

【学习提示】

一台机械设备，在整个寿命周期内，有一系列具有财务依据性及技术参考性的单据、数据、文字记录、图纸、计算书等文件资料，这些都是机械管理工作的主要依据。把这些资料集中保存与系统管理，就成为机械设备的技术档案。

1. 技术档案的主要作用

技术档案是机械设备整个寿命周期全过程的历史性记录。它的主要作用：

（1）根据实际使用情况，核查主要装备管理措施的正确性，总结经验，汲取教训，逐步提高装备管理水平。

（2）为正确使用、维修、培训、改造等提供技术资料。

（3）反映机械设备使用性能、技术状况的变化情况，为充分发挥机械设备效能，编制各种计划（机械使用计划、保修计划、配件计划等）及进行大、中、小修技术鉴定，事故分析等提供可靠的依据。

（4）为调拨、转让提供技术数据资料、财务款据。

2. 技术档案的具体内容

并不是所有的有关机械设备的记录、数据均列入技术档案，只有那些具有单机针对性以及查阅参考价值的技术数据资料才能成为技术档案的一个组成部分。

机械设备全面综合管理观点在技术档案工作方面的反映主要体现在下面两点：

（1）对购进或调进的机械设备，必须经过批准的“机械购（调）申请”列为技术档案的必备内容，作为以后核查、追究责任的依据。

（2）对自制自改设备，从方案选择、具体设计到试制及测试鉴定等先天性技术资料均全部整理归档。

技术档案的具体内容可以分为原始性资料与积累性资料两大部分。

（1）原始性资料。

① 新增机械设备必要性审查计算书及购调申请单（见表 2-7）。

表 2-7　机械设备购置申请表

购置单位:　　　　　　　　　　　　　　　　　　　　　　　　　　　　　年　　月　　日

序号	设备名称	规格型号	生产厂家	排气量	单位	数量	单价/万元	总金额/万元	资金来源	使用单位	备注
购置理由:											
二级机构审批意见 年　月　日（公章）						一级机构审批意见 年　月　日（公章）					

② 自制自改机械设备方案论证、技术设计（主要是计算书及图纸）、试制总结、试运转测试记录及技术鉴定等。

③ 随机原始资料，如合格证、出厂试验记录及文件、使用说明书、维修说明书、随机附具附件清单、易损零件图册、配件编号目录等。如果是旧机调拨，也应从调出单位接收上述资料。

④ 设备进场试验验收记录（见表 2-8）、安装调试总结、接交清单及有关手续签署文件。

表 2-8　购进机械设备验收记录表

设备名称			原始编号			生产厂			
出厂日期			出厂编号			发动机号			
功率		外形尺寸/m						质量/kg	
		长		宽		高			
开箱验收情况									
技术指标调试运行情况									
鉴定小组意见签名									

⑤ 有条件收集到的部分或全套加工装配图纸等。

⑥ 其他具有长期参考价值的静态技术数据资料。

（2）积累性资料。

① 设备运行、消耗等分期总结分析资料。

② 历次大（中）修记录（见表 2-9）、修竣验收单（见表 2-10）、大（中）修费用核销清单等检修资料。

表 2-9 机械设备大（中）修记录

<table>
<tr><td colspan="11">统一编号：</td></tr>
<tr><td>承修单位</td><td colspan="2"></td><td>修理类别</td><td></td><td colspan="6">配换主要零部件</td></tr>
<tr><td>进厂日期</td><td colspan="2"></td><td>出厂日期</td><td></td><td>名称</td><td>规格</td><td>单位</td><td>数量</td><td colspan="2">备注</td></tr>
<tr><td rowspan="2">进厂前
技术状况</td><td colspan="4" rowspan="2"></td><td></td><td></td><td></td><td></td><td colspan="2"></td></tr>
<tr><td></td><td></td><td></td><td></td><td colspan="2"></td></tr>
<tr><td rowspan="3">过程检验
记录</td><td colspan="4" rowspan="3"></td><td></td><td></td><td></td><td></td><td colspan="2"></td></tr>
<tr><td></td><td></td><td></td><td></td><td colspan="2"></td></tr>
<tr><td></td><td></td><td></td><td></td><td colspan="2"></td></tr>
<tr><td rowspan="3">修后尚存
问题</td><td colspan="4" rowspan="3"></td><td></td><td></td><td></td><td></td><td colspan="2"></td></tr>
<tr><td></td><td></td><td></td><td></td><td colspan="2"></td></tr>
<tr><td></td><td></td><td></td><td></td><td colspan="2"></td></tr>
<tr><td rowspan="2">主修人</td><td rowspan="2"></td><td rowspan="2">检验人</td><td rowspan="2">接车人</td><td rowspan="2"></td><td rowspan="2">间隔里程
/台时</td><td>定额</td><td></td><td rowspan="2">费用
/元</td><td>计划</td><td></td></tr>
<tr><td>实际</td><td></td><td>实际</td><td></td></tr>
</table>

表 2-10 机械设备维修竣工验收单

<table>
<tr><td colspan="8">送修单位：</td></tr>
<tr><td colspan="6">承修单位：</td><td colspan="2">验收日期： 年 月 日</td></tr>
<tr><td>机械编号</td><td>机械名称</td><td>型号规格</td><td>修理类别</td><td>修竣日期</td><td>修理工时</td><td>修理费用</td><td>质量评定</td></tr>
<tr><td></td><td></td><td></td><td></td><td></td><td></td><td></td><td></td></tr>
<tr><td>修理情况
简要记录</td><td></td><td></td><td></td><td></td><td></td><td></td><td></td></tr>
<tr><td>试运转
情况记录</td><td></td><td></td><td></td><td></td><td></td><td></td><td></td></tr>
<tr><td>验收记录</td><td></td><td></td><td></td><td></td><td></td><td></td><td></td></tr>
<tr><td>验收意见</td><td></td><td></td><td></td><td></td><td></td><td></td><td></td></tr>
<tr><td>上级主管
部门</td><td></td><td>送修单位</td><td></td><td>承修单位</td><td></td><td>质检员</td><td></td></tr>
</table>

③ 机械事故记录分析、处理经过资料（见表 2-11）。

④ 红旗设备检查评比记录资料。

⑤ 关于机械结构、个别零部件材质改变、代用等局部技术变更资料。

⑥ 其他在使用、维修过程中发生的有保存参考价值的资料。

表 2-11　机械事故及肇事记录

机械名称：			
肇事时间		肇事地点	肇事人
证明人		经济损失	事故等级
事故原因经过			
处理情况			
单位领导意见			

（3）技术档案的管理。

技术档案的管理是档案能否正常发挥作用的关键，需满足以下几点要求：

① 资料完整、齐全、精干、高质，保存完好；

② 凡属积累性资料，必须及时补充、更新；

③ 技术档案的管理要以方便使用为原则，以充分发挥其作用。

（4）技术档案的简化形式——机械履历书。

基层使用单位的机管部门或机管人员，采用技术档案的简化形式——机械履历书进行管理。机械履历书的内容与要求如下。

① 机械规格说明：由机管部门于建立履历书时一次性填写（见表 2-12）。

表 2-12　机械设备技术性能记录

统一编号：					
机械名称		型号规格		生产厂	
牌照号码		出厂日期		投产日期	
外形尺寸		来源		载重	
自重		原值		机身颜色	
发动机部分		底盘部分		电气及其他技术参数	

② 随机工具及附属装置记录：由机管部门登记、机长（保管人）签章认可，有变动随时登记签认（见表 2-13）。

③ 交接记录：在每次变更使用单位或保管人，办清交接手续后填写，由交接双方及监交人签章（见表 2-14）。

表 2-13　随机工具附件及附属装备记录

时间	名称	型号规格	单位	数量	增减原因	领用人

表 2-14　机械设备变更记录表

统一编号：						
时间	交机单位	交机人	接机单位	接机人	变动原因	批准单位及文号
本表包括机械设备所在单位、牌照号、自编号的变更						

④ 运转记录：由机管部门或机管人员根据班运转记录，按月填写（见表 2-15）。

表 2-15　机械设备运行、小修费及燃油消耗记录表

统一编号：												
年月	制度台日数	完好台日数	完好率/%	工作台日数	利用率/%	行驶里程			燃油消耗		小修费用/元	
						合计	重驶	空驶	实际耗油量	百千米油耗	实际支出	千千米平均定额/实际
一月												
二月												
三月												
四月												
五月												
六月												
七月												
八月												
九月												
十月												
十一月												
十二月												
全年												

⑤小修维护记录：由机管部门根据保修任务单，按月填写（见表 2-16）。

表 2-16 小修维护记录

统一编号：										
维护日期	维护级别	实际间隔里程/台时	进厂时间	出厂时间	所用工时	附加主要修理项目	费用		承包单位	检验员
							合计	其中：小修		

【问题引导 3】

施工机械统计分析的要求是什么？

____

____

【学习提示】

统计是一个信息收集、加工和利用的过程，所以统计管理也可以称为信息管理。

1. 施工机械统计分析的性质与要求

施工企业的机械管理就是施工企业管理的一个子系统，以机械管理所涉及的问题为范围，进行必要的信息选择、收集、加工、分析、反馈，以便考察、研究、分析、提高机械管理工作效率，这是施工企业机械统计工作的性质与要求。

针对施工机械在管、用、养、修各方面的情况，必须做好统计工作，用统计数字的变化反映机械变化的情况，它是机务工作中掌握情况、分析问题、制定计划、考核指际和定额等一切工作的主要依据。它对施工机械进行科学管理、充分发挥机械效率、促进施工机械化都具有重要意义。

2. 统计分析的任务要求

统计分析的基本任务如下：

（1）统计企业拥有机械的数量、能力及其变动情况，反映企业的技术装备程度，为组织生产和提高机械配套水平提供依据。

（2）统计机械的使用情况，反映机械的利用程度，为分析研究机械的潜力、充分发挥每台机械的效能提供依据。

（3）统计机械的完好情况，反映机械的技术等级，为分析研究改善机械的技术状况、提高完好率，以及考核机务管理的成效提供依据。

（4）统计机械设备的运转、消耗记录，整理并积累使用中的各项数据，为编制机械设备维修计划、考核各项技术经济定额，实行经济核算和奖励制度提供依据。

（5）统计机械设备的维修情况及其效果，为考核维修计划完成情况和维修单位各项定额指标完成情况提供依据。

机械统计分析的主要任务是将统计中反映出来的各项技术经济指标完成情况与历

史同类设备进行横向、纵向对比，全面检查各项指标的执行情况，研究和分析机械设备在经营活动中的成绩和薄弱环节，摸清客观规律，揭露矛盾，找出差距，提出解决问题的办法，以指导和改进设备管理工作。

3. 施工机械统计分析内容及方法

（1）机械统计分析的内容。

① 根据单项指标的变化，分析设备运行管理中存在的问题。

② 根据运行台时（里程）、工作率、利用率，分析设备的使用情况。

③ 根据完好率、单位能耗、单位维修费、技术考核指标的变化，分析设备的技术状态。

（2）机械统计分析的基本方法。

统计分折的基本方法是对比分析法，一般通过研究对比多个统计指标的变化规律，找出非正常规律的现象或问题，进而寻求解决问题的方法或改进措施。可通过其单位的历史资料纵向对比及同行业的横向对比，找出差距及其单位的不合理因素，改进工作。

对比分析方法的具体运用一般有以下几种形式：

① 统计指标本身的对比。凡是以百分比的形式表示的统计指标，如机械完好率、利用率等，本身就是具有对比的具体属性，在一定意义上已经可以直接反映出某种问题。

② 同一指标的前后对比。把同一统计指标在不同时期的统计结果相互对比，可以反映出发展变化的情况或趋势，并从中得出某种结论。如后期与前期的对比（今年与去年的对比、本月与上月的对比等），现在与历史最高水平的对比，后一种对比往往切中要害，更具说服力与指导性。

③ 与某客观标准相对比。这也是一种常用的方法，这个客观标准可以是国家的规定或上级下达的指标，也可以是其他部门或国外同类参考性能指标。通过对比分析，找出差距，作为改进工作的目标。总结取得优势的原因，为保持并扩大优势指明方向。

④ 不同类统计指标之间变化规律的对比。通过对比不同类指标之间的内在联系及相互影响的变化规律，找出彼此的影响因素，以便更深层次揭示管理或使用中存在的问题或矛盾。

4. 施工机械统计分析的计算方法

（1）施工机械数量、能力统计。

机械设备的数量和能力是机械设备统计的基本数据，是计算和分析施工企业机械装备程度及完好利用程度的基础。

① 机械设备实有台数。它是表示机械设备实物数量的主要依据，是统计施工企业在报告期内（通常指期末最后一天）列为国家固定资产的在册机械台数。

$$期末实有机械数=期初实有机械数+本期增加数-本期减少数$$

实有机械台数按技术状况可以分为完好、在修、待修、持报废等。

② 机械设备实有能力。它是指各种机械设备能够承担工程量的能力，反映施工企业（通常是期末）所拥有的各类机械设备能力的总水平。

机械设备能力一般根据机械工作装置的容量或动力部分的功率来计算。

某类机械设备能力=每种机械设备平均台数×该种机械设备单台设计能力

$$机械设备平均台数=\frac{报告期每日拥有的机械设备实有台数之和}{报告期日历日数}$$

③ 机械设备的总功率。它是报告期末最后一天机械设备的总功率，可以间接反映施工企业机械设备的装备程度。

④ 机械设备的总价值。它是指本单位自有的全部筑路机械设备的总价值。为了计算方便，一般采用报告期末最后一天机械设备的总价值。

机械设备的价值按原值和净值计算。原值反映机械的重置价值。净值是反映全部机械设备的实际价值，从某种意义上说，它可以反映机械的新旧程度。现行制度规定采用净值来计算机械设备的技术装备率，比较符合实际。

（2）机械设备装备程度统计。

在机务统计中，技术和动力装备率反映施工企业技术装备程度，而装备生产率反映企业装备净值与产值的比值，是考核施工企业占有机械设备在施工生产中创造产值大小的指标。

① 技术装备率。

$$全员或工人技术装备率（万元/人）=\frac{报告期末自有机械设备净值}{报告期末全员或工人人数}$$

从上式看出技术装备率是指每人所分摊的机械设备价值的多少，用来说明技术装备程度的高低。

② 动力装备率。

$$动力装备率（kW/人）=\frac{报告期末自有机械设备动力数}{报告期末全员或工人人数}$$

（3）机械设备完好情况统计。

机械完好率是反映机械完好状况的主要目标。它可以按机械设备台数计算，也可按机械台日数计算。

① 机械数量完好率。

$$机械数量完好率=\frac{报告期末完好机械台数}{报告期末实有机械台数}\times 100\%$$

② 机械台日完好率。

$$机械台日完好率=\frac{报告期制度台日数内完好台日数+节假日加班台日数}{报告期制度台日数+节假日加班台日数}\times 100\%$$

日历台日数，是指报告期内全部机械台数（不管机械的技术、工作状况如何）乘以日历日数之积。

（4）机械设备利用情况统计。

机械利用率指标用来反映和考核企业机械设备的实有利用情况，也是企业的主要技术经济指标之一。

① 机械台日利用率。

$$机械台日利用率=\frac{报告期制度台日内实作台日数}{报告期制度台日数}\times 100\%$$

不论该机械在一日内实际参加生产时间长短，均称为一个实作台日。机械台日利用率可理解为机械的出勤率。

② 机械台时利用率。

$$机械台时利用率=\frac{报告期实作台时数+节假日加班台时数}{报告期制度台时数-节假日加班台时数}\times 100\%$$

（5）机械设备效率统计。

① 机械效率。

机械效率是指机械设备额定能力与完成产量的比值。它反映企业机械设备的工作效率，也就是实际干了多少活，这是机械设备各项指标中的一个主要目标。

$$机械效率=\frac{报告期内机械实际完成总产值}{报告期内机械平均总能力}$$

② 机械完成产量定额率。

$$机械完成产量定额率=\frac{报告期内某种机械平均实作台班数}{某种机械台班定额产量}\times 100\%$$

③ 装备生产率。

装备生产率指施工企业机械设备的净值与机械年度完成总工作量之比，也就是企业占有机械设备净值一元能完成机械年度工作量若干元，反映企业的机械设备投资在施工生产中创造价值的大小。

$$装备生产率（元/元）=\frac{机械年度完成总工作量}{机械设备的净值}$$

装备收入率（或利润率）是每元机械装备每年创造的收入（或利润），能更准确地反映机械的经济效益。

$$装备收入率（元/元）=\frac{机械年总收入}{机械设备的净值}$$

5. 机务统计的基础工作

机械设备统计的基础工作包括原始记录、统计台账、统计报表。

（1）原始记录。

为了全面完成和超额完成各项技术经济定额和指标，必须加强对原始记录的统计与管理。原始记录的填写要求准确、及时、完整。原始记录是机务管理的工作基础，是用经济手段管理机械设备的依据，是统计质量的决定因素，是开展劳动竞赛的依据，在施工机械管理中有着重要的作用。

原始记录包括以下几个方面：

① 属于机械设备固定资产的原始记录，如固定资产验收单、固定资产调拨单（见

表 2-17)、固定资产交接单(见表 2-18)、机械设备报废申请单(见表 2-19)。

表 2-17　固定资产调拨单

<table>
<tr><td colspan="6">拨入单位:</td><td colspan="5" rowspan="2">年　月　日</td><td colspan="3">( )固调字( )号</td></tr>
<tr><td colspan="6">供货单位:</td><td colspan="3">( )固验字( )号</td></tr>
<tr><td rowspan="2">名称</td><td colspan="4">规格</td><td rowspan="2">单位</td><td rowspan="2">数量</td><td rowspan="2">原值</td><td rowspan="2">折旧</td><td rowspan="2">净值</td><td rowspan="2">出厂日期</td><td rowspan="2">新旧程度</td><td rowspan="2">编号</td><td rowspan="2">备注</td></tr>
<tr><td>型号</td><td>功率</td><td>吨位</td><td>容量</td></tr>
<tr><td></td><td></td><td></td><td></td><td></td><td></td><td></td><td></td><td></td><td></td><td></td><td></td><td></td><td></td></tr>
<tr><td></td><td></td><td></td><td></td><td></td><td></td><td></td><td></td><td></td><td></td><td></td><td></td><td></td><td></td></tr>
</table>

表 2-18　固定资产交接单

调动依据:　　　　　　　　　　　　　　　　交接日期　　年　月　日

<table>
<tr><td>统一编号</td><td>设备名称</td><td>生产厂家</td><td>规格型号</td><td>出厂日期</td><td>出厂编号</td><td>主机厂型</td></tr>
<tr><td></td><td></td><td></td><td></td><td></td><td></td><td></td></tr>
<tr><td colspan="7">交接情况:</td></tr>
<tr><td>项目</td><td>发动机</td><td>机身</td><td>底盘</td><td>工作装置</td><td>仪表、电路</td><td>附件及随机工具</td></tr>
<tr><td>技术状况</td><td></td><td></td><td></td><td></td><td></td><td></td></tr>
<tr><td>接机单位:</td><td>接机负责人:</td><td>接机经手人:</td><td>交机单位:</td><td>交机负责人:</td><td>交机经手人:</td><td>备注:</td></tr>
</table>

表 2-19　机械设备报废申请表

填报单位:　　　　　　　　　　　　　　　　　　　　年　月　日

<table>
<tr><td>设备名称</td><td></td><td>统一编号</td><td></td><td>型号规格</td><td></td></tr>
<tr><td>出厂年月</td><td></td><td>已使用年限</td><td></td><td>设备原值</td><td></td></tr>
<tr><td>已提折旧</td><td></td><td>设备净值</td><td></td><td>存放地点</td><td></td></tr>
<tr><td>设备现状及报废原因</td><td colspan="5"></td></tr>
<tr><td>鉴定小组鉴定意见</td><td colspan="5"></td></tr>
<tr><td>二级机构审批意见</td><td colspan="5"></td></tr>
<tr><td>一级机构审评意见</td><td colspan="5"></td></tr>
<tr><td>备注</td><td colspan="5"></td></tr>
</table>

② 属于机械设备使用的原始记录，如机械设备运转及交接班记录(见表 2-20)、工程施工日报表。

表 2-20 机械设备运转及交接班记录

年 月 日

作业层名称：					
单位工程名称：			分项工程名称：		
日期		运转时间		当班司机	
工作内容					
机械状况		日常维护内容			
交接时机械状况					

③ 属于机械设备维修的原始记录，如维护修理记录、大修记录鉴定单、维护修理任务单、修竣验收单。

（2）统计台账。

统计台账是大量分散的原始记录的汇总，是编制报表及核算工作的综合性登记表，主要有以下几种：

① 机械设备明细台账；

② 机械设备登记卡片；

③ 机械设备运转台账。

④ 机械设备（工具）维修、维护记录台账，如表 2-21 所示。

表 2-21 机械设备（工具）维修、维护记录台账

维修维护部门： 编号：

序号	设备名称	设备编号	规格型号	单位	数量	维修日期	修竣时期	确认人	签收人	机械设备报修、维修记录单编号
填写人：			维修维护部门负责人：							

（3）统计报表。

统计报表是机务统计中反映情况、积累资料的重要方法，主要报表如下：

① 机械设备车辆使用情况报表（月报），如表 2-22 所示；

② 主要施工机械设备实有、完好情况表（年报）；

③ 技术装备情况汇总表（年报），如表 2-23 所示；

表 2-22 机械设备综合月报表

填报单位： 年 月 日 工 页 第 页

设备名称	规格型号	制度台日	完好台日	工作台日	完好率/%	利用率/%	核算情况	使用地点	备注

表 2-23　技术装备年度汇总表

单位名称	设备实有数量	所有设备价值/万元		所有设备功率/kW		职工人数		技术装备率/（元/人）		动力装备率/（kW/人）	
		原值	净值	总功率	施工机械功率	全部职工	其中工人	全部职工	其中工人	全部职工	其中工人

④ 机械设备保修计划表；

⑤ 机械设备保修完成情况表；

⑥ 机械事故表（月报）。

6. 机务统计分析

通过机务统计，收集和整理企业有关机械设备经营活动的一切详细资料，这只是统计工作的第一步，更重要的是通过这些数字资料来说明企业机械设备经营活动的基本情况及其发展变化的规律性，作为指导机务工作的依据，为此就要进行统计分析。

机务统计分析的任务，主要是将统计中反映出来的各项技术经济指标的完成数与计划数进行比较，全面检查各项计划的执行情况，研究和分析机械设备在一切活动中的成绩和薄弱环节，摸清客观规律，揭露矛盾，找出差距，提出解决问题的办法，据以指导和改进企业工作。

机务分析的内容有

（1）根据工作时间、完成产量，分析利用率、效率；

（2）根据使用情况，分析机械化程度；

（3）根据完好情况，分析不完好的因素的比例和原因；

（4）根据装备情况，分析机械设备技术状况变化情况；

（5）根据维修完成情况，分析机修单位生产能力和停修期、质量、费用等；

（6）根据机械事故情况，分析产生事故的原因；

（7）根据机械使用情况，分析各种油料、材料消耗情况和装备构成；

（8）根据机械完成指标好坏，分析操作人员政治思想和技术能力的情况。

统计分析工作又可分为综合分析和专题分析。

综合分析：是对统计资料全面的分析研究，用以说明机械设备经营活动的基本情况、发展趋势及规律性。如全面分析机械完好率、利用率、效率的完成情况，可挖掘机械潜力。这种分析的内容涉及范围宽、指标广、因素多，一般间隔一定时间进行一次。

专题分析：主要对某项专门问题进行集中而深入地分析。如可以把机务管理中存在的某个关键问题（如机械事故增多、修理质量下降等）、典型事例或中心工作等作为分析内容。这种分析的内容涉及面较窄，指标较少，它的特点是灵活多样、一事一次、简便易行，可根据需要经常进行。

【问题引导 4】

工程机械经济核算有什么作用?

【学习提示】

机械设备的经济核算是一个单位管好、用好机械设备的有效措施。对机械设备的经济核算，不仅可以反映出一个单位设备管理的经营水平和经济效益，而且可以从中找出管理工作中的薄弱环节，采取相应的改进措施，以加强机械的管理工作。

机械设备经济核算与经济活动分析相适应，采取收支对比、前期和后期对比的分析方法，找出节约或超支的原因，适时地采取相应的措施，改进公司的管理水平，并借以评定公司、班组、单机的工作。研究各种因素对工作的影响程序。

实行绩效经济核算，必须具备的基本条件：

（1）要有一套必要、科学的机械经济技术定额标准；

（2）要有正确的计量保证；

（3）要有完整、可靠的原始记录；

（4）要建立经济责任制；

（5）根据需要配备相应的专职、兼职核算人员。

四、拓展学习

计算机辅助机械管理系统是企业管理信息系统（MIS）中的一个子系统。MIS 已经成为现代信息管理的专有名词，它包含以下一些内容：建立一个与企业组织机构相对应的信息机构；分析并确定企业所需信息的类别及其来源；根据需要，对信息进行处理、加工、保管，以便及时准确地向企业各管理层次、各部门提供所需要的信息。现代管理信息系统是与计算机应用直接联系起来的。公路建筑施工企业首先要建立人工信息系统，并积极创造条件，逐步建立计算机管理信息系统。

1. 应用计算机进行机械设备管理的必要性

在转换经营机制、建立现代企业制度的形势下，机构在改革，人员在减少，管理要求却在提高。迅速采用现代化的机械设备管理方法与技术手段，已成为机械管理克服困难，迎接挑战的重要任务之一。其中建立机械管理信息系统，实现机械管理计算机化，是一项最为行之有效的方法。

应用计算机进行机械管理的必要性主要表现在以下几个方面：它是机械管理现代化的重要基础，机械综合管理、养修管理、状态监测与故障诊断等方面的新技术、新方法的有效应用，依赖完整准确的机械管理数据信息的收集与分析；随着装备水平的不断提高，计算机管理将为提高机械管理工作的质量和效率提供技术支持；计算机的应用是保证机械管理与其他管理同步发展的重要条件；计算机化的机械管理是使机械管理规范化、高效率、减少随意性的必由之路；有利于提高机械资源的利用率，辅助企业经营目标的实现。

2. 计算机辅助机械管理的目标和作用

计算机辅助机械管理的工作目标是将机械管理的各个方面集成一个规范化的体系，形成规范、科学、高效的机械管理机制，以使机械管理工作得到高效能的组织实施：通过建立机械管理的数据共享系统，监控机械物质形态与价值形态的动态表现，辅助各级管理部门作出决策，确保企业对资产变动与投资效益的控制；建立机械管理的事务性工作处理系统，编制各类机械管理的工作账表并实施管理作业，快速、准确、高质量和高效率地完成机务管理工作。

它的具体作用表现在以下几个方面：处理数据、管理账表、实施作业管理、规范工作、实施管理控制、辅助决策、监控机械资产与投资效益。

3. 应用计算机进行机械设备管理的效益表现

（1）提高机械管理的工作教率。计算机强大的信息存储和处理能力可快速地完成日常账表制作、分类、分析、统计、比较等工作，因而提高了工作效率，减轻了工作人员的工作负荷。

（2）提高工作质量和管理水平。计算机对管理工作的标准化、规范化的要求可以促进管理工作水平和工作质量的提高。如果计算机的应用深入到现场作业管理，建立起现场主管科室管理的动态信息反馈机制，可有效地提高管理工作的科学化水平。

（3）保障作业计划的准确性和科学性，间接减少养修的次数和工时数。提高机械的利用率。

（4）对施工机械使用费直接进行控制。在计算机管理中，所有机械作业的记录都要求完整和准确，这就为费用的核算和机械施工作业成本控制提供了量化的条件。

（5）综合利用机械管理数据信息，监控机械的寿命周期和效益成本表现，为机械投资和技术改造提供技术工艺标准和技术经济分析资料，保持最佳的机械投资利润率。

五、评价反馈（见表 2-24）

表 2-24　自评与反馈

序号	评价项目	评价标准	分值	得分
1	工程机械信息管理知识	能正确理解机械设备信息管理内容和要求	30	
2	工程机械统计分析知识	能正确理解机械设备统计分析内容和要求	30	
3	工作态度	态度端正、无无故缺勤、迟到、早退现象	10	
4	协调能力	与小组成员、同学之间能合作交流，协调工作	10	
5	知识拓展	能查阅文献，深入学习相关知识	10	
6	创新意识	能针对具体案例，运用新知识思考可能的创新点	10	
合计			100	

六、课后巩固

1. 填　空

（1）一台机械设备，在其整个寿命周期内，有一系列具有财务依据性及技术参考性的单据、____、__________、_______、_________等文件资料，这些都是机械管理工作的主要依据。

（2）施工机械统计分析是机务工作中_______、_______、______、________和定额等一切工作的主要依据。

2. 选　择

（1）设备租赁分为工作量法、月租和台班/小时租赁三种方式，优先选择（　　）。按月租或台班租赁要严格实行租赁限价和审批，禁止以小时或台班计费长期租赁设备。

A. 按月租或台班租赁　　B. 小时或台班计费

C. 按年租　　D. 按工作量法计量租赁费

（2）机械设备档案包括设备台账、设备履历簿、设备技术资料、（　　）、交接班记录、巡检记录等。

A. 派工单　　B. 工作量统计表

C. 单车核算　　D. 设备运转记录

情境二任务二数字资源

任务三　工程机械设备检查与评价

施工企业应定期对自有机械设备和施工中运行的设备进行全面的检查。检查要采取自查、互查、抽查和重点检查相结合的方法。通过检查，发现问题，及时纠正；总结经验，推广交流；对受检单位的机械管理工作作出全面评价。检查工作是发动群众管好、用好机械设备的重要措施，对加强机械设备管理有较大的促进作用。

一、任务描述

按照工程机械设备使用要求，学习工程机械设备检查与评价基础知识、基本技术，并能灵活应用。

二、任务要求

在本学习任务完成过程中，你应该努力做到以下几点：

（1）正确说出设备检查的分类；

（2）正确说出设备检查的主要内容；

（3）准确描述设备评比的依据；

（4）准确描述设备评比的意义。

三、任务实施

将学生按特定数量分组，明确每组的工作任务，并填写分组任务表（见表 2-25），每组任务可以一样也可以有差异性，视任务大小而定。

表 2-25　学生分组任务情况表

组别	工作任务	备注
1		
2		
3		
4		
5		

【问题引导 1】

机械设备检查分为哪几类？

____

____

【学习提示】

1. 机械设备检查的分类

机械设备检查分日常检查、定期检查和年度检查。检查时需要投入一定的人力和时间，并成立检查相。

（1）日常检查。

日常检查一般在施工季节按月进行，主要把握机械的运行性状态。通过听、看、查、问、试的形式，对操作和保修人员平时的维护和小修工作进行监督，促使人员自觉地贯彻执行维护制度，合理地使用机械，保证施工不受影响。

（2）年度检查。

年度检查指需要每年进行一次，自上而下逐级开展的全面性检查和评比活动，通常在年中或年末进行。它是积累机械技术状况动态数据和经营绩效资料的重要工作，通过检查不仅可以发现问题，及时纠正问题，更重要的是可以进行经验交流，表彰先进，从而达到提高机械设备管理水平的目的。

（3）定期检查。

定期检查是一种按规定周期（一般间隔 1～4 年）在非施工期机械保修工作完成以后，分期分批进行的机械检查和操件人员审验工作。其目的是使机械设备在下一个施工期开始之前，能够具有良好的技术状况，提高机械设备完好率，保持与提高机械操作人员的技术素质。

2. 机械设备检查的主要内容

（1）检查基层单位机械管理工作的总面貌、机械队伍职工思想教育情况。

（2）检查各级机管机构、人员配备、规章制度的建立与执行情况。

（3）检查主要机械设备的使用、维护、修理情况以及三率指标的完成情况。

（4）检查技术档案以及其他技术资料的管理和使用情况。

（5）检查经济核算建立、推广及实际效果。

（6）检查机械人员技术培训、技术考核及操作证制度的贯彻执行情况。

（7）检查养修计划的执行、维护修理质量、新旧程度和配件管理情况。

（8）检查机械设备的挖潜、革新、改造情况。

【问题引导 2】

机械设备技术等级评定标准有哪些？

____

____

【学习提示】

在机械设备使用过程中需要对机械设备进行技术等级评定，机械设备技术等级评定标准如下。

1. 机械设备外观

装置是否齐全、外部和隐藏处是否清洁、有无脱落、有无锈蚀、有无油气液渗漏、紧固件情况和随机运行记录是否齐全等。评定标准按程度分好、中、差三级。

2. 磨损程度

各部分间隙配合情况，如连接部位有无松旷，发动机有无烧机油，液压发动机和液压缸有无爬行、停滞和明显的冲动现象；有无冲击等；各部分温度压力情况，有无过热、油压和气压过高或过低现象等。按程度分轻、中、重三级。

3. 磨损对技术性能影响程度

按程度分小、中、大三级。影响程度小，属于机械性能应基本达到设计要求，减载、降低能力均不超过5%，操控系统可靠，灵敏；影响程度中等，属于技术性能降低在10%以内，操控系统大部分可靠、灵敏；影响程度大，属于技术性能基本达到降低在10%以内的要求，但操控系统大部分不可靠、不灵敏。

四、拓展学习

机械技术状况评定的内容如下。

1. 发动机部分

发动机动力性能良好，运转平稳，无异响，能正常启动、熄火；发动机的安装牢固可靠，连接部分无松动、脱落。点火系、燃油系、润滑系、冷却系的机件齐全，性能良好，安装牢固；线路、管路无漏电、漏水、漏油、漏气现象。

2. 传动系

离合器分离彻底，接合平稳，不打滑，无异响，符合技术要求；变速器、变速杆位置适当，自锁、互锁可靠，变速器、分离器不缺油、不漏油、无异响，变速器的油温符合原厂规定；万向节、传动轴、中间支承、传动链条运转平稳，装配角度正确，润滑良好，行驶中不抖动、无异响；主传动器、差速器、差速锁装置工作正常，不松动，无异响，半轴螺钉齐全、紧固，驱动桥不漏油。液力和液压传动机构中的液力变矩器、液压油泵和液压发动机应工作正常、无异响、无过热及渗漏现象，具体标准参照液压及其控制系统部分。

3. 行驶系

机（车）架无变形、开裂或锈蚀现象，螺母、螺栓、铆钉无短缺、松动、锈蚀；钢板弹簧片整齐，卡子齐全，螺栓牢固，与转向桥、驱动桥和机（车）架的连接紧固；减振器性能良好，前后桥无变形、裂纹，轮胎符合安全技术规定；履带及各部的连接部位应牢固，运转正常，履带连接部位的销卡应齐全，传动轴、轮、链节磨损不超限，各部结构件应完整、无变形、工作灵敏靠。

4. 转向系

转向装置安装牢固，转向轻便灵活，行驶时无轻飘、摆振抖动、阻滞及跑偏现象，转向机构无缺油、漏油现象，固定托架必须牢固，转向垂臂、横直拉杆等转向零件不得拼凑焊接，无裂纹、变形；球形节、转向主销、衬套配合松紧适度，润滑良好，液压转向助力器的工作油压符合原厂规定值，且系统无漏油现象，工作状态良好可靠。

5. 制动系

制动装置必须机件齐全，安装牢固，工作可靠、平稳，不漏油、漏气，踏板自由行程、制动力、制动距离、制动跑偏等应符合要求；制动控制阀性能可靠、反应灵敏；制动液充足，气压正常，驻车制动锁止装置灵敏可靠。

6. 液压及其控制系统

液压系统要保持清洁，管路及管接头畅通、无松动，密封良好，无堵塞及渗漏现象，与其他机件不磨碰；液压油黏度适当，且需定期更换，液压油应经常保持至标准油位；在额定工作压力下，液压油泵、液压发动机应工作正常、无异响、无过热及渗漏现象；液压分配器，如液压电磁阀、系统调节阀、分配阀等应配合良好，工作可靠，反应灵敏，无泄漏；安全阀动作应灵敏可靠，调整元件齐全有效；各操作手柄（杆）无变形，轻便灵活，工作可靠；系统中的工作部件在额定速度范围内不应有爬行、停滞和明显的冲动，符合产品出厂规定；升降倾斜油缸应密封良好，无裂纹和泄漏现象，油缸应达到额定的工作压力和动作时间，倾斜油缸应灵活可靠，升降油缸应能平稳地升降。

五、评价反馈（见表 2-26）

表 2-26　自评与反馈

序号	评价项目	评价标准	分值	得分
1	工程机械设备检查知识	能正确理解机械设备检查内容和要求	30	
2	工程机械设备评比知识	能正确理解机械设备评比内容和要求	30	
3	工作态度	态度端正、无无故缺勤、迟到、早退现象	10	
4	协调能力	与小组成员、同学之间能合作交流，协调工作	10	
5	知识拓展	能查阅文献，深入学习相关知识	10	
6	创新意识	能针对具体案例，运用新知识思考可能的创新点	10	
合计			100	

六、课后巩固

1. 填　空

（1）机械设备检查分__________、__________和___________。

（2）机械设备技术等级评定标准有_________、_________、________。

2. 选 择

（1）大型特种设备投入使用前，必须进行分级验收，特种设备应按《特种设备安全法》等要求实施（ ）。

A. 检验　　B. 委托检验并取证

C. 取证　　D. 转场维修

（2）设备履历簿应一机一册，详细记载机械设备简历，包含变动、事故、运转、修理、保养、技术改造等各项资料，由（ ）填写和保管，并随设备调转时移交。

A. 物机部长　　B. 专项维修人员

C. 现场设备管理人员　　D. 以上都不是

情境二任务三数字资源

任务四　工程机械资产管理

在建筑施工企业中，机械设备是固定资产的重要组成部分，从固定资产角度对企业的机械设备进行管理的全过程称为机械设备的资产管理。机械设备资产管理的全过程包括机械设备的购置验收、建账立卡、分类编号、建立技术档案、清点盘查、折旧和大修理基金的提取，封存保管与处理报废等工作，这些工作都属于企业机械管理部的日常性业务工作。

一、任务描述

按照工程机械设备使用要求，学习工程机械资产管理知识、基本技术，并能灵活应用。

二、任务要求

在本学习任务完成过程中，你应该努力做到以下几点：

（1）正确说出工程机械资产管理的方法；

（2）正确说出工程机械固定资产报废的程序；

（3）准确描述工程机械资产管理的内容；

（4）准确描述工程机械固定资产折旧内容。

三、任务实施

将学生按特定数量分组，明确每组的工作任务，并填写分组任务表（见表 2-27），每组任务可以一样也可以有差异性，视任务大小而定。

表 2-27　学生分组任务情况表

组别	工作任务	备注
1		
2		
3		
4		
5		

【问题引导 1】

机械设备的购置原则是什么?

____

____

【学习提示】

1. 机械的购置原则

在工程机械购置过程中，应考虑如下原则。

（1）适用性：能适合于施工现场的地形、土质、气候等作业条件。

（2）实用性：能满足施工质量要求，达到质量标准。

（3）经济性：价格合适，易于转移场地，便于安装，作业效率高。

（4）可靠性：经久耐用，安全可靠，质量好。

（5）维修性：结构合理，便于拆检、安装、维修。

（6）符合环保要求（噪声、振动、排污等）。

（7）厂家可提供优良的售后服务。

2. 工程机械购置途径

工程机械购置途径如表 2-28 所示。

表 2-28 机械购置途径

序号	途径	说明
1	市场采购	应注意市场调查与论证
2	招标	一般要经过招标、投标、开标和定标 4 个阶段，招标属于要约邀请，投标属于要约，定标具有承诺的性质；招标文件一般包括投标邀请、投标须知、合同一般条款、机械设备清单、工程机械技术规范、投标格式、报价清单、投标证书等
3	年度订货会或展览会	在年度订货会或展览会上直接向参展商订货

3. 工程机械设备的购置

机械设备的购置按照程序分为购置计划编制和订货选购两个阶段。年度机械设备购置计划应根据机械设备装备规划，并结合当年施工生产的需要在企业总工程师或总机械师的主持下，以机械管理部门为主并组织有关部门参加，经过必要的技术经济论证后进行编制。计划编制后报上级主管部门批准并经备案后执行。

机械设备购置计划的编制一般分为准备阶段、平衡阶段、选型论证阶段和确定阶段。在准备阶段的主要任务是充分收集有关购置计划编制的依据，如年内机械设备更新和报废情况，机械设备年台班、产量定额和完好率、利用率等指标，企业近期承担施工项目的实物工程量、进度要求及施工技术特点等。在平衡阶段的主要任务是编制机械设备购置计划的草案，并会同有关部门进行核算，使生产任务和生产能力平衡，机械费用和其他经济指标平衡。

在选型论证阶段对已列入购置计划草案的机械设备的机种、型号、厂牌等进行认真评选，通过技术经济论证，择优购置。在选择机械设备型号和厂牌时应考虑机械设备的经济性、可靠性、维修性、安全性、环保性适应性和宜人性诸方面的性能。

对于同类型机械设备可通过单位工程量成本的比较进行经济性的论证。单位工程量成本计算公式如下：

$$G_d = \frac{F + VX}{XQ}$$

式中 G_d——单位工程量成本；

F——一定时期机械的固定费用；

V——单位时间的变动费用；

X——机械在一定时期内的实际作业时间；

Q——机械设备单位作业时间的产量。

可靠性指机械的技术性能在时间上的稳定程度。维修性主要取决于零部件的标准化程度、拆装的难易程度，配件来源是否充足、稳定，维修技术难度和维修费用高低等。安全性包括制动系统的可靠程度、电气设备的绝缘等级、事故预防装置及故障报警装置的水平等。环保性指机械在运行中所产生和排出的废气、污物、噪声、异味及有毒物质对环境的影响程度，以及为了达到有关法规规定所需的附加费用的高低等。适应性指对不同使用要求的适应能力。宜人性指机械设备各种操纵驾驶装置的布设位置、采光、照明、视野、保温性能以及操作中消耗体力的程度。

总之，对不同品种、型号、规格的同一种类机械设备，应进行综合比较评选，以确定最佳方案。在选择机械设备时还应尽量使选定的规格、型号、厂牌与原有的机械设备统一起来，以方便使用、维修和配件储备。同时，还应尽量多地了解生产厂家的情况，密切注意所选厂家近期产品质量，以及有无对所选定机型改型或淘汰的打算，配件的供应是否充足，渠道是否畅通、及时。

【问题引导 2】

机械设备的验收原则是什么？

____

____

【学习提示】

凡属于企业购置的机械设备和自行研制的符合固定资产条件的非标准设备，都必须经过试验和验收，确认合格后，才能列入固定资产。对于进口机械设备，在验收时发现问题，应及时向外商提出索赔要求。

验收工作的主要内容包括：机械设备技术状况的检验，随机附件、备品配件、专用工具和随机技术资料的清点等工作。验收工作的依据是各种原始凭证，包括订货合同、设备的发票、货运单、装箱单、发货明细表、设备说明书、质量保证书以及有关文件和技术资料等。验收工作由机械管理部门主持，必要时要请上级主管部门和制造厂方派人参加。

经验收合格后，首先由机械管理部门填写机械设备验收及试验记录单，之后由单位总工程师或总机械师签字，并随同原始单据交财务部门作为固定资产的入账依据。对于自制设备，验收合格后还需要经过 6 个月的试用期，待试用期满后，再由机械管理部门组织技术鉴定，经技术鉴定确认质量、性能合格后，方可列入固定资产。

对工程机械的固定资产验收，主要由机械设备管理部门来完成，使用部门进行必要的协作。机械设备管理部门负责对工程机械的实物形态进行验收，而财务部门则是根据机械设备管理部门的实物验收意见，办理固定资产的增、减变动等财务手续。实际上工程机械固定资产的验收工作，绝大部分由机械设备管理部门负责完成。

1. 整机装运或自行式机械的固定资产验收

对于更新机械的整机装运或自行式机械（包括技术更新、役龄更新），由于曾经使用过，对其有一定的应用经验，所以仅由机械设备管理部门技术熟练、经验丰富的固定资产管理人员负责，操作人员协助，结合产品合格证和其他技术文件即可验收。

对于新增或技术革新、改造机械设备的整机装运或自行式机械，由于过去没有接触过，或接触较少，对其性能较陌生，验收组织一般除了要有机械设备管理部门的固定资产管理人员外，还需有本单位及上级单位的有关机械设备技术人员共同参加。如果是进口工程机械，必要时还需邀请商检部门参加验收。

对整机装运或自行式机械进行固定资产验收时，首先注意以下的基本技术文件是否齐全。

（1）工程车辆或工程机械。

① 产品合格证。

② 产品使用说明书。

③ 主要配套装置使用说明书。

④ 原基本车型（或底盘）使用说明书。

⑤ 易损零件明细表。

⑥ 随车工具、附件清单。

除此之外，还应注意有无购置附加费手续等。

（2）其他设备。

① 产品合格证。

② 设备使用维护说明书。

③ 易损零件图册。

④ 产品配件目录。

⑤ 随机专用工具、附件清单。

如果上述技术文件齐全，并且与实物相符，那么就可以结合机械设备外观质量和内在性能技术验收的结果，填写“工程机械固定资产验收单”，以便完成资金验收工作。

2. 解体装运机械设备的固定资产验收

一般来说，解体装运的机械设备，多为配属机组和附属设备多、体积庞大的工程机械，其安装和调试技术均有较高要求，尤其是进口、大型、精密的解体装运的工程机械，更是如此。所以，需成立必要的验收组织，以便组织相应的技术人员把好质量关。

对于解体装运机械设备的固定资产验收，须先进行组装、调试，然后根据调试成功的技术报告，结合其他技术文件来办理验收手续。

在购买的机械设备未到目的港口前，订购单位要仔细查询国家关于机电设备进口的具体政策规定，从速办理有关减免税批文，及时报送到机械设备到达港口的海关。

机械设备到达港口后，订购单位应会同港口的商检部门按订货合同规定对卸下船后的工程机械进行岸检，并会签岸检记录。机械设备自港口到使用工地，可采用陆路运输（即公路或铁路运输），也可采用水路运输。运输方式的选定，视订购单位的运输条件而定。

将购买的机械设备运至工地后，订购单位先不予拆箱，而应提交合同、货运发票、船单、机械设备质量保证书等单证副本给所在地商检部门，对到货机械设备的品种、数量、质量等提出检验申请。

订购单位在工地对购买的机械设备进行开箱检查时，需请商检部门人员参与，发现问题时应通过商检部门索赔。

开箱检查的主要内容如下：

（1）检查外观包装情况，看机械设备在运输装卸过程中有无受损的现象。若发现包装箱已受损开裂或严重变形，则应打开包装进行工程机械的外观检查，以便了解受撞击、挤压或损坏情况。

（2）按照装箱清单清点主机、副机、附件、易损件、专用工具、使用说明书及其他技术文件等是否齐全，是否符合订货合同规定的内容，有无缺损。

（3）检查机械设备各部分有无锈蚀，如有锈蚀，应及时进行防锈处理。

（4）凡属未清洗过的滑动面严禁移动，以防磨损。清除防锈油时最好使用非金属刮具，以防损伤设备。

（5）不需要安装的易损件、附件、工具等，应注意妥善保管。

（6）核对安装图、电气线路图、液压系统图与机械设备实际情况是否相符，接口位置及有关参数是否与说明书相符。

（7）检查后作出详细检查记录，对严重锈蚀、破损等，最好拍照或图示说明，作为向运输部门或供应厂商进行交涉、索赔的依据。

开箱及检查中获取的货运发票、船单、质量保证书、商检证明、有关图纸、说明书、引进机械设备的批文、订货卡片、合同等，应由订购单位机械管理部门的专人进行整理，归入工程机械技术档案。其中有关常用图纸、说明书还须及时组织专业技术人员进行翻译整理，装印分发，以便机上人员随时使用和基层使用部门技术人员备查。

【问题引导 3】

机械设备安装调试需要注意哪些因素？

____

____

【学习提示】

整机装运机械不需要安装。一些大型专用的机械设备，如混凝土搅拌站、沥青混合料拌和设备、稳定土拌和设备、联合破碎机以及桥梁工程中所用的打桩机、架桥设备等，则需在施工现场进行安装。调试工作，不仅用于大型、专用的解体装运的机械设备，对那些整机装运的工程机械，使用前也需进行一些调试工作。

以下主要以进口的解体装运的大型机械设备为对象来阐明安装、调试等技术验收工作。解体装运的进口机械设备，在对各总成部件、附件等配套机件进行外观检查后，应尽快安装并进行必要的调试。因为这样的工程机械在出厂时所做的抽样检查的比例很小，一般不超过3%，其余97%只做部件及总成的分项检验，而不进行总装检验，所以，对整机进行安装调试就显得非常重要，必须认真对待。

1. 组织与管理

解体装运的大型机械设备安装调试工作一般由订购单位同供应厂商配合进行。对大型的进口工程机械，购置单位应在供应厂商安装调试工程师到来之前，进行尽可能周密的安排。如选配操作人员、成立安装调试组（由有关业务领导、机械设备操作人员和工程测试人员等组成），准备安装调试的吊装及配套作业机具等。

2. 安装调试费用的预算

要保证安装调试工作的顺利实施和完成，必须先做好安装调试费用的预算工作。也就是根据安装调试计划和程序，进行运输费、安装费、调试费、拆卸费及其他费用的预算。

（1）运输费用的预算。在安装计划中，机械设备管理部应根据解体装运的工程机械各部分的体积和质量，安排不同运输能力的车辆，并根据解体装运对象的数量，确定各种运输车辆的运输车次。据此，负责安装调试费用预算的人员，可按相应运输物的运费标准、搬运里程计算运输费用，也可据台班费用定额和台日数计费。在进行运输费用的预算时，要注意估算装卸、捆绑及空车行驶费等费用，因为这些也是运输过程必然发生的。

（2）安装费用的预算。要根据安装计划，做出安装所需吊装设备、技术工人以及安装材料的费用预算。

（3）调试费的预算。调试过程中，需要燃油或电力等。对于一些大型工程机械，尤其是进口机械设备，必须经过一定时间的空载、重载、连续、间断的生产考核，因此常需要大量的工程材料，如碎石、沥青、水泥、砂砾、白灰或粉煤灰等，为了保证大型机械设备按测试计划运行，必须配备足够数量的各类配套机械与消耗材料。从以上分析，我们可以看出，调试费一般由燃油或电力费、工程材料费、配套机械费、人工费、管理费等组成。各组成费的预算应按各自相应的规定计取。

（4）拆卸费预算。拆卸过程和安装相反，所需的机械设备与安装相同，但是所需人员除技工外还有普工。一般拆卸费少于安装费。

（5）看管费等其他费用的预算。此项费用应根据实际情况进行测算。

3. 安　装

解体装运机械设备的安装一般包括安装基础施工（自行式机械无此项）、安装前的准备、安装等几个过程。

（1）安装基础施工。解体装运的大型工程机械往往需要安装在规定的基础上，并需进行找平、稳固，才能保证其工作质量、精度和稳定性要求。安装基础的施工，首先要求按安装平面布局图确定安装位置，放好机械设备的安装中心线，然后根据安装基础施工图的规定预制安装基础。

另外，配套机械设备的运输通道、堆料场必须合理布局，同时予以修整。根据需要，可搭盖库房、机棚等。

（2）安装之前的准备。在安装之前，应再一次进行外观质量检查：如各种螺栓、螺母有无松动；焊接件焊接处有无裂纹、严重的气孔、虚焊等缺陷；燃润油及水、气的储量及管道接头有无泄漏，是否牢固；电路布线是否整齐，绝缘性能如何；所有旋转、往复运动部位的安全保障机件的有效齐全程度怎样。此外，要进一步察看安装过程所需其他物资准备情况等。

（3）安装。安装过程须严格按制造厂安装指南或规定的安装程序进行。

4. 调　试

不仅是解体装运的大型机械设备在安装后需要进行调试，实际上所有新增、更新、自制、改造、大中修的机械设备，在投入使用前，都必须进行调试。

（1）调试前的检查，主要检查机械装配的完整性、合理性、安全性和渗漏痕迹等。

（2）空负荷和负荷试验，主要试验机械设备的工作性能，包括启动性能、动力性能、经济性能、操纵性能、制动性能、负荷性能和工作装置的工作质量等，考核其是否达到正常使用、安全生产等技术条件。

调试过程中，现场工程机械技术人员和随机操作人员须时时到位，主动了解工程机械的性能、机况调试程序、有关的操作控制等。

在现场必须有工程机械技术人员笔录调试过程。调试过程的笔录属原始性记录，是日后操作机器撰写技术报告、解决遗留问题的重要依据。

【问题引导 4】

为什么要进行机械设备的分类、编号？

____

____

【学习提示】

机械设备的分类、编号、建账、立卡和清点如下。

1. 机械设备的分类与编号

工程机械类型、品种繁多，且流动性大，为了便于管理，必须根据固定资产的性能和用途，按照国家和企业的规定进行统一分类和编号。在对固定资产编号时应注意：

（1）凡属本企业固定资产的机械设备，均应予以编号，不得遗漏。对自制的设备，经验收、试用鉴定后，也应予以编号。

（2）编号一经确定，无特殊情况不能变动，直到处理或报废销号为止。

（3）机械设备的主机、副机、附件均应采用同一编号。

（4）固定资产的统一编号应标志在机械设备的明显部位。

2. 机械设备的建账、立卡和清点

为随时掌握所有机械设备的基本情况，企业所属各级机械管理部门要建立机械设备台账和机械设备登记卡。

机械设备台账是机械管理部门掌握机械设备基本情况的重要依据之一。它是按机械设备的分类列账，以机械设备的编号为顺序，在机械设备增减时填写的。机械设备台账反映出各类机械设备的数量、增减变化和分布情况以及每台机械设备的主要技术数据、来源及其原值等情况，如表 2-29 所示。

表 2-29　机械设备台账

机械种类：　　　　　　　　　　　　　　　　　　　　　　　　　　第　页

序号	统一编号	机械名称	型号规格	生产厂	出厂日期	机械来源	调入日期	原值/万元	动力部分			使用单位	调出		备注
									生产厂	型号	功率		日期	接收单位	

填表说明：

（1）本台账是反映企业机械设备总貌和单台机械设备基础状况的基本台账，由机械管理部门建立，在机械设备增减时填写。

（2）本台账应分别按机械种类，根据统一编号按顺序排列。

（3）本台账应与年终清产报表核对，保持账、物相符。

机械设备登记卡片为一机一卡，在设备登记卡片上，除登记本机的技术性能、价值、来源及附属装置外，还应记录机械调动、机长变更、运转、维修改造、事故等主要情况。卡片应随机转移，报废时，卡片应附在报废申请表后送审。

机械设备账卡必须指定专人填写保管，不得随便更改、毁坏或增减内容，做到账、卡、物相符。

【问题引导 5】

机械设备的技术档案有什么作用？

____

____

【学习提示】

机械设备的技术档案是自机械设备购入或接收开始，直到报废为止整个过程中系统的技术性历史资料。建好机械设备的技术档案是机械设备管理的一项重要基础工作。

（1）机械设备技术档案的作用。

① 提供设备使用性能的变化情况，便于合理使用和充分发挥其效能。

② 提供设备运行累计时间和技术状况变化规律，为设备的维护修理和配件供应计划提供可靠的依据。

③ 为机械事故分析和对设备的技术鉴定提供科学依据。

④ 为机械设备调拨、转让提供技术和财务依据。

⑤ 为机械设备的改造、配件生产、科学研究提供技术依据。

（2）机械设备技术档案的内容。

① 随机技术文件，包括使用、维护、修理说明书，零件目录、图纸，出厂合格证。

② 附属装置、随机工具及备件明细表和变更记录。

③ 自制、改造设备的批准文件，图纸、技术鉴定记录。

④ 为机械设备调拨、转让提供技术和财务依据。

⑤ 为机械设备的改造、配件生产、科学研究提供技术依据。

⑥ 设备验收交接清单和运转记录。

⑦ 设备年运转和年消耗汇总记录。

⑧ 维护和大、中修记录和在维护修理中的各项技术资料。

⑨ 机械事故分析、处理的记录及其有关资料。

⑩ 调拨、机长更换记录。

⑪ 报废鉴定表。

【问题引导 6】

为什么要对机械设备进行折旧管理?

____

____

【学习提示】

1. 机械设备的折旧和折旧基金

作为施工企业固定资产的机械设备，在产品或工程的生产过程中逐渐磨损。因此，机械设备的原始价值应该不断地陆续转移到产品或工程的生产成本中去，其原始价值也随磨损程度的增加而不断降低。机械设备的折旧就是根据机械设备的磨损程度，按月或按年转移到生产成本中的机械设备的价值。折旧的不断积累，形成用于机械设备更新、改造的资金，称为折旧基金。

机械设备的原始价值向生产成本中转移，只能根据机械设备预测使用年限即折旧年限来确定每年应提取的折旧额。使用年限取决于机械设备的有形磨损和无形磨损，有形磨损即设备物质的磨损，无形磨损主要指由于科学技术进步、新型同类设备的使用而引起原始价值的贬值。施工机械的折旧年限由国家作出规定并根据经济形势和生产力的发展进行相应调整。

在折旧年限确定后，折旧的方法可按每年提取的折旧额是否均等以及提取速度的快慢分为定额法和快速法。定额法是在使用年限内每年所提取的折旧额均等的方法；快速法是每年所提取的折旧额不均等的方法。快速法的理论基础是：机械设备在折旧年限的最初几年，因技术状况好，生产率高，经济效益显著，所以应该多提折旧额，而在折旧年限的后几年，则情况相反，所以应该少提折旧额。这种方法比较科学，但其计算比较烦琐。

采取定额法提取均等的年、月折旧额的计算公式为

年折旧额=（原值-净残值）/折旧年限

月折旧额=年折旧额/12

式中　原值——机械设备的原始价值，指购置或自制时所支出的全部费用，包括买价或制造价格以及运输、安装、调试和税金等；

净残值——机械设备报废后的残体价值减去处理报废过程中所需要的拆卸、解体、清理等费用，一般应为原值的 2%～5%。

如果必须考虑存、贷款利息时，年折旧额应按下式计算：

年折旧额=（原值-残值）×资金回收系数+残值年利息

式中　残值——机械设备残体价值；

资金回收系数——资金回收系数=$[i\times(1+i)^n]/[(1+i)^n-1]$，$i$ 为年利率，n 为机械设备折旧年限；

残值年利息——残值年利息=残值×i（年利率）。

由于各种机械设备的折旧年限不同，如果按照以上公式计算年折旧额，比较烦琐。现行的折旧采用分类综合折旧率来提取折旧额，即制定出固定资产大类的综合折旧率，而这一综折旧率对于折旧年限的平均数而言，当单项固定资产的使用年限较短时，可相应提高单项固定资产的折旧率。

年折旧率和年折旧额、月折旧率和月折旧额的关系为

年折旧率=（年折旧额/原值）×100%

月折旧率=（月折旧额/原值）×100%

国家规定国有企业的固定资产必须按月计提折旧基金和大修理基金，企业必须如数提存机械设备折旧基金。报废的机械设备未提足折旧的应补提足折旧，企业不得用不提折旧或少提折旧的办法挪用设备资金。折旧基金和转让机械设备的收入，必须全部用于机械设备的更新改造，而不得用于其他开支。

2. 机械设备的大修理基金

为保证机械设备的大修理顺利进行，国家规定：必须按照固定资产提取折旧基金的方法，按月从成本中提存机械设备的大修理基金，作为实际发生机械设备大修理费用的开支来源。机械设备大修理基金的提取额和提取率的计算公式为

年大修理基金提取额=每次大修理费用×使用年限内大修次数/使用年限

月大修理基金提取数=年大修理基金提取额/12

年大修基金提取率=年大修理基金提取额/原值×100%

月大修基金提取率=年大修基金提取率/12

使用年限内大修次数按下式计算：

使用年限内大修次数=耐用总台班数/大修间隔台班数−1

为了简化计算，对机械设备的大修理基金也可以采取分类综合提取率的方法计提，如表 2-30 所示。

表 2-30　固定资产折旧基金和大修基金计提标准

类别	折旧年限/年	月折旧率/%	年折旧率/%	月大修基金提取率占月折旧率的百分比/%
施工机械	14	0.6	7.2	50
运输设备	11	0.8	9.6	80
生产设备	17	0.5	6	50

大修理基金必须专款专用，在保证机械设备大修理需要的前提下，其剩余部分也可用于机械设备的更新改造。当改造与大修理结合进行时，大修理基金可与折旧基金的部分结合使用。

四、拓展学习

1. 机械设备的封存

机械设备的封存是一种暂时的、不合理的现象。从科学管理的角度来看，企业机械设备的封存是一种极大的浪费，不应该出现。目前已废止了对于封存的机械设备不考核各项指标，也不提存折旧基金和大修理基金的规定。

由于企业施工生产的稳定性差等原因，常会出现一些闲置不用的机械设备。将闲置 6 个月以上的机械设备封存保管对加强机械设备的管理是有益的，但企业还应抓紧安排闲置机械，尽量减少由于封存给企业带来的经济损失。

机械设备的封存保管应由公司一级机械管理部门负责。应建立封存设备库、建立封存设备台账并制定进、出库制度，设专人负责。

封存设备库应建在安全、干燥、通风、易于排水的地方，库内有足够的消防设备，不得同时存放易燃、易爆物品；封存的设备入库前应进行全面清洗，放净存水，涂油防锈防腐，并将通往机体内部的管口封闭以防水或杂物落入机体内；随机附件、附属装置和工具要和主机统一编号，防止丢失和损坏；有轮胎的设备应将轮胎架空，蓄电池应从机上拆下另行保管，精密机件、电气仪表等易受潮的设备应在室内加罩、盖保护；内燃机应定期发动运转，说明书中有特殊保管要求的设备，应按说明书规定办理。对于封存保管的设备，上级主管部门可根据施工生产的需要，随时调拨给其他单位。

2. 机械设备的报废

工程机械设备出现下列情况之一的应予以报废:

① 磨损严重、基础件已损坏，再进行大修已经不能使其达到使用和安全要求者。

② 技术性能落后、耗能高，无改造意义者。

③ 修理费用高，在经济上大修不如更新合算者。

④ 属于淘汰机型、无配件来源者。

正常报废的机械设备必须提足折旧费，对未提足折旧费的要在报废时一次补齐提足，才能批准报废。但由于意外事故、自然灾害等原因造成提前报废的机械设备，可不补提折旧费。

（1）工程机械报废的条件。

工程机械具有下列情况之一者，方可申请报废:

① 超过规定使用年限，技术性能已达不到国家标准和安全操作规程的。

② 因意外灾害或事故使设备受到严重损坏，无法修复使用的。

③ 技术性能差、能耗高、效率低、经济效益差的。

④ 经预测，若大修后技术性能仍不能满足工艺要求和保证产品质量的。

⑤ 严重污染环境，危害人身健康，进行改造又不经济的。

⑥ 大修后虽能恢复技术性能，但不如更新经济的。

⑦ 自制的非标准专用工程机械，经生产验证不能使用又无法改造的。

⑧ 国家或有关部门规定淘汰的。

（2）工程机械报废的基本程序。

由于工程机械的报废涉及巨额资金的核销及国家、集体财产的存废问题，因此须认真对待。报废工程机械，必须经过技术鉴定和经济分析评价，按有关规定办理审批手续。报废机械设备的审批权限与机械设备购置和处理的审批权限相同。对已批准报废的机械设备，不得继续使用和转让，并应做好残值的回收工作。残值收入应由投资单位转入工程机械更新改造资金，不能挪作他用。汽车类设备报废后，要按国家规定统一交给指定的回收部门集中处理。一律不得自行解体处理。

报废申报、审批程序及有关规定如下:

① 符合报废条件的工程机械，由使用部门提出申请，详细说明报废的理由，送交机械设备管理部门初步审查后，报上级主管部门。

② 上级主管部门应组织相关部门（生产、技术、安全、财务等）组成鉴定小组，对要求报废的工程机械逐台审核、确认。

③ 企业凭批准报废的文件，由工程机械设备管理部门和财务部门办理注销固定资产手续后，相关的工程机械才算正式报废。

五、评价反馈（见表 2-31）

表 2-31　自评与反馈

序号	评价项目	评价标准	分值	得分
1	工程机械资产管理知识	能正确理解机械设备资产管理管理内容和要求	30	
2	工程机械折旧知识	能正确理解机械设备折旧内容和要求	30	
3	工作态度	态度端正、无无故缺勤、迟到、早退现象	10	
4	协调能力	与小组成员、同学之间能合作交流，协调工作	10	
5	知识拓展	能查阅文献，深入学习相关知识	10	
6	创新意识	能针对具体案例，运用新知识思考可能的创新点	10	
合计			100	

六、课后巩固

1. 填　空

（1）设备的三级保养是指设备的________、__________、_______。

（2）设备试运转一般可分为_______、_______、_______ 三种。

（3）在折旧年限确定后，折旧的方法可按每年提取的折旧额是否均等以及提取速度的快慢分为_________和________

2. 判　断

（1）作为施工企业固定资产的机械设备，在产品或工程的生产过程中逐渐磨损。(　　)

（2）报废工程机械，可以不办理审批手续。(　　)

（3）机械设备的技术档案是自机械设备购入或接收开始直到报废为止整个过程中系统的技术性历史资料。(　　)

情境二任务四数字资源

任务五　工程机械经济管理

施工企业机械设备经济管理是对机械设备价值形态运动过程的管理，其目的是遵循价值规律，通过经济核算和分析，追求机械的寿命周期费用最低，综合效率最高，以取得最佳的经济效益。

一、任务描述

按照工程机械设备使用要求，学习工程机械经济基础知识、基本技术，并能灵活应用。

二、任务要求

在本学习任务完成过程中，你应该努力做到以下几点：

（1）正确说出技术经济定额的主要内容；

（2）正确说出经济核算的条件；

（3）准确描述经济分析的依据。

三、任务实施

将学生按特定数量分组，明确每组的工作任务，并填写分组任务表（见表 2-32），每组任务可以一样也可以有差异性，视任务大小而定。

表 2-32　学生分组任务情况表

组别	工作任务	备注
1		
2		
3		
4		

【问题引导 1】

有关机械设备技术经济定额的种类和内容主要有哪些？

____

____

【学习提示】

工程机械的经济管理贯穿于机械设备管理的全过程，机械的使用维修等各方面都包含了经济管理的内容，它不仅是机械管理的重要组成部分，而且从经济效益上反映了机械管理的成果。施工企业机械设备经济管理主要包括机械设备技术经济定额管理和机械设备投入与产出效果的经济核算等内容。机械设备的技术经济定额是机械设备经济管理的依据，而经济核算则是经济管理的基本手段。

技术经济定额是企业在一定生产技术条件下，对人力、物力、财力的消耗规定的数量标准。机械设备技术经济定额由行业主管部门制定，企业在执行上级定额的基础上，可以制定一些分项定额。《全国统一施工机械技术经济定额》是根据国家发改委要求编制的，作为编制全国统一施工机械台班费用定额的基础定额，并作为施工企业内部实行经济核算和进行考核的依据，在定额中以费用考核的项目应随市场物价的变化而调整。

有关机械设备技术经济定额的种类和内容如下。

1. 产量定额

产量定额按计算时间区分为台班产量定额、年台班定额和年产量定额。

台班产量定额指机械设备按规格型号，根据生产对象和生产条件的不同，在一个台班中所应完成的产量数额。

年台班定额是机械设备在一年中应该完成的工作台班数，根据机械使用条件和生产班次的不同而分别制定。

年产量定额是各种机械在一年中应完成的产量数额，其数量为台班产量定额与年台班定额之积。

2. 油料消耗定额

油料消耗定额是指内燃机械在单位运行时间（单位距离）中消耗的燃料和润滑油的限额，按一般机型、道路条件、气候条件和工作对象等确定。润滑油消耗定额按燃油消耗定额的比例制定，一般按燃油消耗定额的 2%～3%计算。油料消耗定额还应包括维护修理用油定额，应根据机型和维护级别而定。

3. 轮胎消耗定额

轮胎消耗定额是指新轮胎使用到翻新或翻新轮胎使用到报废所应达到的使用期限数额（或以千米数计），按轮胎的厂牌、规格、型号分别制定。

4. 随机工具、附具消耗定额

随机工具、附具消耗定额是指为做好主要机械设备的经常性维修、维护所必须配备的随机工具、附具的限额。

5. 替换设备消耗定额

替换设备消耗定额是指机械的替换设备，如蓄电池、钢丝绳、胶管等的使用消耗限额。一般换算成耐用班台数额或每台班的摊销金额。

6. 大修理间隔期定额

大修理间隔期定额是新机到大修，或本次大修到下一次大修应达到的使用间隔期限额（以台班数计）。它是评价机械使用和维护、修理质量的综合指标，应分机型制定，对于新机械和老机械采取相应的增减系数。新机械第一次大修间隔期应按一般定额时间增加 10% ~ 20%。

7. 维护修理工时定额

维护修理工时定额指完成各类维护和修理作业的工时限额，是衡量维修单位（班组）和维修工的实际工效，作为超产计奖的依据，并可供确定定员时参考。分别按机械维护和修理类别制定。为计算方便，常以大修理工时定额为基础，乘以各类维护修理的换算系数，即为各类维护、修理的工时定额。

8. 维护、修理费用定额

维护、修理费用定额包括维护和修理过程中所消耗的全部费用的限额，是综合考核机械维护修理费用的指标。维护、修理费用定额应按机械类型、新旧程度、工作条件等因素分别制定，并可相应制定大修配件、辅助材料等包干费用和大修喷漆费用等单项定额。

9. 维护、修理停修期定额

维护、修理停修期定额指机械进行维护、修理时允许占用的时间，是保证机械完好率的定额。

【问题引导 2】

有关机械设备技术经济核算的条件有哪些?

____

____

【学习提示】

工程机械的经济核算是企业经济核算的重要组成部分，也是企业管好、用好工程机械的有效措施。工程机械经济核算常与经济活动分析相结合，采取收支对比、前期和后期对比的方法，找出节约或超支、增产或减产的原因，及时采取相应的措施，改进企业的经营管理，并以此评定企业、班组、单机的工作情况，研究各种因素对工作的影响程度。

经济分析是利用经济核算资料和统计数据，对机械施工生产经营活动的各种因素进行分析，找出影响因素和影响程度，采取改进措施，提高机械管理水平和经济效益。

1. 机械经济核算的条件

做好机械经济核算工作，必须具备以下基础条件:

（1）要有一套比较先进的技术经济定额作为核算的依据。

（2）要有完整、可靠的一套机械设备使用、维修和各项消耗的原始记录，并应统一格式、内容、传递方式，做到及时准确地填报。

（3）建立各级经济承包责任制，签订承包合同，采取租赁的经营方式，把责、权、利结合起来，根据经济核算成果进行分配，使经济核算成为企业和职工经济利益相结合的有效形式。

（4）建立严格的物资领用制度，材料和油料的供应、发放做到供应及时，计量准确，记录齐全。

（5）建立机械经济核算体制，明确各级各部门核算分工，配备必要的专职和兼职核算员，并能相互配合做好核算工作。

2. 机械经济核算

工程机械的经济核算工作一般由各单位的机械设备管理部门统一进行，核算时一定要按规定提取专项费用，如大修理费、折旧费等，不得以少提或不提来制造“利润”。

工程机械的经济核算主要有机械使用费核算和机械维修费核算。

（1）机械使用费核算。

机械使用费指机械在施工生产中所发生的费用，即使用成本，按其核算单位可分为单机、班组和单位工程核算。

① 单机核算。单机核算是机械核算中最基本的核算形式，是按工程机械设备台班费用定额标准经货币度量形式进行的，是工程机械成本核算的开端。单机核算是对一台机械在一定时间内维持其施工生产的各项消耗和费用进行核算。通过单机核算不仅能反映单位产量上的消耗（生产费用），而且可以了解工程机械合理使用的程度、企业各项管理工作的水平，更重要的是可以进一步了解工程机械使用成本升降的主客观因素，从而找出降低消耗的途径。

② 班组核算。班组核算的对象是机械班组或机械队的机组，是单机核算的一种汇总形式。班组核算是以作业班组为核算单位，计算班组机械费用的总收入和总支出，并将收支加以比较，确定盈亏的核算方式。班组核算主要适用于不实行定人定机而由作业班组集中管理的中小型机械。单机核算和班组核算一般按月或按季度进行，核算内容包括机械设备的实际收入与设备使用或出租期内的实际支出，计算结余或超支。

③ 单位工程核算。单位工程核算是以单位工程预算定额中的机械费作为收入，以实际发生的各项机械费用作为支出所进行的核算。核算中应计入向外出租机械设备所得的收入，并应扣除以人工代替机械的费用收入部分。

（2）机械维修费用核算。

机械维修费用核算内容主要是维修成本，主要有单机大修理成本核算、机械维护、小修成本核算。根据工时、材料定额和实际发生的工时、材料成本核算其盈亏数，同时必须考虑其质量指标。

单机大修理成本核算是由修理单位对大修竣工的机械设备按照修理定额中划定的项目，分项计算其实际成本，然后与计划成本（修理技术经济定额）对比，计算出一台机械大修理费用的盈亏数。

3. 机械经济核算的形式

机械经济核算有选项核算和全项核算两种形式。

（1）选项核算。选项核算是指只对工程机械使用费用（台班费）组成项目的一个或几个重点（薄弱）项目进行有选择的核算。例如，只对燃料费、经常修理费进行核算。该方法比较简单，但不能全面地反映工程机械使用的盈亏情况，多用于单项经济定额管理考核活动。

（2）全项核算。全项核算是对工程机械费用（台班费）的全部组成项目进行核算。这种方法可全面反映工程机械使用的盈亏情况，在实际工作中应用较多，机械全项核算的内容要通过表格的形式反映出来，如表 2-33 所示。

表 2-33　工程机械全项核算明细表

核算部门：　　　　　　　　　　　　　　　　　　　　年　月

<table>
<tr><th rowspan="3">工程机械名称</th><th rowspan="3">工程机械编号</th><th rowspan="3">本月收入/元</th><th colspan="10">本月各项支出费用/元</th><th rowspan="3">本月盈亏/元</th><th rowspan="3">盈亏累计/元</th></tr>
<tr><th rowspan="2">折旧基金</th><th rowspan="2">大修基金</th><th colspan="2">维修费</th><th rowspan="2">燃料</th><th rowspan="2">工资</th><th rowspan="2"></th><th rowspan="2"></th><th rowspan="2"></th><th rowspan="2"></th></tr>
<tr><th>工时</th><th>材料</th></tr>
<tr><td></td><td></td><td></td><td></td><td></td><td></td><td></td><td></td><td></td><td></td><td></td><td></td><td></td><td></td><td></td></tr>
<tr><td></td><td></td><td></td><td></td><td></td><td></td><td></td><td></td><td></td><td></td><td></td><td></td><td></td><td></td><td></td></tr>
<tr><td></td><td></td><td></td><td></td><td></td><td></td><td></td><td></td><td></td><td></td><td></td><td></td><td></td><td></td><td></td></tr>
</table>

审查：　　　　　　　　　　核算：　　　　　　　　　　共　页　第　页

全项核算内容如下：

① 收入项目。收入项目为工程机械的台班费或承担施工任务的收入。

② 支出项目。支出项目包括工程机械按规定必须提取的大修理费和折旧费以及工程机械在生产中发生的动力燃料、工资、补助、劳保、各级维护及临时故障排除、工具、附具、替换设备、润滑油脂、擦拭材料等一切费用开支。

一般来说，全项核算难度较大，其原因是机械台班费用定额与企业机械实际消耗情况之间存在一定的差距。特别是不变费用项中的折旧费、大修理费和经常修理费，由于存在机型、机种和使用状况的复杂性因素，实际消耗的量值差异性和不平衡性较大。同时，核算需要时间较长、内容较为系统的机械运行记录做支持，计算起来存在一定的难度。

四、拓展学习

机械经济分析的内容包括机械产量分析、机械使用情况分析、机械使用成本和利润分析及机械经营管理工作的分析。其中机械产量或完成台班数是经济分析的中心，通过分析来说明生产计划完成与否的原因和各项技术经济指标变动对生产计划完成的影响。机械使用情况分析的目的是找出机械在使用、维修方面存在的问题。机械使用成本和利润分析的目的是为使机械的经营目标获得最大的经济效益，找出影响机械设备使用成本的主要因素，并提出相应改进措施。机械经营管理工作的分析是机械经营单位根据经济核算资料和各项技术经济指标定额的完成情况，对机械经营管理工作进行全面、深入的分析，从中找出存在的问题和薄弱环节，提出措施，提高经营管理水平。

五、评价反馈（见表 2-34）

表 2-34　自评与反馈

序号	评价项目	评价标准	分值	得分
1	工程机械设备经济核算知识	能正确理解机械设备经济核算内容和要求	30	
2	工程机械设备经济分析知识	能正确经济分析知识	30	
3	工作态度	态度端正、无无故缺勤、迟到、早退现象	10	
4	协调能力	与小组成员、同学之间能合作交流，协调工作	10	
5	知识拓展	能查阅文献，深入学习相关知识	10	
6	创新意识	能针对具体案例，运用新知识思考可能的创新点	10	
合计			100	

六、课后巩固

1. 填　空

（1）机械经济核算有__________、_______两种形式。

（2）机械经济分析的内容包括_________、________、 ________及机械经营管理工作的分析。

（3）机械维修费用核算内容主要是维修成本，主要有_________、________、小修成本核算。

（4）产量定额按计算时间区分为_________、__________和__________。

2. 判　断

（1）核算时不需要提取专项费用，如大修理费、折旧费等。（　）

（2）全项核算是对工程机械费用（台班费）的全部组成项目进行核算。（　）

情境二任务五数字资源

学习情境三　工程机械经营与租赁管理

学习目标

通过本情境的学习，你应该能够掌握以下知识：

（1）工程机械设备整机销售流程，零备件的销售模式及其特点；

（2）工程机械设备经营租赁、融资租赁、杠杆租赁、转租赁的特点及交易流程；

（3）租金的构成要素，固定利率下的租金计算方法，浮动利率下的租金计算方法以及所定损失金的计算方法；

（4）用户的租赁需求、租赁的营销策略；

（5）融资租赁活动中的风险类型，融资租赁风险防范方法。

通过本情境的学习，你应该能够具备以下能力：

（1）依据销售流程开展工程机械整机设备销售活动，通过不同形式展开工程机械零备件销售活动；

（2）根据客户的需求，为其设计合适的租赁交易；

（3）依据不同的条件计算租金支付金额；

（4）根据不同客户的租赁需求来开展营销活动；

（5）预测不同的融资租赁风险并进行防范。

任务一　工程机械整机、零备件销售管理

工程机械整机设备销售是工程机械生产企业、代理商源源不断的利润来源。此外工程机械代理商在进行工程机械整机销售时，为了维护市场和客户，都在开展工程机械零备件销售。零备件销售是工程机械代理商不可或缺的经营活动的重要组成部分。

一、任务描述

掌握工程机械整机销售流程，工程机械零备件销售管理模式。

二、任务要求

在本学习任务完成过程中，你应该努力做到以下几点：

（1）正确理解工程机械整机销售流程；

（2）熟悉工程机械零备件常见销售模式。

三、任务实施

将学生按特定数量分组，明确每组的工作任务，并填写分组任务表（见表 3-1），每组任务可以一样也可以有差异性，视任务大小而定。

表 3-1　学生分组任务情况表

组别	工作任务	备注
1		
2		
3		
4		
5		
6		

【问题引导 1】

工程机械设备整机销售流程是怎样的?

____

____

【学习提示】

工程机械整机的销售遵循寻找客户、拜访与跟踪客户、与客户沟通时的异议处理、客户跟单、价格谈判、成交及售后关怀这样一个流程。营销人员对这一流程要有深刻的了解。工程机械设备营销人员最重要的工作就是在客户产生需求前得到信息，并准确出现在客户面前。

1. 寻找客户

寻找工程机械客户需要分析哪些行业、哪些对象需要使用该设备以获取销售机会。以挖掘机为例，作为一种广泛使用的生产工具，其使用的行业包括公路、铁路建设行业，水利、水电、火电、核电、风电建设行业，港口、码头建设行业，市政建设行业，环境卫生、绿化行业，建筑行业，矿产开发行业，冶金行业，拆除清理行业等。

挖掘机客户中私人用户占 90%，相当一部分为租赁户，公有制企业用户占 10%。此外挖掘机的销售与固定资产投资息息相关，只要这个地区有固定资产投资，就有挖掘机的需求，固定资产投资增长，挖掘机的销量就会增长，所以寻找挖掘机客户可以按固定资产投资途径展开。

寻找客户的具体方法：

（1）以工程项目找客户。

① 围绕各种工程建设项目，如高速公路、县乡公路、铁路、水利、市政、电站建设、开发区建设、住宅建设等。

② 了解清楚各种工程项目的工期、工程量、投资、业主方、中标方等。

③ 以具体工程建设者（分包商）为主，最主要的是了解所承包的工程情况。

④ 从工程建设者的工程机械现状调查开始。

⑤ 具体的工程机械操作者可以提供很多信息，找到更多的客户。

（2）了解客户，再以客户找工程项目。

① 了解每一个客户的工程项目和作业对象、现有设备状况、购买意向等。

② 了解客户的工程项目的工程量、业主方、工期、中标方等。

③ 了解同一工程项目的其他施工单位，从而找到更多客户。

④ 围绕不同客户，可以找到更多的工程项目。

（3）针对具体的工程，还要了解更多信息。

① 了解目前施工状况及前景

② 了解施工或矿产开发的作业条件及状况、工程机械工作小时/台班。

③ 了解现有工程机械状况，了解客户购买意向。

2. *拜访和跟踪客户*

挖掘机销售过程中，对顾客拜访和跟踪是非常重要的环节，拜访和跟踪的目的是使客户记住你、想起你、喜欢你和信任你。使你的客户一旦有购买需求时，首先想到你。据美国营销学会的统计：2%的销售是在第一次接洽后完成，3%的销售是在第一次跟踪后完成，5%的销售是在第二次跟踪后完成，10%的销售是在第三次跟踪后完成，80%的销售是在第 4 ~ 11 次跟踪后完成。拜访的基本流程如图 3-1 所示。

图 3-1　拜访工程机械客户步骤

营销人员实施客户拜访流程可以按销售机会对客户分类，确定拜访和跟单的时机。

A 类：已经准备购买所属品牌设备，正在决定购买时间。每 2 ~ 3 天电话联系 1 次。

B 类：对设备感兴趣。上门拜访，每周电话联系 1 次。

C 类：明确有购买设备意向。上门拜访，根据拜访情况确定跟单时机。

D 类：潜在客户。每月联系 1 次，让客户时刻记住你和你的产品。

由于营销人员精力有限，所以保持 80%的直接拜访针对有直接需求（A 类）客户。营销人员向客户做建设性的访问，准客户对自己的需求总是比营销人员所说的话还要重要，除非你有一个有益于对方的构想，否则不要去拜访他。

3. 客户异议及处理

一般来说，工程机械设备客户的异议主要包括以下五种，其表现形式及应对措施如表 3-2 所示。

表 3-2　客户异议类型

异议类型	表现	真实想法	处理措施
限制型	①“听起来很好，但是我们现在的设备用得挺好的，好像没必要再花钱换掉在用的设备。” ②“你们的产品真不错，但是你得找我们总部，我们一般是统一采购。” ③“半年以后再找我们吧，那时我们才会考虑。” ④“我们需要招标，需要至少三家来应标才可以。”	①客户已经和竞争对手达成“意向”，需要几个“垫背”的。 ②客户没有看清投资回报，不知道投入是否值得	客户需求不明朗，不是 A 类客户，应放弃，重新寻找新客户
掩饰型	①“产品不错，坦白地讲，我现在钱不够。” ②“近期工程量不多，没有设备需求。” ③“你们的某机型很好，其他型号挖掘机还不太了解。” ④“我们最近的生意不太好，没有购机打算。”	①客户的资金不足。 ②客户对代理店了解不足，还没有建立起足够的信任关系。 ③客户对销售的品牌设备了解不够，不信任	对于客户“善意的谎言”，要找出客户掩饰什么，对客户进行重新定位
拖延型	①“谢谢你的介绍，现在不行，不过，可以将你们的资料留下来，我们再研究下。” ②“我们现在还在考虑其他几家的产品。” ③“我们在购买之前会很好地研究的。” ④“这次算是了解你们公司和产品了，等到我们真的有需求时，我会首先考虑你们的产品。”	①客户没有决策权，所以需要上级审批。 ②没有真正满足客户个人的需求，他们等待营销人员揣摩客户心理，提供承诺	与客户推心置腹、诚恳地交谈，了解原因
挑战型	①“你们的价格比 ×× 品牌高了几万元。” ②“你们的发动机与 ×× 品牌一样，凭什么就你们的省油?” ③“你们的挖掘机回转速度慢。”	①客户听信了竞争对手的“坏话”，导致客户犹豫不决。 ②客户正在货比三家，了解各厂家产品、价格和服务等	客户从可能竞争对手处了解到产品缺陷或不足，要做专业的解释，反弊为利

续表

异议类型	表现	真实想法	处理措施
疑问型	①“看来你们的产品不错，我再看看别的产品对比一下。如果你给我的是最低价，我就再回来购买你的产品。” ②“你们的设备不错，我们的需求也不小，什么时间能够提机？” ③“你们的产品很好，但是××公司的好像比你们的价格便宜多了？”	①客户认为营销人员的报价过高。 ②客户怀疑你们公司能否按要求供货	客户发出购买信号，即将成功。需按捺住急切的心情，再向客户说明或解释

4. 跟　单

（1）做好客户资料的搜集工作。

既然是跟单，就说明我们已经和客户有过一面之交，对客户的基本情况有所了解。那么所要继续做的，就是尽量搜集客户的资料，了解客户的经营情况，为进一步跟单，订立好目标和方法。了解客户是否真正地需要你的产品，是非常重要的。

（2）学会分析客户心理，直截了当地问清楚不下订单的原因。

① Ⅲ类客户。有些客户可能只是问问价钱，或者并不是真的需要产品，对于这样的客户，在第二次跟单后就应做出判断。完全可以把这些客户列入Ⅲ类，即需要长期争取的客户。这种客户的跟单周期可以长一些，一个月一次为好。

② Ⅱ类客户。有的客户不直接拒绝，也不签单，这类客户很可能是资金问题或者是还在和同类产品进行比较，这类客户可归为Ⅱ类，即短期争取的客户。对于这种客户不要跟得太紧，一周一个电话比较合适。

③ Ⅰ类客户。还有一种客户，就是已经答应签合同，却迟迟没签合同，这类客户应列为Ⅰ类客户，能及时拜访客户最好，若不能面谈，则一定要通过电话问清客户还存在什么困难，及时帮客户解决。

（3）做好跟单登记工作，最好写清楚日期和简单的情况。

做好跟单登记是避免把跟单变成骚扰的最好方式。因为有了登记，也就把你的跟单变得有计划和有目标。需要注意的是，一个公司不能有几个营销人员同时跟一个客户，这样不但达不到跟单的目的，还会引起客户的反感。

（4）跟单的心态要平和，不要太急功近利。

许多营销人员不是从客户的利益出发，不关心客户的问题，一味地跟客户要订单，要不到订单时，就恶语伤人，胡搅蛮缠；最终只能让客户讨厌，让客户感到不是在谈业务而是一种骚扰。跟单一定要从长远出发，以交朋友的心态对待，这样更容易拿到订单。

（5）即使订单跟丢了，也要保持与客户的关系，争取下一次合作。任何销售能手也不能保证每次跟单都成功，与客户的关系最重要，下一次就有可能成功。只要在客户心中留下较深的印象：职业、专业、敬业、诚信，与客户成为朋友。

（6）跟单中存在的问题。

① 没有在思想上重视跟单，认为客户会找我们的。

② 害怕跟单，跟得松，客户容易流失；跟得紧，客户感到反感。

5. 价格谈判

（1）挖掘机价格谈判技巧。

工程机械设备销售价格直接影响到订单成交和企业利润，营销人员在价格谈判时应注意以下三点：

① 为达到想要的结果，要给自己留下谈判空间，不要一口报出自己的最低价。

② 尽可能提出“组合”价格。例如，融资等商务条件是关键；每次都要强调特性、优点、受益；赠送配件或油品。

③ 作出让步的时机需要准确把握。不要操之过急，否则就没有价值；同时要求得到回报。

（2）应对竞争对手价格战要争取“双赢”措施。

① 寻找可以增加双方满意度的因素。例如，产品技术配置、技术参数；产品规格型号；产品工作效率；客户同类产品的使用效果等。

② 延长支付期。例如，分期、按揭、降低首付等。

③ 赠送配件、油品等。

④ 免费运输。

6. 工程机械设备销售成交技巧

工程机械产品属于价值量很大的生产资料，客户购买过程属于投资过程，需要考虑回报，这对是否值得购买、何时购买及购买何种品牌和型号都很重要。为了促使客户下决心，需要推一把。例如，客户购买意向明确，最后犹豫时，需要推一把；客户几个人意见不一致，主要决定者犹豫时，需要推一把，促使客户下决心。推一把时，要看与客户的熟悉程度，要掌握分寸，不能“过火”，否则会适得其反。为了促使订单成交，需要应用一些销售成交技巧。

（1）综述型成交技巧。例如，“看出您对该产品挺满意，什么时候可以签订合同呢？”

（2）不客气型成交技巧。例如，“这种产品只有一台样机，如果您不能马上做决定，我们就将介绍给急需的其他客户。”

（3）额外激励型成交技巧。例如，“我们老板已经同意，如果现在签合同，赠送您500元保养用品。”

（4）最后机会型成交技巧。例如，“如果您不能马上做决定，下个月可能要涨价了。”

（5）空白订单型成交技巧。例如，在客户已经动心时，营销人员拿出准备好的合同，请客户签字。

7. 售后关怀

签订成交合同后并不意味着销售工作的结束，而是售后关怀的开始。为客户提供帮助、关心客户使用体验是营销人员的职责，也是营销人员必须做的工作。特别是信用销售，为保证货款按时回收，更应该关注客户使用情况。售后关怀主要体现在以下方面：

（1）关注客户的使用状况。

（2）在客户内部建立自己的关系。

（3）以服务、配件、修理、租赁等争取下一次销售机会。

（4）努力把成交客户变为标杆客户。

（5）逐步使客户成为忠诚客户。

【问题引导2】

有哪几种常见的工程机械零备件销售模式?

____

____

【学习提示】

工程机械配件经营的基本模式为单独店铺经营，随着经营规模的扩大，逐步发展为连锁经营、特许经营、自营自销经营、代理制经营、网络经营、报纸及杂志等其他媒体的经营模式等。

（1）连锁经营模式。

连锁经营模式是指经营同类商品的若干公司，以一定的形式组成一个联合体，通过公司形象的标准化、经营活动的专业化、管理活动的规范化以及管理手段的现代化，使复杂的经营活动在职能分工的基础上实现相对的简单化，把独立的经营活动组合成整体的规模经营，从而实现规模效益。目前，该模式已成为国际上普遍采用的经营模式之一。

（2）特许经营模式。

特许经营模式是指特许人和受许人之间的契约关系，对受许人经营中的领域、经营诀窍和培训，特许人有义务提供或保持持续的兴趣。受许人的经营是在由特许人所有和控制下的一个共同标记、经营模式和过程下进行的，并且受许人从自己的资源中对其业务进行投资。

（3）网络营销模式。

网络营销模式是指利用互联网进行产品营销的一种电子化商务活动。现在，网络营销模式不仅包括生产商为用户提供产品和服务，还包括生产商与生产商、生产商与用户、产品购买、产品促销、商务洽谈、信息咨询、广告发布、市场调查、电子付款、账目结算、售前售后服务、技术协作及网上服务的全方位商业交易活动。它使经营活动的内容增加到商业、服务业和技术领域，经营活动范围扩大到全世界，经营时间延长到每天24小时。

（4）自营自销模式。

自营自销模式是指配件生产企业自筹自建的销售网络体系。

它的优势如下：

① 网点布建快。由于是自产自销的营销体系，可以省略许多商务与法律程序，在单一权力意志的推动下，集中人、财、物进行单刀直入的网点布建工作。

② 产品占领市场快。自营自销营销网络便于形成金字塔式的多层次性销售网络体

系，能使新产品迅速渗入各个区域市场和市场的各个层面。

③ 有利于树立品牌形象。自建自营销售网点，一般只经营自己的品牌，故使品牌形象迅速传播与确立。

④ 便于市场管理。

它的弊端如下：

① 运作成本高。在营销体系的构建过程中，由于配件生产企业需投入大量的人力、物力、财力和精力，同时由于产权-经营权一体化的运作机制，缺乏有效的监管和目标，致使铺张浪费严重，使生产企业的销售成本不堪重负，企业利润大为下降。

② 客户的利益得不到保障。由于产销一体化销售机制，服务意识不强，以桀骜自持者多，视客户为“上帝”者少，严重地影响了企业的市场口碑与品牌的公众形象。

（5）代理制经营模式。

代理制经营模式是营销领域中的虚拟经营模式，通过代理制，借助中间商的分销系统来销售产品，这一再被证明是一种十分有效的分销网络模式。

工程机械代理商在进行工程机械整机销售时，为了维护市场和客户，都在同时销售工程机械配件。也就是说，配件经营是工程机械代理商不可或缺的经营活动组成部分，对代理商的发展具有重要的意义。

① 配件经营是代理商做好整机售后服务的基础。目前，工程机械代理商大多实行的是整机销售和售后服务一体化经营模式，要做好售后服务，保证配件及时供应是非常重要的。客户购买整机时往往要求完整的服务链，配件供应发挥着保障整机正常使用和保证故障及时排除的作用，能有效地增加客户的信任感。

② 配件经营是代理商的利润来源之一。配件经营在代理商经销环节中，须清楚其到底是保障售后的职能部门，还是利润来源的重要部门。我们知道，在多数地区，配件毛利率在 20%以上，远远高于整机的毛利率。配件销售一般不赊欠，没有分期、按揭之说，货款一般都能收回，经营风险小。现阶段，对于那些配件经营成功的代理商来说，配件利润占整个公司利润的 20%以上，真正实现了配件经营的利润支柱作用。

③ 配件经营是维护客户关系、建设忠诚客户群体的重要手段。一般而言，整机销售完成后，特别是产品质保期结束后，代理商多是通过保外修理和配件供应了解客户状况，与客户保持联系。保外修理很难经常性给代理商创造接触客户的机会，但只要客户的设备在正常运转，肯定需要配件，配件经营与客户之间的联系是十分频繁的。通过及时供应配件，随时了解客户的设备使用状况、了解客户的工作经营状况、了解客户新的需求，及时充实已建立的客户档案，对于维护客户关系、建设稳定忠实的客户群体有重要意义。

④ 配件经营是后市场的重要业务之一。近年来，业内人士都在探讨工程机械后市场问题。在工程机械产品的正常寿命周期内，购买整机只有一次（二手机另当别论），而购买配件则是经常的，有些易损件用不了两三个月就要换新。这些配件加上油品，其生命周期内的总价值应该相当于整机价值，有些机种可能还要超过。因此，围绕“在用设备”经营配件，就能成为代理商的大业务。

四、拓展学习

1. 工程机械设备的体验式营销

体验式营销是指通过看、听、用、参与的手段，充分刺激和调动消费者的感官、情感、思考、行动、联想等感性因素和理性因素，重新定义、设计一种思考方式的营销方法。在消费者中形成对产品性能、质量、口碑乃至价格的综合看法需要体验。因此，体验对于品牌营销的重要性显而易见。一般情况下，消费者往往是购买商品或服务之后才进行体验，从而对商品或服务进行评价的。而体验式营销则是将这种体验提前到了商品购买之前，在产品的设计、制造、包装、运输、改进等环节充分考虑了消费者的感官、情感、思考、行动、联想等各个要素，以“靠近用户”为原则，先体验后购买。体验式营销将一定数量的潜在用户召集到一起，通过营造一种舒适、温情的氛围，让用户在潜移默化中认同企业的实力及产品的优良性能，并最终借助既定客户的签单来影响、拉动其他客户签约。体验式营销不但迎合了消费者的消费心理，而且拉近了企业与消费者的距离，让消费者感受到服务的体贴和真诚，从而促进了消费行为。

体验经济学大师伯德·施密特博士在其《体验式营销》一书中指出，“体验是企业以服务为舞台，以商品为道具，围绕消费者创造出值得回忆的活动。”它虽然和服务一样是无形商品，但服务对消费者来说是外在的，而体验则是内在的，是个人在形体、情绪、知识上的参与和共鸣。就商品性质而言，工程机械是工业用品，它不像一场电影、一道好菜或一本好书那样可以让人直接感受其价值。利用体验式营销营造的可视、可感的情景，充分调动用户感官、情感、思考、行动和联想，可以说是工程机械行业面对产品同质化严重、服务方式互相模仿的现状的突破与创新。品牌企业重新定义、设计的切合时代发展、符合自身品牌特色的营销模式，无疑给客户，给整个行业带来一种难以忘却的体验。可以预见，体验式营销将成为未来工程机械营销的大方向，创新营销手段或将成为企业竞争决胜的关键。对工程机械行业来说，这种体验的效果就更加直接。工程机械营销的特点：

（1）工程机械的用户群体更有针对性，使用人群都是专业人员。

（2）工程机械的采购决策具有集约性，即对所采购设备的选型与评价往往由领导、技术人员和操作人员共同协调

（3）工程机械的采购重视质量和品牌。

鉴于上述特点，工程机械行业采用体验式营销方式实为明智之选。通过体验，专业技术人员对工程机械的设计、改进提供专业性意见，体验后的好评具有更可信、更强大的广告效应和号召力。体验式营销是一种互利互惠的营销模式。在这样的营销模式下客户既能获取想要的高质量的商品或服务，企业又能通过消费者的口口相传达到理想的广告和宣传效果，形成口碑，打造品牌形象，降低成本，提高竞争力。

目前，在工程机械行业，体验式营销已得到越来越多企业的青睐，作为工程机械行业的领军企业，如卡特彼勒、徐工、沃尔沃等企业都成功开创了一场工程机械体验营销新范式。工程机械行业常见的体验式营销方式主要有以下几种。

（1）开发“体验”平台——卡特彼勒建立电商交流网络。为顺应电子商务的发展热潮，结合工程机械行业特点，卡特彼勒与利星行、威斯特、易初明通和信昌机械四大代理商联合推出“创富中国梦”大赛，让更多用户分享他们的成功经验和创富故事，打造了一个很有意义的草根创业和创富交流平台。在这个平台上不仅实现了用户之间经验的交流，更推广了卡特彼勒的产品，卡特彼勒的网上订单迅速增多，工程机械也实现了交易电子化。

（2）创新“体验”模式——徐工“粉墨登场”。大型高清工业电视纪录片《大国重器》在央视播出，引起极大反响。该片以独特视角和震撼技术，记录了中国装备制造业创新发展的历史，徐州工程机械集团有限公司、山推工程机械股份有限公司以产业龙头的优势荣登纪录片，成为我国装备制造业峥嵘岁月的一个缩影。

（3）自己来“体验”——沃尔沃、柳工技能操作大赛。由中国工程机械工业协会与广西柳工机械股份有限公司联合主办的“直通极限——‘柳工杯’首届全国土方机械操作技能大赛”；国际工程机械品牌沃尔沃举办的“‘掘战达人’沃尔沃杯全国挖掘机操作手绿色节油挑战赛全国总决赛”，掀起了一场浩大的节能环保的绿色浪潮，宣传了沃尔沃“品质、安全、环保”的企业核心价值观，展示了绿色、环保的企业形象。

（4）“体验”始于足下——三一重机开展售后走访服务。三一重机在自 2010 年在行业内率先发起服务万里行活动，并将之打造成行业内优质服务的“一张名片”。在过去的十几年里，三一重机不断派出服务精英和服务车辆奔赴全国各地，深入了解客户需求，认真记录客户体验，不断优化服务质量，在切实做好设备巡检的同时，还将全面、实用的使用注意事项和保养知识传递给客户，实实在在地为客户创造价值。

综上所述，各大品牌举办的大大小小的体验式活动不胜枚举，而企业在采用体验式营销方式的同时也应注意体验式营销所追求的新奇性。人们往往对习以为常的事物视而不见，而对非比寻常的事物产生“刺激感”。因此，企业采取体验式营销必须使消费者体验到“新的东西”，促使消费者对产品有所感受从而做出评价和选择。营销专家指出，客户满意度并不等同于客户忠诚度，高满意度、低忠诚度现象普遍。在工程机械行业亦是如此，用户可以多次参与各个品牌体验活动，但最终购买哪个品牌的设备却不一定。也就是说，营销手段再高明，不如产品过硬，一个独特的高品质产品，既能带来愉悦身心的体验，又能给用户带来高效的回报，这才是提升客户忠实度的关键。

2. 工程机械零备件电子商务的应用情况

近年来，工程机械行业强力推进技术升级和改造，用信息技术对技术、工艺、全行业尤其是具有支柱作用的国有大型企业建设起信息化设施基础，并从自身情况出发，积极推广和应用信息技术，大幅度提高了行业的整体技术水平。在这一过程中，一些企业进行了大胆的电子商务探索。

（1）Cat Part Store™综合采购系统。

自 2000 年起，卡特彼勒便采用了 Part Store™综合采购系统，这确保了全天候 24 小时，客户可以随时通过 Part Store™向本地卡特彼勒代理商订购零件。客户无须离开办公室，甚至无须拿起电话，只需在线选择所需的零件，代理商直接将其发送到施工地点。

Part Store™综合采购系统（PS/P）主要具有以下优势：

① 高效。订单直接从客户的业务系统传送到卡特彼勒代理商系统，减少了手动操作。同时也避免了重复输入。然后，卡特彼勒代理商可将电子发票发送到客户的业务系统，并自动与原始采购订单对账。

② 订单准确性。客户从多个来源选择零件，如 Part Store 网站的卡特彼勒在线零件手册；Part Store 网站内创建的经常性订单列表；业务系统中的卡特彼勒零件和价格列表，定期以电子形式更新。

③ 即时消息。即使在非营业时间，实时价格和现货率也可帮助客户做出正确的采购决策。

④ 自动库存补充。无须手动操作即可自动发出库存补充订单。

⑤ 节约成本。

所有这些优点可大大节省交易成本。

（2）三一集团配件电子商务平台。

对于配件企业来说，三一集团配件电子商务平台属于开创性的尝试，是对传统销售模式的一次大胆突破。

三一集团配件电子商务平台，可以在应用与数据统一的前提下，实现配件数据管理、销售分析统计与部署、商机信息把握等功能，迅速提升集团品牌价值，同时有助于整合三一集团现有配件网络资源、统一规范配件网络宣传、树立三一配件行业标杆形象。三一集团与中国工程机械商贸网及旗下子网站杰配网打造的网上交易平台，可自由设置及增删页面显示模块，实现更加便捷地对网站风格的更改及组合不同的模块；同时，多语言版本支持的后台管理可以算是为国际化的三一集团量身打造；完善的 B2C 交易平台在为用户提供海量及时的产品和服务信息交流的同时，更可在平台进行市场活动推广。

（3）徐工的“鼠标+配件”电商模式。

2008 年伊始，徐工就开始实施“鼠标+配件”电商模式，一方面，倾力打造统一的对外服务窗口，从甚是普及的终端通信工具——电话、手机上入手。另一方面，借助互联网平台，着力推动徐工的网站建设和网络推广，扩大徐工品牌的网络影响力，通畅网络销售渠道。使得无论是从“一个电话”的简单呼叫，还是到计算机上“动动鼠标”的点击，多种终端设备都能获得“一键式”的信息获取与接入。徐工的“鼠标+配件”电商模式，不但给工程机械这个传统产业平添了现代气息，而且为徐工建立覆盖全价值链的业务运营和支撑体系，提高经营效率和整体运营能力，奠定了良好的基础。

各大工程机械企业与时俱进的变革，必将为工程机械配件行业在电子商务领域的进一步开拓，奠定坚实的基础。

五、评价反馈（见表 3-3）

表 3-3　自评与反馈

序号	评价项目	评价标准	分值	得分
1	工程机械整机销售流程	能正确理解工程机械整机销售各个环节工作要点	20	
2	工程机械零备件销售模式	能正确理解工程机械零备件常见销售模式	20	
3	工作态度	态度端正、无无故缺勤、迟到、早退现象	10	
4	工作质量	能正确理解工程机械管理中安全、环保要求，按计划完成工作任务	10	
5	协调能力	与小组成员、同学之间能合作交流，协调工作	10	
6	职业素质	能做到安全生产，文明施工，保护环境，爱护公共设施	10	
7	知识拓展	能查阅文献，深入学习相关知识	10	
8	创新意识	能针对具体管理案例，运用新知识思考可能的创新点	10	
合计			100	

六、课后巩固

（1）通过工程项目来寻找工程机械设备用户是工程机械营销人员常用的销售手段之一。(　　)

（2）工程机械营销人员可以通过贬损竞争对手的产品来达到促成交易的目的。(　　)

（3）(　　)是国际上工程机械零备件最普遍采用的经营模式。

A. 特许经营　　B. 连锁经营　　C. 自营

情境三任务一数字资源

任务二　工程机械租赁方式选择

与目前高速发展的经济情况以及世界主要国家15%以上的融资市场渗透率相比，我国6%左右的融资市场渗透率表明了我国的融资租赁行业尚处于起步阶段，距离成熟还有较大的距离。随着企业对融资租赁认知的逐步加深以及融资租赁产品的不断改革与创新，融资租赁作为一种日趋畅行的融资手段，将在中国未来工程机械行业市场中扮演越来越重要的角色。

一、任务描述

掌握工程机械常见租赁业务模式的流程，熟悉工程机械租赁企业的类型。

二、任务要求

在本学习任务完成过程中，你应该努力做到以下几点：

（1）正确理解工程机械行业常见的租赁模式流程；

（2）正确说出工程机械融资租赁企业的类型。

三、任务实施

将学生按特定数量分组，明确每组的工作任务，并填写分组任务表（见表3-4），每组任务可以一样也可以有差异性，视任务大小而定。

表3-4　学生分组任务情况表

组别	工作任务	备注
1		
2		
3		
4		
5		
6		

【问题引导 1】

有哪些常见的工程机械租赁方式?

【学习提示】

融资租赁是与银行信贷、直接融资、信托、保险并列的五大金融形式之一；在拉动社会投资、加速技术进步、促进消费增长以及完善金融市场、优化融资结构、降低金融风险等方面起着重要作用；在国际上已发展成为仅次于资本市场、银行信贷的第三大融资方式。随着“一带一路”倡议的推进、金融政策以及产业环境整体向好，工程机械融资租赁业发展前景将更加广阔。

1. 经营租赁与融资租赁

（1）经营租赁。

传统租赁是指出租人根据其对市场需求的判断而购进租赁物件，通过不断出租给不同用户使用而逐步收回租赁投资并获得相应的利润的行为。如果承租企业满足了本公司关于客户的信用标准，租赁公司的租赁定价人员就可以初步概算租金总额了。

传统租赁一般是短期租借行为，租期不超过两年。租赁物件由出租人选择，且物件所有权始终归出租人所有。在传统租赁中，出租人承担了投资的全部风险，租金通常比较高。出租人负责租赁物件的维修、保养以及相关的税费。因此，我国把传统租赁列为经营性租赁，意思是在租赁的时候提供经营服务。目前这种方式大都用于消费品或半消费品（汽车、计算机、房屋）的租赁业务。租赁交易只需要一个租赁合同即可。厂商开展租赁业务一般不需要行业的特许批准，业务开展相对比较容易。

（2）融资租赁。

融资租赁又称设备租赁或现代租赁，是指实质上转移与资产所有权有关的全部或绝大部分风险和报酬的租赁。出租人根据承租人所要求的规格、型号、性能等条件购入设备租赁给承租人，合同期内设备所有权属于出租人，承租人只拥有使用权，合同期满付清租金后，承租人有权按残值购入设备，以拥有设备的所有权。融资租赁，是指具有融资性质和所有权转移特点的设备租赁业务，它的产生源于现代化生产方式的需要，租赁对象主要是各种生产性设备。

在融资租赁活动中，存在三方当事人，分别是承租人、供货人和出租人。承租人即用户，是租赁物件的使用者，供货人是租赁物件的生产厂商或经销商，出租人即租赁公司，将租赁物件租赁给用户。

出租人根据承租人对租赁物件的特定要求和对供货人的选择，出资向供货人购买租赁物件，并租给承租人使用，承租人则分期向出租人支付租金，在租赁期内租赁物件的所有权属于出租人所有，承租人拥有租赁物件的使用权。租期期满，租金支付完毕并且承租人根据融资租赁合同的规定履行完全部义务后，对租赁物的归属没有约定的或者约定不明的，可以协议补充；不能达成补协议的，按照合同有关条款或者交易习惯确定；仍然不能确定的，租赁物件所有权归出租人所有。融资租赁是集融资与融物、贸易与技术更新于一体的新型金融产业。由于其融资与融物相结合的特点，出现问题时租赁公司可以回收、处理租赁物，因而在办理融资时对企业资信和担保的要求不高，非常适合中小企业融资。其交易流程如图 3-2 所示。

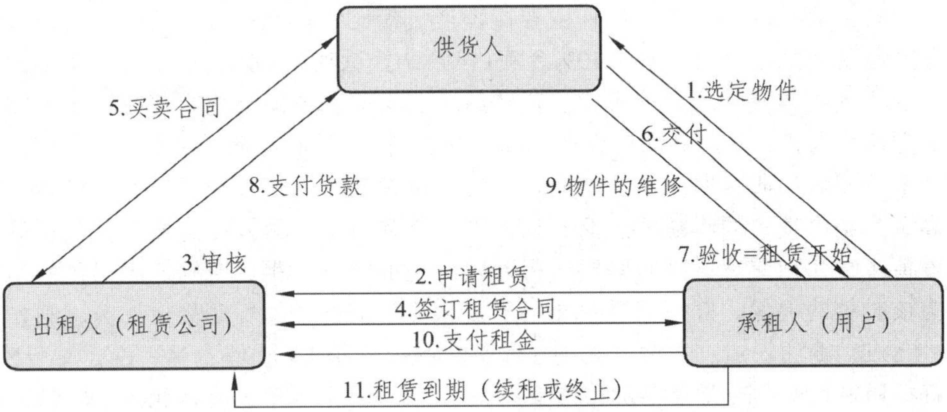

图 3-2　融资租赁交易流程

融资租赁一般具有如下特点：

① 租赁物的选择权由承租人决定，与租赁物有关的设备缺陷、技术落后等风险也由承租人承担，出卖人不能履行购买合同时，由承租人进行索赔。

② 租赁支付具有完全支付性或全额清偿。

③ 租赁物的维护保养由承租人负责。

④ 租赁合同不可中途解约。但在某些情况下，租赁合同实质上无法继续履行，只能终止或解除时，承租人则要按照合同规定付清全部租金。

⑤ 租期结束时，承租人可以退租、续租或留购。

融资租赁实质上是指转移与资产所有权有关的全部风险和报酬的租赁，其所有权最终可能转移也可能不转移。

（3）经营租赁与融资租赁的区别。

经营租赁和融资租赁的比较如表 3-5 所示。

表 3-5　经营租赁和融资租赁的比较

项目	经营租赁	融资租赁
定义	不属于融资租赁的租赁	全额回收，禁止中途解约
当事人	2 个：出租人、承租人	3 个：出租人、承租人、供货商
租赁合同	1 个合同：租赁合同	2 个合同：租赁合同、购货合同
租赁目的	短期使用租赁物	中长期使用租赁物
租赁标的	出租人选择	承租人选择
合同履行	可中途解除合同	不可解除合同
租赁对象	若干个不确定的承租人	一个确定的承租人
租期	较短	较长
维修、保养、保险等	出租人承担	承租人承担

2. 杠杆租赁

杠杆租赁又称衡平租赁，是融资租赁的一种高级形式，它是一种利用财务杠杆原理达成的租赁形式。所谓财务杠杆原理，是指企业使用一定规模的负债经营，以提高企业自有资金收益率。其中的杠杆主要指资产负债比例。在杠杆租赁中，出租人只需投资租赁设备购置款项的20%~40%金额，设备购置款项的60%~80%通过负债的方式由银行等金融机构提供的无追索权的贷款解决，这样一方面出租人可在法律上拥有该设备的完整所有权，享有如同对设备100%投资的同等税收待遇，从而提高出租人所投入的那部分资金的收益率；另一方面，出租人可将其余的资金用于其他的投资，这样就提高了其整个资金的收益率。而贷款人提供贷款时对出租人无追索权，其还款保证在于设备本身和租赁费，同时需要出租人以设备抵押权、租赁合同及收取租金的受让权作为该贷款的担保。杠杆租赁主要用于资本密集型设备的长期租赁业务，例如盾构设备、飞机、输油管道、石油钻井平台和卫星系统等租赁。

杠杆租赁是一种非常复杂的租赁交易，它包括 7 个当事人：承租人、制造厂商、物主出租人、物主受托人、债权人、合同受托人和包租人。

杠杆租赁的对象是一些资本密集型的设备，它们的总价款非常高，虽然出租人只需要投入设备总额的20%~40%，但这也是一笔巨大的费用，一个出租人往往难以承担，于是通常有多个出租人一起分担这笔投资，他们共同按份享有对租赁标的物的所有权，因此他们被称为物主出租人。为了方便管理，物主出租人会委托其中的一个人负责租赁物的管理工作，他就成了物主受托人，他与其他物主出租人之间的关系是信托关系，负有管理人的义务，同时也可收取一定的费用。物主受托人是杠杆租赁的核心，具有三重身份：出资资产法律上的所有者、承租人的出租人、债权人的借款人。参与贷款的通常也不是一个金融机构，而是有多家参与，类似于银团贷款。每一个贷款者称为贷款参加者或者债权持有者。同样，众多的贷款参加者也不是全部都来处理具体事务，也是要委托其中一家金融机构代表债权人与物主受托人联系处理各种具体事务，该受托人与各债权人之间的关系是信托关系，称为合同受托人。物主受托人把所出租的财产、所签订的租赁合同及收取租金的权利交给合同受托人，作为获得融资的担保。合同受托人类似于银团贷款中的牵头银行。

杠杆租赁的交易流程如图 3-3 所示。

杠杆租赁的交易过程包括筹备阶段和正式进行阶段。筹备阶段主要是包租人寻找股权投资人和债权人，并确认物主受托人和合同受托人，召集相关当事人签署一项参加协议的过程。

杠杆租赁的交易流程按照以下步骤展开。

（1）物主出租人（即产权参加人）与物主受托人签署信托协议，以确认产权参加者所同意预付的现金投资比例和金额。

（2）物主受托人与合同受托人签订合同信托协议，以确认贷款人在设备投资中的贷款比例。

（3）物主受托人和债权人分别把投资现金和贷款款项交付合同受托人。

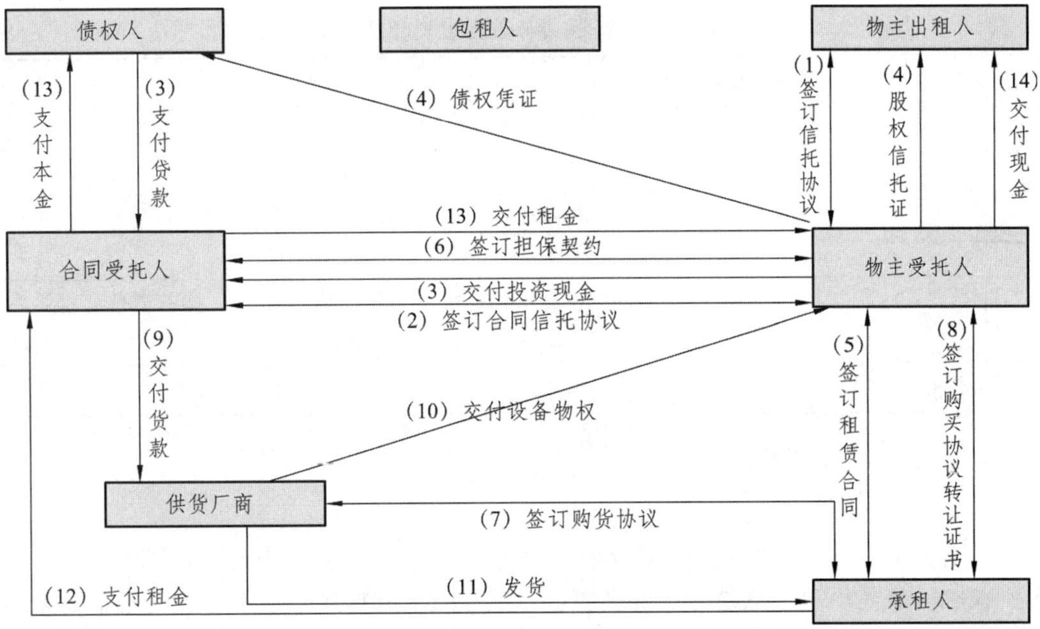

图 3-3　杠杆租赁的交易流程

（4）物主受托人根据信托协议规定，正式向股权人、债权人签发股权信托证书及借据作为设备产权和设备物主的凭证和债券凭证。

（5）物主受托人代表物主出租人和承租人签订租赁合同。

（6）物主受托人和合同受托人签订担保契约，规定把设备物权、租赁合同和收取租金的权利抵押给合同受托人，以此作为对债权人提供无索权的担保。规定合同受托人交付贷款后，由物主受托人接收厂商转交的设备物权。

（7）承租人与厂商签订购货协议。

（8）在购货协议的基础上，承租人与物主受托人签订购买协议转让书，规定承租人将其购买设备的权利，包括获得服务和培训的权利都转让给物主受托人。

（9）合同受托人向厂商交付货款。

（10）根据担保协议规定，厂商将设备物权交给物主受托人。

（11）厂商向承租人直接发货，承租人开具租赁物件收据给物主受托人。至此，租赁正式开始。

（12）承租人向合同受托人开始交付租金。

（13）合同受托人收到租金，按贷款协议规定，向债券参加者偿付到期的债务本息，并在扣除信托费等费用后将剩余租金交给物主受托人。

（14）物主受托人将收到的租金先扣除信托费用，再按出资人的出资比例分付给各个产权参加者。

杠杆租赁与普通融资租赁的区别如表 3-6 所示。

表 3-6　杠杆租赁与普通融资租赁区别

项目	单一投资者租赁	杠杆租赁
参与当事人	出租人、承租人、制造商	物主出租人、物主受托人、承租人、债权人、合同受托人、制造厂商、包租人
资金来源	出租人	20%～40%由物主出租人垫付 60%～80%来源于债权人贷款
合同文本	购买合同、租赁合同	参加协议、购买协议、转让协议、物主信托协议、合同信托协议、租赁合同
项目规模	较小	较大

3. 转租赁与售后回租

（1）转租赁。

转租赁是相对于直接租赁而言的一个概念。转租赁同直接租赁都是融资租赁，其区别仅在于交易层次（交易方）的多寡。直接租赁是一层（直接）交易，因而是双边交易；转租赁是二层甚至多层间接交易，因而是多边交易。

转租赁相对于普通租赁的交易结构更加复杂。之所以使用转租赁这种交易模式主要有以下几点原因：

① 转租人拥有客户资源，而原始出租人拥有充足的资金，转租人通过原始出租人实现融资，而原始出租人通过为转租人提供资金参与融资租赁，从而扩大其国内外市场。

② 一些大型出租人为实现其国际化战略，拓展海外租赁市场，在海外设立子公司。在发展租赁业务过程中，母公司作为原始出租人为海外子公司提供融资支持，子公司作为转租人在其所在国开展租赁业务。

③ 在原始出租人认为其客户的信用等级相对较低时，为了控制其投资风险，会寻找另外一家信用等级较高的公司作为转租人参与租赁交易，将转租人作为原始出租人的直接债务人，在某种程度上发挥着担保人的作用。

④ 对于一些拥有充分的资金或资源优势，却不具备租赁技能或租赁许可的企业，也可以通过选择专业的转租赁人来进行融资租赁交易。

例如，厦航于 2009 年启动、2011 年完成的两架境外租赁波音 B737 飞机资产包转让交易，作为国内首单此类交易，对于促进国内航空金融产业发展，特别是对大型设备租赁业务模式具有重要意义。该项交易是将厦航原从境外租赁的飞机转到天津东疆保税港区，充分利用国家赋予东疆的优惠税率安排、优先借用外债指标、出口退税等优惠政策，以降低税负和租赁成本，预计为厦航节约成本支出约 2 000 万元。

普通的转租赁一般由一份购买合同和两份租赁合同构成，其交易流程如图 3-4 所示。

① 作为第一出租人的租赁公司 A 与设备供应商签订购货合同，购买设备。

② 租赁公司 A 与第一承租人 B 签订租赁合同，开展设备租赁。

③ 由租赁公司 B 作为第二出租人与第二承租人即企业签订转租赁合同，进行设备转租。

④ 供货厂商向最终承租人交货，并提供售后服务。

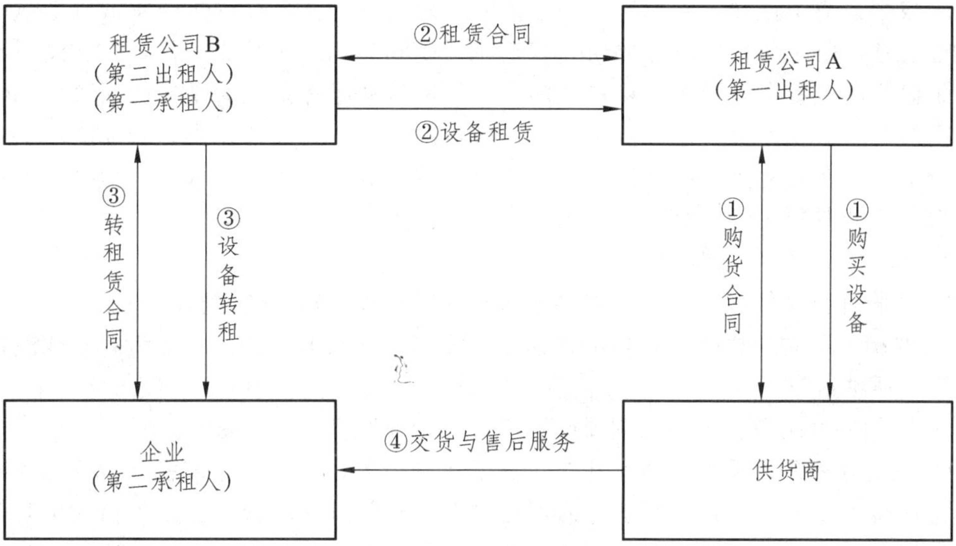

图 3-4　转租赁的交易结构

（2）售后回租。

售后回租是指设备的原始所有者将自己原来拥有的部分财产先卖给租赁公司以获得融资便利，然后，再以支付租金为代价，从该出租人处租回已售出财产的一种租赁交易。售后回租只涉及两个关系人：企业，既是卖主，又是承租人；租赁公司，既是买主，又是出租人。涉及两个合同：买卖合同，即企业与租赁公司签订的买卖合同；租赁合同，即企业和租赁公司签订的租赁合同。出租人之所以不直接采取货币放贷的方式来满足需求，一是因为各国普遍存在对金融业务的准入限制，二是租赁融资与一般货币融资相比的独特性，只有通过租赁融资的方式才可获得。同时，售后回租这种业务形式也有利于改善承租企业的财务状况。企业将自己拥有的并需要使用的机器设备出售给租赁公司，再以支付租金的形式租回。一方面企业可以继续使用该设备；另一方面企业因出售设备而得到一大笔流动资金，用于其他投资或偿还债务。

回租业务中，企业和租赁公司的关系如图 3-5 所示。

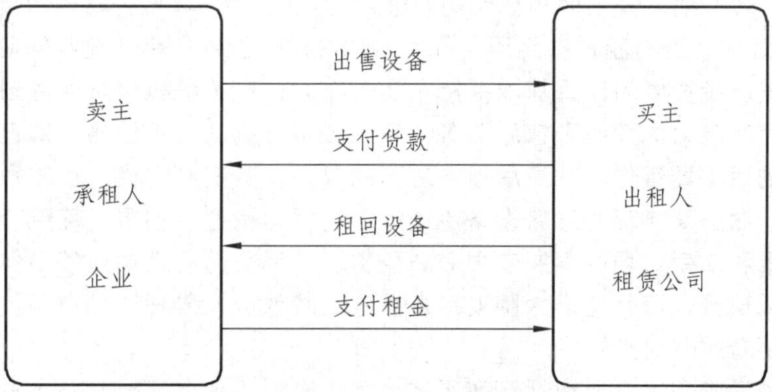

图 3-5　售后回租的交易结构

2008 年 11 月 24 日，武汉地铁集团与工银租赁签订了 20 亿元融资协议，该笔交易为当时我国轨道交通建设中单笔金额最大的融资交易。武汉地铁集团将武汉地铁一号线核心运营设备（包括机车）的所有权在租赁期间转让工银租赁，待租赁期满后再以一定价格回购设备所有权。在租赁期内，武汉地铁集团保留运营设备的经营权和使用权，同时向工银租赁交付租金。地铁项目投资额大，资金需求特别是长期流动资金需求十分迫切，融资租赁帮助地铁公司盘活已经沉淀的固化资产，极大地提高了地铁公司的资金周转率和使用效率。

售后回租交易中应该注意：

① 对物件真实性进行确认，物件是否已经被抵押、转让或出售。

② 对标的物的价格需要合理的确认。双方当事人要充分协商，或者经由权威机构出具资产评估报告。

③ 当物件为国有资产时，需要向国有资产管理部门报告与备案。

④ 融资性售后回租业务中承租方出售资产的行为，不属于增值税与营业税征收范围。当承租人出售资产时，不确认为销售收入，对融资性的资产仍按承租人出售前原账面价值作为计税基础。计提折旧租赁期间，承租人支付的属于融资利息的部分，作为企业财务费用在税前扣除。

从目前实际业务运作看，在售后回租业务中，出租人对承租人信用风险的控制虽然与商业银行基本一致，但由于出租人拥有租赁物的法律所有权，可以降低融资门槛，简化办理手续，为中小企业开辟了一条现实的融资途径。

【问题引导 2】

有哪几类工程机械融资租赁企业？

____

____

【学习提示】

融资租赁于 1952 年源自美国，起初是以设备促销为目的，将分期付款的方式改革成融资租赁方式，从此这种做法迅速传遍世界。融资租赁在国外发达国家的发展中经历了开创期、转型期、繁荣期和稳定期。进入 20 世纪 80 年代，融资租赁市场空前繁荣。进入 21 世纪，融资租赁在经历了几次全球经济的波动之后，已经回归理性，但在全社会固定资产投资中的比重基本保持在 30%左右，在工程机械行业占到 50%以上。国外跨国公司有庞大的营销和售后服务体系来支持自己的市场销售，即已经成功地开辟工程机械的后市场运作。从事后市场运营的公司，其资产规模、员工数量甚至大于制造业本身。制造商实际主导着设备流通的全过程：销售、租赁、配件、技术服务以及服务于租赁和二手市场的再制造中心。租赁、二手交易、再制造等不但是其营销体系的重要组成部分，而且是最大限度地发挥其品牌效应，维护产品市场流通秩序，多环节地寻求利润的有效措施。

工程机械融资租赁企业包括厂商租赁公司、专业租赁公司、附带专业租赁公司以及其他类别的租赁公司四类。

（1）厂商租赁公司是指以厂商为控股公司的主要销售以自己生产的产品为目的的

融资租赁公司。例如，卡特比勒（中国）融资租赁有限公司（卡特彼勒）、北京中联新兴建设机械租赁有限公司（中联重科）、中国康富国际租赁股份有限公司（三一重工）、海斯特叉车制造有限公司（海斯特）、山东通发租赁有限公司（通发集团）等。

（2）专业租赁公司是指以从事工程机械为主的专业融资租赁公司，销售不止一家以上的工程机械设备。例如，上海葛洲坝-日商岩井设备租赁有限公司、上海腾发建筑工程有限公司等。

（3）附带专业租赁公司是指虽从事其他领域的融资租赁业务，但也为工程机械设备租赁设立了专门的机构。国内主要专业公司包括远东国际租赁有限公司、万向租赁有限公司、美联信金融租赁有限公司、中铁融资租赁有限公司、江苏金融租赁股份有限公司、河北省金融租赁有限公司等。

（4）其他类别的租赁公司，从理论上来讲，任何具备融资租赁经营资质的企业都可以做工程机械的融资租赁。

四、拓展学习

1.《中华人民共和国合同法》第十三章　租赁合同

第二百一十二条　定义

租赁合同是出租人将租赁物交付承租人使用、收益，承租人支付租金的合同。

第二百一十三条　合同的主要条款

租赁合同的内容包括租赁物的名称、数量、用途、租赁期限、租金及其支付期限和方式、租赁物维修等条款。

第二百一十四条　租赁期限

租赁期限不得超过二十年。超过二十年的，超过部分无效。租赁期间届满，当事人可以续订租赁合同，但约定的租赁期限自续订之日起不得超过二十年。

第二百一十五条　租赁合同的形式

租赁期限六个月以上的，应当采用书面形式。当事人未采用书面形式的，视为不定期租赁。

第二百一十六条　出租人基本义务

出租人应当按照约定将租赁物交付承租人，并在租赁期间保持租赁物符合约定的用途。

第二百一十七条　承租人基本义务

承租人应当按照约定的方法使用租赁物。对租赁物的使用方法没有约定或者约定不明确，依照本法第六十一条的规定仍不能确定的，应当按照租赁物的性质使用。

第二百一十八条　正当使用租赁物的责任

承租人按照约定的方法或者租赁物的性质使用租赁物，致使租赁物受到损耗的，不承担损害赔偿责任。

第二百一十九条　未正当使用租赁物的责任

承租人未按照约定的方法或者租赁物的性质使用租赁物，致使租赁物受到损失的，出租人可以解除合同并要求赔偿损失。

第二百二十条　租赁物的维修

出租人应当履行租赁物的维修义务，但当事人另有约定的除外。

第二百二十一条　出租人履行维修义务

承租人在租赁物需要维修时可以要求出租人在合理期限内维修。出租人未履行维修义务的，承租人可以自行维修，维修费用由出租人负担。因维修租赁物影响承租人使用的，应当相应减少租金或者延长租期。

第二百二十二条　租赁物的保管

承租人应当妥善保管租赁物，因保管不善造成租赁物毁损、灭失的，应当承担损害赔偿责任。

第二百二十三条　租赁物的改善

承租人经出租人同意，可以对租赁物进行改善或者增设他物。承租人未经出租人同意，对租赁物进行改善或者增设他物的，出租人可以要求承租人恢复原状或者赔偿损失。

第二百二十四条　转租

承租人经出租人同意，可以将租赁物转租给第三人。承租人转租的，承租人与出租人之间的租赁合同继续有效，第三人对租赁物造成损失的，承租人应当赔偿损失。承租人未经出租人同意转租的，出租人可以解除合同。

第二百二十五条　租赁物的收益

在租赁期间因占有、使用租赁物获得的收益，归承租人所有，但当事人另有约定的除外。

第二百二十六条　支付租金的期限

承租人应当按照约定的期限支付租金。对支付期限没有约定或者约定不明确，依照本法第六十一条的规定仍不能确定，租赁期间不满一年的，应当在租赁期间届满时支付；租赁期间一年以上的，应当在每届满一年时支付，剩余期间不满一年的，应当在租赁期间届满时支付。

第二百二十七条　租金的未支付、迟延支付和逾期不支付

承租人无正当理由未支付或者迟延支付租金的，出租人可以要求承租人在合理期限内支付。承租人逾期不支付的，出租人可以解除合同。

第二百二十八条　租赁物的权利瑕疵

因第三人主张权利，致使承租人不能对租赁物使用、收益的，承租人可以要求减少租金或者不支付租金。第三人主张权利的，承租人应当及时通知出租人。

第二百二十九条　所有权变动后的合同效力

租赁物在租赁期间发生所有权变动的，不影响租赁合同的效力。

第二百三十条　优先购买权

出租人出卖租赁房屋的，应当在出卖之前的合理期限内通知承租人，承租人享有以同等条件优先购买的权利。

第二百三十一条　租赁物的灭失

因不可归责于承租人的事由，致使租赁物部分或者全部毁损、灭失的，承租人可以要求减少租金或者不支付租金；因租赁物部分或者全部毁损、灭失，致使不能实现

合同目的的，承租人可以解除合同。

第二百三十二条　租期不明的处理

当事人对租赁期限没有约定或者约定不明确，依照本法第六十一条的规定仍不能确定的，视为不定期租赁。当事人可以随时解除合同，但出租人解除合同应当在合理期限之前通知承租人。

第二百三十三条　租赁物的瑕疵担保

租赁物危及承租人的安全或者健康的，即使承租人订立合同时明知该租赁物质量不合格，承租人仍然可以随时解除合同。

第二百三十四条　共同居住人的居住权

承租人在房屋租赁期间死亡的，与其生前共同居住的人可以按照原租赁合同租赁该房屋。

第二百三十五条　租赁物的返还

租赁期间届满，承租人应当返还租赁物。返还的租赁物应当符合按照约定或者租赁物的性质使用后的状态。

第二百三十六条　续租

租赁期间届满，承租人继续使用租赁物，出租人没有提出异议的，原租赁合同继续有效，但租赁期限为不定期。

2.《中华人民共和国合同法》第十四章　融资租赁合同

第二百三十七条　定义

融资租赁合同是出租人根据承租人对出卖人、租赁物的选择，向出卖人购买租赁物，提供给承租人使用，承租人支付租金的合同。

第二百三十八条　合同的主要条款及形式

融资租赁合同的内容包括租赁物名称、数量、规格、技术性能、检验方法、租赁期限、租金构成及其支付期限和方式、币种、租赁期间届满租赁物的归属等条款。融资租赁合同应当采用书面形式。

第二百三十九条　租赁物的购买

出租人根据承租人对出卖人、租赁物的选择订立的买卖合同，出卖人应当按照约定向承租人交付标的物，承租人享有与受领标的物有关的买受人的权利。

第二百四十条　索赔权

出租人、出卖人、承租人可以约定，出卖人不履行买卖合同义务的，由承租人行使索赔的权利。承租人行使索赔权利的，出租人应当协助。

第二百四十一条　买卖合同的变更

出租人根据承租人对出卖人、租赁物的选择订立的买卖合同，未经承租人同意，出租人不得变更与承租人有关的合同内容。

第二百四十二条　租赁物所有权

出租人享有租赁物的所有权。承租人破产的，租赁物不属于破产财产。

第二百四十三条　租金的确定

融资租赁合同的租金，除当事人另有约定的以外，应当根据购买租赁物的大部分或者全部成本以及出租人的合理利润确定。

第二百四十四条　租赁物的瑕疵担保责任

租赁物不符合约定或者不符合使用目的的，出租人不承担责任，但承租人依赖出租人的技能确定租赁物或者出租人干预选择租赁物的除外。

第二百四十五条　租赁物的占有和使用

出租人应当保证承租人对租赁物的占有和使用。

第二百四十六条　租赁物造成的损害责任

承租人占有租赁物期间，租赁物造成第三人的人身伤害或者财产损害的，出租人不承担责任。

第二百四十七条　租赁物的保管、使用、维修

承租人应当妥善保管、使用租赁物。承租人应当履行占有租赁物期间的维修义务。

第二百四十八条　承租人拒付租金责任

承租人应当按照约定支付租金。承租人经催告后在合理期限内仍不支付租金的，出租人可以要求支付全部租金；也可以解除合同，收回租赁物。

第二百四十九条　租赁物价值的部分返还权

当事人约定租赁期间届满租赁物归承租人所有，承租人已经支付大部分租金，但无力支付剩余租金，出租人因此解除合同收回租赁物的，收回的租赁物的价值超过承租人欠付的租金以及其他费用的，承租人可以要求部分返还。

第二百五十条　租赁期满租赁物归属

出租人和承租人可以约定租赁期间届满租赁物的归属。对租赁物的归属没有约定或者约定不明确，依照本法第六十一条的规定仍不能确定的，租赁物的所有权归出租人。

五、评价反馈（见表 3-7）

表 3-7　自评与反馈

序号	评价项目	评价标准	分值	得分
1	工程机械租赁模式	能正确理解几种常见的工程机械设备租赁形式	20	
2	工程机械租赁企业	能识别几种常见的工程机械租赁企业形式	20	
3	工作态度	态度端正，无无故缺勤、迟到、早退现象	10	
4	工作质量	能正确理解工程机械管理中安全、环保要求，按计划完成工作任务	10	
5	协调能力	与小组成员、同学之间能合作交流，协调工作	10	
6	职业素质	能做到安全生产，文明施工，保护环境，爱护公共设施	10	
7	知识拓展	能查阅文献，深入学习相关知识	10	
8	创新意识	能针对具体管理案例，运用新知识思考可能的创新点	10	
合计			100	

六、课后巩固

（1）与融资租赁相比，经营出租的租期更长。(　　　)

（2）在融资租赁交易中，一般由________根据用户需要对租赁物进行维修。

（3）在杠杆租赁中，出租人和承租人之间是________关系。

情境三任务二数字资源

任务三　租赁方案分析

工程机械设备租赁的形式灵活多样，租金的计算方法也各有不同。租金的计算，是准确衡量租赁公司收益的基础，租赁期满后设备处理和残值的管理也关系着租赁企业的收益。

一、任务描述

掌握工程机械设备租赁形式，以及租金的计算方法。

二、任务要求

在本学习任务完成过程中，你应该努力做到以下几点：

（1）正确理解租金的构成要素及其对租金的影响；

（2）能够依据不同的条件计算租金并选择适合的租赁方案。

三、任务实施

将学生按特定数量分组，明确每组的工作任务，并填写分组任务表（见表 3-8），每组任务可以一样也可以有差异性，视任务大小而定。

表 3-8　学生分组任务情况表

组别	工作任务	备注
1		
2		
3		
4		
5		
6		

【问题引导 1】

租金由哪几部分构成？

____

____

【学习提示】

1. 租金的构成要素

融资租赁交易下，租金主要由以下四个要素构成。

（1）设备购置成本与计算租金基数。设备购置成本是出租人为承租人取得租赁资产而垫付的全部实际支出，是出租人为承租人提供资金融通的具体体现。因此，它也就成为融资租赁交易下计算租金的基础，从租金计算方法的角度讲，也就是确定租金计算基数的基础。于是，设备购置成本的大小，是决定租金总额高低的基本因素。但是，由于融资租赁交易中全额清偿和非全额清偿两种类型的存在，设备购置成本的支出总额中纳入租金计算基数的比例是不同的。如果是全额清偿的租赁，则全部作为计算租金的基数；如果是非全额清偿，纳入租金计算基数的部分是租赁设备购置成本扣除出租人在租期开始时预留的租赁残值后的余额。设备购置成本主要包括设备原价、运费和运输保险费等。当租赁设备是在国内购买时，设备的原价也就是购置设备发票上标明的价格；而在我国进口租赁业务中，租赁设备从国外进口，此时，如果进口合同采用 CIF 价（成本+运费+运输保险），则 CIF 价即为租赁设备的购置成本；如果进口合同采用 FOB 价（离岸价），则设备购置成本等于 FOB 价加运费和运输保险：如果进口合同采用 CFR 价（成本+运费），则设备购置成本等于 CFR 价再加上运输保险。

（2）融资成本。融资成本是指出租人的资金成本。因为，出租人为取得承租人的租赁资产而垫付的资金也是有代价的。简单地说，如果出租人是通过向银行等金融机构的借款融资来支付购置租赁设备的货款时，那么，出租人需要向贷款银行等金融机构支付相应的利息及其他有关担保费、承担费和法律文件等方面的费用。即使是出租人用本企业股东的股本来进行租赁交易，支付租赁设备货款，股本的资金也是有代价的。如果是国际租赁，出租人需要在国际金融市场上筹集资金时，其筹资成本不仅要受现行该种货币一般市场利率的影响，还要受到出租人资信状况的影响，信用较高的出租人的融资成本会较低。

（3）手续费。手续费是指出租人向承租人收取的，用以补偿出租人为承租人办理租赁业务时所支付的各项费用支出，如办公费、工资、差旅费、管理费和交纳的间接税等。实践中，出租人收取手续费的方式有两种：一种是以费率的方式，这些费用纳入租金范围，通过承租人支付的租金而逐步回收；另一种是出租人未将这部分费用包括在租金之内，而是采取租金之外一次性征收的办法来收取。还有一种特例的情况，当租赁市场处于供小于求的状况时，出租人在租赁定价时具有垄断地位，于是，出租人既把这部分费用纳入租金，又同时采取一次性收取的方式向承租人收取。在这种情况下，出租人实际是通过两个名目而提高了租赁产品的价格。

（4）利润。利润是出租人在从事租赁业务时所冀求的租赁投资的净回报。

2. 租金构成要素之间的关系

从理论上讲，一项融资租赁交易的租金总额应是上述四项构成要素之和。而每期租金则是租金总额按租期内支付租金次数分配的结果。但是，这种方法既不准确，又不可行。首先，根据国际资本市场还本付息时所应遵循的息随本减的原则，承租人分期偿付的租金，与之具有相同的原理，也应体现这一原则。其次，每一项租赁交易中的租金的四要素，除设备购置成本外，其余三项因素都是不可事先确定的。由于除了设备购置成本外其他三项因素不可事先确定，因而一般利用这四项要素之间的内在联系将租金推导出来，如图 3-6 所示。

租金 = 设备购置成本 + 融资成本 + 手续费 + 利润

= 设备购置成本 + 融资成本 + 利差

= 租赁净投资 + 租赁收益

图 3-6　租金构成要素示意图

租赁收益与租赁净投资之比为租赁利率，它是租金计算的另一重要参数，在设备购置成本确定后，租赁利率的确定对承、出租双方都有着至关重要的意义：对出租人来说，它决定了租赁收益的大小，进而决定了租赁公司利润的多寡；对承租人来说，它实际决定着承租人使用租赁资产的租赁融资成本。

3. 租金的影响因素

前文介绍了租金的主要构成因素，实际上除了以上因素以外，还存在着许多影响租金的因素，包括利率、租赁期限、付租方式、相关费用、付租币种、起租日与计息日等。

（1）租赁利率的影响。

签订合同时，出租人与承租人可以商定为采用固定利率的形式，也可以商定为采用浮动利率的形式来计算租金。如果采用固定利率的租金计算方式，其利率值一般要高于同期的浮动利率值。这是因为出租人承担了租期内因利率变化可能带来的损失风险，它虽然提高了租赁利率的水平，却使承租人在租赁期内得到了一个固定数额的租金，避免了因国际金融市场的变化给承租人带来亏损的可能性。如果是采用浮动利率，开始时的租赁利率看似很低，但市场利率变化的风险将落在承租人的头上，而出租人可保本、保收益。这相当于在原有租赁利率的基础上加上一个风险费率。当然，问题的关键在于这种风险费率多大才合理，一般来说，租赁期限越长，这种风险费率值越大。

另外，期利率的计算除考虑复利因素外，还涉及生息天数和基础天数的关系，目前在国际上大体分为以下三种方式：

① 大陆法。大陆法以 360|360 表示生息天数和基础天数的关系。即把一年中各个月份的天数都视作 30 天，对月对日计算。

② 英国法。英国法以 365|365 表示生息天数和基础天数的关系，逢闰年改为 366|366 将具体年份的日历天数作为基础天数，同时严格按照日历计算生息天数。

③ 欧洲货币法。欧洲货币法以 365|360 表示生息天数和基础天数的关系，逢闰年改为 366 天，即按实际日历天数计算生息天数，基础天数则固定为 360 天。

一般情况下，利率越高，租金总额越高；反之则越低。利率是影响租金总额的重要的因素之一。

（2）手续费的计算方式。

我国的租赁公司不但参与资金融通，而且还从事国内外贸易活动，也就是说租赁公司兼有金融机构与外贸公司的双重职能，因此租赁公司在出租设备时常收取一定的手续费。手续费是租赁公司的一项收入，因而也是承租人的一项经济支出。目前国内各租赁公司一般按 CIF 价的 1.5%|3%收取手续费，也有按租赁物件的实际成本总额的百分比收取，或租金总额的百分比收取的。尽管手续费收取的比例可能相同，但因收取的方法不同也会对租金总额产生不同的影响。

（3）租赁保证金的影响。

为降低风险，有时租赁公司要求承租人先交纳一部分保证金。处理保证金有两种方式：一种是在计算租金时，把承租人已付的保证金从实际成本中减去，但这种情况很少采用，因为它失去了保证金的意义，只有在会计处理上有不同的结果。二是保证金抵扣某几期租金的全部或大部分。通常的做法是抵扣最后几期租金的全部或大部分。对租赁公司而言则希望采取第二种处理方式，因为这相当于租赁公司从承租人手中借得一部分钱（保证金）不付利息而在最后一期支付中偿还，对租赁公司有利。

（4）余值因素的影响。

融资租赁是指实质上转移了与租赁资产所有权有关的全部风险与报酬，其所有权最终可能转移，也可能不转移。所以，计算租金时必须考虑租赁资产余值对租金的影响。所谓资产余值是指在租赁起始日估计的租赁期满时租赁资产的公允价值。余值一般不得高于租赁起租日估计租赁资产公允价值的 10%。

融资租赁资产余值的处理一般有三种方式：一是转移，即承租人在租赁期满支付完全部租金后，再向出租人支付余值以获得租赁资产的所有权；二是续租，即以余值为计息本金，承租人与出租人重新订立租赁合同；三是不转移，即租赁期满时，出租人收回租赁资产。

针对上述三种不同的处理方式，余值在计算租金中也有不同的处理方式。在转移或续租的方式下，余值现值可以从计算租金的成本中扣除，也可将余值终值从租金中扣除；但在不转移的方式中多不同意余值从成本中或租金中扣除，而是将余值处理所得归承租人，如果从成本或租金中扣除，余值处理结果自然归出租人

（5）租赁物件实际成本的核算及影响。

计算租金时，除了确定租赁利率、租赁期限、租金支付方式等因素外，重要的是确定计算租金的本金即租赁物件的成本。租赁物件成本的核算比较复杂，在不同情况下，核算原则不同。

① 实际成本的确定。融资租赁交易涉及三方当事人、两个合同。两个合同中，一为租赁合同，二为购买合同。租赁合同签订生效时，购买合同可能没有签约、生效或执行完毕，往往无法确定租赁物件的实际成本，这是因为实际成本的确定包含多种因素，如起租日、计息日的确定，实际支付贷款的确定，以及其他一些不可预见费用的确定等。所以租赁合同签约时估算的成本只能是一种概算成本，而非实际成本。因此在计算承租人实际应支付的各期租金时，应首先核算租赁物件的实际成本。

② 起租日与计息日。一般来讲，起租日应该定在出租人为购买租赁物件设备而支付各笔款项完毕后某一具体日期，起租日确定后，出租人根据该日期核定实际成本计算各期租金，确定各期租金支付日等。

③ 计息日。前面谈到，出租人为购买租赁物件先后支付了各笔款项，核算租赁物件的实际成本时，应将各笔款项在起租日的终值相加来确定租赁物件的实际成本，各笔款项在起租日终值的起点日期就是计息日。

【问题引导 2】

如何计算租金?

____

____

【学习提示】

还租方式灵活是融资租赁的典型特征之一，而不同的还租方式，其租金计算的具体方法也不尽相同，从而产生了多种不同的租金计算方法。于是，根据租期内租赁利率是否固定，租金计算方法可以分为固定租赁利率与浮动租赁利率两种基本类型；而就出租人收回本息的方法而言，从世界各国租赁市场的实践看，融资租赁交易几乎都没有采用到期一次还本这种方法的，基本上采用的都是分次偿还，也就是承租人一边占用租赁资金，一边开始逐步偿还租赁融资的本金和利息。在这一偿还方式的前提下，具体的偿还方法有年金法的逆运用和成本回收法。在此基础之上，根据每期租金是均等付租还是不均等付租，所还本金是均等还是不均等，每期租金是先付或后付，是否收取保证金，是否留有残值等不同情况、不同做法，每一种租金支付方法实际是上述各种选择的有机组合。相应地，具体的租金计算公式也略有不同，从而产生多种租金计算方法。由于不同的租金支付方式使承租人实际负担的利息有差异，因此，所计算出的每期租金额与租金总额也不相同。

就国内租赁而言，采用最普遍的还租方式是固定租赁利率下的年金法的逆运用。而在国际租赁中，由于近年来浮动利率在国际金融市场上的广泛运用，出租人来源于浮动利率的资金日渐增多，为转移利率变动风险，出租人在为承租人确定租金时，也相应地采用浮动租赁利率。

1. 复利终值与现值

（1）复利终值。

复利是计算利息的一种方法。按照这种方法，每经过一个计息期，要将所生利息加入本金再计利息，逐期滚算，俗称“利滚利”。这里所说的计息期是指相邻两次计息的时间间隔，如年、月、日等。除非特别指明，计息期为 1 年。终值是指最后得到的数据。因此，复利终值就是指一笔收支经过若干期后再到期时的金额，事实上这个金额和最初的收支额具有相同的支付能力。在投资决策中，由于涉及时间长，资金时间价值的计算大多采用复利的方式。其计算公式为

$$F = P(1+i)^n$$

式中，F 为复利终值；P 为现值；i 为利率；n 为复利期数。

（2）复利现值。

复利现值是复利终值的对称概念，指未来一定时间的特定资金按复利计算的现在价值，或者是为取得将来一定本利而现在所需要的本金。其计算公式为

$$P=\frac{F}{(1+i)^n}$$

【例 1】小王拟在 5 年后用 100 000 元购买新车，银行现行年利率为 10%，问现在需要一次性存入银行多少钱？

解：

$$复利终值\ F=100\,000=P(1+i)^n=P\times(1+10\%)^5$$

因此小王需一次性存入

$$\frac{100\,000}{(1+10\%)^5}=62\,092（元）$$

2. 固定利率下的租金计算方法

（1）年金法。

所谓年金法，是指在已知未来各期收益的情况下，将未来各期收益按照一定的投资回报折现，再与实际投资相比较，以确定是否收回投资的一种考虑时间价值的投资核算方法。租金计算中的年金法，实际是利用上述年金法的原理，在已知租赁投资额和相当于投资回报率的租赁利率情况下，反算未来各期的收益，即每期租金额，使租金总额等于租赁投资与按既定租赁利率确定的租赁收益之和。

利用年金法计算租金，每期租金必须相等，或者是有规律地递增、递减，如等比递增和递减，等差递增和递减，只有这样才能利用等比（等差）数列求和公式来运算。等比与等差的递增与递减租金计算方法，实际是每期租金均等支付的变种。所以，利用年金法计算租金的重点是掌握每期租金均等支付条件下的各种不同情况的租金的计算。

① 等额年金。等额年金是年金法中应用最广泛的一种租金计算方法，其优点是计算简便、科学性强、适用范围广。

假设 P 为设备购置成本；A 为每期租金；n 为支付租金的次数，i 为每期租赁年利率，I 为租赁年利率，则

$$每期租赁利率=\frac{租赁年利率}{每年复利次数}$$

a. 每期租金均等后付。每期租金均等后付是等额年金法中最基本的计算公式，其计算思路是按年金法原理，列出租赁设备购置成本与每期租金之间的关系：

$$P=\frac{A}{1+i}+\frac{A}{(1+i)^2}+\frac{A}{(1+i)^3}+\cdots+\frac{A}{(1+i)^n}$$

整理该式，得到

$$P = A\frac{1-\frac{1}{(1+i)^n}}{i} = A\frac{(1+i)^n-1}{i(1+i)^n}$$

其中，$\frac{1-\frac{1}{(1+i)^n}}{i}$ 或 $\frac{(1+i)^n-1}{i(1+i)^n}$ 为年金系数(年金现值系数)，也可表示为 $P/A=PVAn=(P/A,I,n)$，例如（P/A，6%，3）表示利率为 6%的 3 期年金现值系数，其值可以从现值系数表中查得；$\frac{i(1+i)^n}{(1+i)^n-1}$ 称为租金系数，是年金现值系数的倒数。为了方便计算，很多租赁公司通过计算机将年金现值系数折算为租金系数来计算租金。

客户需支付的租金总额则为 nA。

【例 2】已知租赁设备的购置成本为 800 000 元，租期为两年，租金每半年偿付一次，每期租金均等后付，租赁利率为 8%，求每期应偿付的租金，以及到期全部偿还的租金总额。

解：因为是全额清偿，没有保证金，所以 P=800 000 元，每期的租赁利率 i=4%，租赁期内支付的次数为 n=4，根据租金计算公式，可得每期租金为

$$A = P\frac{i(1+i)^n}{(1+i)^n-1} = 800\,000\times\frac{4\%\times(1+4\%)^4}{(1+4\%)^4-1} = 220\,392.04(\text{元})$$

总租金为

$$S = nA = 4\times220\,392.04 = 881\,568.16(\text{元})$$

b. 每期租金均等先付，相当于是每期租金均等后付的基础上，考虑到提前一起支付租金的时间价值，也就是（n-1）期后付租金加上补贴现的租金 A。

$$P = A+\frac{A}{1+i}+\frac{A}{(1+i)^2}+\frac{A}{(1+i)^3}+\cdots+\frac{A}{(1+i)^{n-1}}$$

经过整理可得

$$P = A\left[1+\frac{1-\frac{1}{(1+i)^{n-1}}}{i}\right]$$

$$A = P\frac{i(1+i)^{n-1}}{(1+i)^n-1}$$

先付年金现值系数与普通年金现值系数相比，期数-1，系数+1。

若租金先付，则每期租金为

$$A = P\frac{i(1+i)^{n-1}}{(1+i)^n-1} = 800\,000\times\frac{4\%\times(1+4\%)^{4-1}}{(1+4\%)^4-1} = 211\,915.42(\text{元})$$

在我国，每期租金均等先付的租金支付方式较难实施，这是因为我国多数承租人的资金比较紧张，经常需要租用租赁设备的收益来偿还租金，所以除非出租人给承租人留有一定的租金支付宽限期，否则不会选择在每期期初支付租金。

c. 递延年金。递延年金又称“延期年金”，是指在最初若干期没有收付款项的情况下，后面若干期等额的系列收付款项。它是普通年金的特殊形式。普通年金又称“后付年金”，是指每期期末有等额的收付款项的年金。这种年金形式在现实经济生活中最为常见。普通年金终值犹如零存整取的本利和，它是一定时期内每期期末等额收付款项的复利终值之和。

【例 3】某投资者拟购买一台设备，销售商提出了三个付款方案供其选择。哪个方案对投资者最有益?

方案 1：现在起 15 年内每年年末支付 10 万元；

方案 2：现在起 15 年内每年年初支付 9.5 万元；

方案 3：前 5 年不支付，第 6 年起到第 15 年，每年末支付 18 万元。

假设按利率 10%复利计息，若采用现值方式比较，问哪一种付款方式对购买者更有利?

解答思路：相当于三种不同方案进行现值比较。

方案 1 是普通后付年金，每期租金 A=10 万元，i=10%，n=15 年。

$$P_1 = A\frac{(1+i)^n - 1}{i(1+i)^n} = 10\times\frac{(1+10\%)^{15}-1}{10\%\times(1+10\%)^{15}} = 10\times(P/A,0.1,15)$$
$$= 10\times 7.606 = 76.06(\text{万元})$$

方案 2 是普通先付年金，每期租金 A=10 万元，i=10%，n=5 年，相当于 14 年后付租金+当期租金。

$$P_2 = A\left[1+\frac{1-\dfrac{1}{(1+i)^{n-1}}}{i}\right] = 10\times\left[1+\frac{1-\dfrac{1}{(1+10\%)^{14}}}{10\%}\right]$$

$$= A\left[\frac{(1+i)^n-1}{i(1+i)^{n-1}}+1\right] = 10\times(P/A,0.1,14+1) = 10\times(7.366+1) = 83.66(\text{万元})$$

方案 3 是递延年金，相当于先计算 A=18 万元，i=10%，n=15 年条件下的后付年金，再减去多计算的前 5 年的年金。

$$P_3 = A\frac{(1+i)^n-1}{i(1+i)^n} - A\frac{(1+i)^m-1}{i(1+i)^m} = 18\times(P/A,0.1,15-P/A,0.1,5)$$
$$= 18\times(7.606-3.790) = 68.688(\text{万元})$$

因为 $P_3 < P_1 < P_2$，所以方案 3 划算。

d. 有保证金时的租金计算。保证金是指承租人在签订租赁合同时向出租人缴纳的一定数额的资金，是承租人对其信用进行自我担保的形式之一。由于这部分资金在租赁期间归属出租人使用，相当于租赁公司无偿占用了承租人的一部分资金，实际上提高了利率。因此，在一般情况下，承租人向出租人支付的保证金越多，租金总额越少。

保证金的处理有两种方式：一种是在计算租金时，把承租人已付的保证金从概算成本中扣除，另一种是概算成本不降低，只是在最后一期租金中抵免。对于承租人来说，第一种方式比较合理，对于租赁公司而言，当然希望采用第二种方式，因为这相当于租赁公司从承租人手中借得一部分资金（保证金），不付利息而在最后几期中偿还。

【例 4】已知租赁设备的购置成本为 800 000 元，租金为两年，租金每半年偿付一次，每期租金均等后付，租赁利率为 8%，且承租人于租赁合同生效日支付租赁设备购置成本 5%的保证金，与出租人达成协议，保证金从概算成本中扣除。求每期应付租金。

解： 实际 $P' = 800\,000 \times (1-5\%) = 760\,000$（元）

每期租金

$$A = P'\frac{i(1+i)^n}{(1+i)^n-1} = 760\,000 \times \frac{4\% \times (1+4\%)^4}{(1+4\%)^4-1} = 209\,372.44\text{（元）}$$

e. 留有残值时的租金计算。在这种情况下的租金计算，与上述全额清偿条件下租金计算的唯一区别，是对租金计算基数——租赁设备购置成本的调整。也就是说，根据租赁合同所约定的残留值比较，来计算除应从设备购置成本中扣除的、不能通过租赁回收的租赁投资部分，并以设备购置成本扣除残值后的余额，作为计算租金的基数。

【例 5】已知租赁设备的购置成本为 800 000 元，租金为两年，租金每半年偿付一次，每期租金均等后付，租赁利率为 8%，租金非全额清偿，租期开始时预留无担保残值为租赁设备购置成本的 10%。求每期应付租金。

解： 实际 $P_0' = 800\,000 \times (1-10\%) = 720\,000$（元）

每期租金

$$A = P_0'\frac{i(1+i)^n}{(1+i)^n-1} = 720\,000 \times \frac{4\% \times (1+4\%)^4}{(1+4\%)^4-1} = 198\,352.84\text{（元）}$$

需要注意的是，出租人未能通过租金方式回收的 8 万元残值的租赁投资，要依赖于出租人在租赁结束后对租赁资产的再处置而回收。

② 变额年金法。表面上看，按变额年金法方式支付的租金，每期都不相等。事实上，变额年金法是指每期租金有规则地递增或递减的租金支付方法。当从第二期开始，每期租金比上一期租金增加或减少一个常数 d 时，为等差变额年金法；当从第二期开始，每期租金比上期租金增加或减少同一比例 g 时，为等比变额年金法。无论哪种方法，其计算公式都是按照等差和等比数列求和公式推导出来的，只要掌握上述等额年金法的计算原理与方法，这两种租金支付方式的租金计算公式都不难推导，在此不再详细展开。

出于承租人资金的限制，等差或等比递减变额年金法，租期内每期租金额由多到少地变动，在我国基本是不可行的。即使是等差或等比递增变额年金法，鉴于我国承租人，尤其是中小企业承租人，当前的素质普遍还较低，这种比较复杂的租金计算方法也不宜采用。

（2）成本回收法。

成本回收法是指租赁双方在签订租赁合同时商定，每期租金按照一定的规律回收本金，再根据息随本减的原则，加上未付本金应付利息，即为每期租金。这样，每期租金额之间没有规律，也没有统一的计算公式。每期回收本金经双方商定，可以均等，也可以不均等。下面是每期本金相等时的例子，每期本金不均等时的计算原理相同。

【例 6】已知租赁设备的购置成本为 800 000 元，租金为两年，租金每半年偿付一次，每期租金均等后付，租赁利率为 8%，租金全额清偿，求按成本回收法计算的每期应该偿付的租金及租金总额。解答如表 3-9 所示。

表 3-9 成本回收法算例

期数	每期租金	利息/元	收回的成本/元	未收回的成本/元
	①=②+③	②=上期④×4%	③=800 000÷4	④=上期④-③
				800 000
1	232 000	32 000	200 000	600 000
2	224 000	24 000	200 000	400 000
3	216 000	16 000	200 000	200 000
4	208 000	8 000	200 000	0
总计	880 000	80 000	800 000	

3. 浮动利率下的租金计算方法

（1）“基础利率+加成”法。以每期租金支付日当日某个标准利率为基础，在此基础上加上一定的百分比，作为下一租期租赁的利率标准。

【例 7】某租赁合同约定，租赁起租日为 2018 年 1 月 1 日，每期租赁利率以上一期租金支付日 6 月期 LIBOR 为基础利率（LIBOR 即伦敦同业拆借利率，指伦敦的第一流银行之间短期资金借贷的利率，是国际金融市场中大多数浮动利率的基础利率），加上 1.5%为该期所用租赁利率。已知租赁设备的购置成本为 800 000 元，租期 2 年，租金每半年偿付一次。假设上半年租赁的天数为 182 天，下半年租赁天数为 183 天。根据大陆法和欧洲货币法，以 360 天作为基础天数，求解每期承租人应该支付的租金。

解：如表 3-10 所示，已知起租日 LIBOR 为 3.5%，则第一期租金为

$$P_1 = 200\,000 + 800\,000 \times (3.5\% + 1.5\%) \times (182 \div 360) = 220\,222.22\text{（元）}$$

出租人在收到第一期租金的同时，为承租人计算出第二期租金。第一期租金支付日时该 LIBOR 为 3.75%，则第二期租金为

$$P_2 = 200\,000 + 600\,000 \times (3.75\% + 1.5\%) \times (183 \div 360) = 216\,012.50\text{（元）}$$

第二期租金支付日时该 LIBOR 为 3.97%，则第三期租金为

$$P_3 = 200\,000 + 400\,000 \times (3.97\% + 1.5\%) \times (182 \div 360) = 211\,061.56\text{（元）}$$

第三期租金支付日时该 LIBOR 为 3.97%，则第四期租金为

$$P_4 = 200\,000 + 200\,000 \times (3.57\% + 1.5\%) \times (183 \div 360) = 205\,154.50\text{（元）}$$

表 3-10 不同时期 LIBOR 利率

日期	2018.1.1	2018.6.30	2019.12.31	2019.6.30
LIBOR 利率	3.5%	3.75%	3.97%	3.57%

（2）指数化租赁利率法。指数化租赁利率法是指先选定某个参考指标，确定一个与该指标挂钩的基本租赁利率。当支付每期租金时，选定的参考指标发生了变化，则实际租赁利率将根据参考指标变化幅度，按预先约定的调整办法和比例，做相应调整。

【例 8】某租赁合同约定，租赁起租日为 2017 年 1 月 1 日，每期租赁利率以上一期租金支付日 6 月期 LIBOR 为基础利率，加上 2%为该期所用租赁利率，并且每期租金支付日前三日的基础利率每增减 10%，实际租赁利率在基本租赁利率的基础上相应增减 5%，以此为基础作为计算该期租金的实际租赁利率。已知租赁设备的购置成本为 800 000 元，租期 2 年，租金每半年偿付一次，求解每期承租人应该支付的租金。

解：若合同生效时该 LIBOR 为 5%，则 5%为该交易的基础利率，那么基本租赁利率即为 5%+2%=7%。

第一期付租日前 3 天 LIBOR 为 6.5%，其对基础利率的变化幅度是 $\dfrac{6.5\%-5\%}{5\%}=30\%$，即 LIBOR 增加了 30%，则基本租赁利率增加的幅度则为 $30\%\times\dfrac{5\%}{10\%}=15\%$。

即第一期的实际租赁利率应该在基础利率 7%的基础上增加 15%，也就是说第一期的实际租赁利率为 $i_1=7\%\times(1+15\%)=8.05\%$。

由此可计算出第一期的租金：

$$P_1=200\,000+800\,000\times 8.05\%\times(182\div 360)=232\,557.79\text{（元）}$$

后面三期的租金计算步骤相同，此处省略。

4. 所定损失金的计算

在租赁期限届满之前，如果发生租赁物件灭失、损毁而不能复原或继续使用的情况时，由融资租赁特性决定，损失要由承租人来承担。这时承租人可以有两种选择：一是继续执行合同，直至全部付清租金为止；二是按租赁合同中“所定损失金”所列的余额，一次性地支付给出租人，然后终止合同。

因此所定损失金是承租人因租赁物件发生灭失、损毁等情况，或根据自己的资金流动状况，要求提前终止合同时，按照一定的折现率和未交租金的次数，将未交租金总额予以折现后的数额。承租人只有在支付了所定损失金后，才可获得提前终止合同的权利。

订立合同时，在确定每次租金支付额的同时，将每次租金支付日后的各期租金数额予以折现，并在合同中一一列出。

【例 9】租赁物件购置成本为 1 000 000 元，租赁期三年（2018 年 1 月 1 日—2020 年 12 月 31 日），租赁利率为 10%，租金每半年均等后付。若合同已执行一年（已交两次租金）后，承租人要求 2019 年 1 月 1 日终止合同，那么所定损失金应该如何计算？

解：先计算每期租金，其中 P=1 000 000 元，每期的租赁利率 i=5%，租赁期内支付的次数为 n=6。

根据租金计算公式，可得每期租金：

$$A=P\frac{i(1+i)^n}{(1+i)^n-1}=1\,000\,000\times\frac{5\%\times(1+5\%)^6}{(1+5\%)^6-1}=197\,017.47\text{（元）}$$

损失金：

$$P_{\text{损}}=A\frac{(1+i)^n-1}{i(1+i)^n}=197\,017.47\times\frac{(1+5\%)^4-1}{5\%\times(1+5\%)^4}=698\,615\text{（元）}$$

若不终止合同，承租人未来将每期支付 197 017.47 元，而依题意，需缴纳 698 615 元所定损失金后方可解除融资租赁合同，如表 3-11 所示。

表 3-11　所定损失金计算

日期	租金/元	现值/元
2019 年 1 月 1 日	197 017.47	$197\,017.47\times\frac{1}{(1+5\%)^1}=187\,636$
2019 年 7 月 1 日	197 017.47	$197\,017.47\times\frac{1}{(1+5\%)^2}=178\,701$
2020 年 1 月 1 日	197 017.47	$197\,017.47\times\frac{1}{(1+5\%)^3}=170\,191$
2020 年 7 月 1 日	197 017.47	$197\,017.47\times\frac{1}{(1+5\%)^4}=162\,087$
合计	788 069.88	698 615

【例 10】承上例，出租人将收回的租金再次运用于租赁项目，则租赁物件的购置成本为 698 615 元，租赁期 2 年（2019 年 1 月 1 日—2020 年 12 月 31 日），租赁年利率为 7%，租金每半年均等后付一次。求每期租金金额，租金总额，以及再次租赁所收回的租金总额比原来应收租金减少多少？

解：

$$\text{每期租金 } A' = P\frac{i(1+i)^n}{(1+i)^n-1} = 698\,615\times\frac{3.5\%\times(1+3.5\%)^4}{(1+3.5\%)^4-1} = 190\,198.73\text{（元）}$$

$$\text{租金总额} = nA' = 4\times 190\,198.73 = 760\,794.92\text{（元）}$$

$$\text{损失的租金} = \Delta A = 788\,069.88 - 760\,794.92 = 27\,274.96\text{（元）}$$

由此可以看出，出租人在计算所定损失金时，不能以原有租赁利率为计算所定损失金的折现率，尤其是在借款利率有下降趋势的时候。即使租赁利率不下降，以原有租赁利率作为计算所定损失金的折现率，也只能使出租人收回成本而没有任何收益。并且对于将收回的所定损失金到再次租赁期间内的利息费用损失也无补偿。

所以出租人在租赁合同中计算所定损失金时所使用的折现率要考虑两个因素，一是在合同中止后的期间内，出租人的利益应予以保证；二是要考虑市场规律性利率下降的风险。计算所定损失金所用的折现率应低于原租金计算中的租赁利率。

四、拓展学习

1. 我国融资租赁业的产生和发展

中国现代租赁业起步于 20 世纪 80 年代初。经过 40 多年的发展，我国租赁企业数量整体保持快速增长，但自 2018 年以来增速明显放缓；截至 2019 年 9 月末，全国租赁企业总数约为 12 073 家，其中金融租赁公司 70 家，内资融资租赁企业 399 家，外资融资租赁企业 11 604 家。

（1）初创期：1981—1986 年。

中国的融资租赁是在改革开放之初，从国外引进的。1980 年年初，中国国际信托投资公司（以下简称中信公司）试办了第一批融资租赁业务，并取得了良好的经济效益。1981 年 4 月，中信公司和日本东方租赁公司合资组建了中国第一家中外合资租赁公司——中国东方租赁有限公司，同年 7 月与内资机构合作成立了中国第一家金融租赁公司——中国租赁有限公司，这两家融资租赁公司的成立标志着我国融资租赁业的创立和现代租赁体制的建立。

（2）快速发展期：1987—1996 年。

我国融资租赁业发展起步的阶段。财务、税收、海关、工商、外贸和外汇管理等有关部门陆续制定了鼓励融资租赁业发展的政策法规，融资租赁业在 20 世纪 80 年代中后期得到了快速发展。1994—1995 年，国内共成立了 5 家租赁公司，业务总量急剧扩张。至 1996 年年底，行业总资本达到近 140 亿元人民币，但全部租赁公司注册资本只有 6 亿多元人民币（加上 500 万美元），资本充足率严重不足。

（3）风险全面爆发期：1997—2000 年。

受东亚金融危机的影响，在汇率大幅调整、风险管理工具匮乏、管理疏松等因素的共同作用下，隐患全面爆发。1997 年，由于资不抵债，广东国际租赁公司、海南国际租赁公司和武汉租赁公司相继倒闭；2000 年，中国华阳金融租赁有限公司宣布破产倒闭。

（4）制度重建期：2001—2006 年。

2001 年，融资租赁的四大支柱——法律、会计、监管和税收等制度建设开始全面启动。《企业会计准则——租赁》于 2001 年 1 月 1 日生效，后修改为《企业会计准则第 21 号——租赁》，并于 2006 年 2 月 15 日生效实施；2006 年 6 月 30 日，中国人民银行发布《金融租赁公司管理办法》；2005 年之后两年多的时间里，金融监管部门针对融资租赁业进行二次清理行动。

（5）中国租赁业的新时代：2007—2014 年。

2007 年 1 月 23 日，中国银监会重新修定《金融租赁公司管理办法》，允许国内商业银行介入金融租赁业。随后，行业税收政策和监管体制的补建进程也加快推进。2007 年 11 月始到 2009 年年底，国内成立银行系金融租赁公司的银行包括工行、建行、交行、民生、招行、国开行，打破了中国租赁业发展的资金瓶颈，改善了租赁市场的发展环境。

（6）“新常态”下的中国租赁业：2014 年至今。

2014 年 3 月 13 日，中国银监会发布新版的《金融租赁公司管理办法》。中国经济步入新常态，经济增速将从高速增长转为中高速增长。经济降速并不必然意味着融资租赁业的发展会降速。事实上，支持融资租赁业发展的原有驱动力依然存在。例如，在我国政府和企业负债率高的背景下，融资租赁能够避免一次性大额投资带来的过大资金压力这一优点将更具吸引力。此外，新形势还带来一些新的发展动力。例如，随着“一带一路”倡议的实施，企业“走出去”力度不断加大，通过融资租赁带动设备出口的需求也不断增大等。经济新常态不仅意味着增长速度的换挡，更意味着新的增长驱动力和好的发展质量。鉴于此，我国融资租赁业应主要朝着拓展业务领域、深化非融资功能和加强制度建设三个方向发展。

2. 我国融资租赁行业现状

随着融资租赁行业规模的扩大，各类融资租赁企业间竞争日趋激烈，国内优秀的融资租赁企业愈来愈重视对行业市场的研究，特别是对企业发展环境和客户需求趋势变化的深入研究。正因为如此，一大批国内优秀的融资租赁企业迅速崛起，逐渐成为融资租赁行业中的翘楚。融资租赁是现代化大生产条件下产生的实物信用与银行信用相结合的新型金融服务形式，是集金融、贸易、服务为一体的跨领域、跨部门的交叉行业。大力推进融资租赁业发展，有利于转变经济发展方式，促进第二、三产业融合发展，对于加快商品流通、扩大内需、促进技术更新、缓解中小企业融资困难、提高资源配置效率等方面发挥着重要作用。积极发展融资租赁业，是我国现代经济发展的必然选择。中国融资租赁行业才刚起步，发展空间较大。未来，中国将面临从粗放型经济发展模式向集约型经济发展模式的转变，新兴行业和装备制造业正迅速发展，传统产业正待升级，这势必会加大对高端设备的需求；同时，民生工程如保障房建设、中西部基础设施建设稳步开展，相关的固定资产投资和新增设备投资需求也将持续增长，这些都为中国融资租赁业带来了极大的发展机遇和空间。

未来，融资租赁在我国经济发展中的作用和地位将越来越重要，融资租赁业在中国经济中的分量将越来越大。随着中国经济的持续发展，依托越来越强大的中国实体经济，未来融资租赁业必将成为我国服务业中的主流业态。而随着经营水平和能力的不断提升，必将有租赁公司能够脱颖而出，跻身中国乃至世界一流企业行列。

3. 我国融资租赁业存在的问题

中国融资租赁业发展中存在许多问题，主要表现如下。

（1）融资租赁交易规模小，租赁渗透率低，与经济发达国家存在较大差距。

（2）融资租赁基本上是企业筹资的方式，资产管理功能和促销功能远远未能发挥作用。

（3）部分租赁公司资产质量恶化，资金周转困难，经营难以为继。

（4）业务模式单一，亟需专业化转型。资本消耗加速、业务同质化严重、集中扎堆特定行业、同业竞争加剧等，在经历了初期简单求生存、求规模的粗放型发展之后，这些问题让中国融资租赁业正逐步转向求效益、求特色的精细化管理，着力进行专业化转型。

（5）融资渠道单一。融资租赁公司的资金来源绝大部分是银行短期贷款，而融资租赁业务大都是中长期业务，银行短期贷款与租赁业务期限存在不匹配，给融资租赁公司留下了很大的流动性风险隐患。为了降低流动性风险，融资租赁公司应该尝试拓宽融资渠道。

虽然我国融资租赁业在发展中遇到了许多问题，但是融资租赁在我国仍然有广阔的发展前景。

（1）在生产领域，运用融资租赁可以扩大实质性投资，带动就业增长，加速企业的技术改造和设备的更新换代，推动高新技术和设备的使用。

（2）在流通领域，运用融资租赁可以改变原来的生产、运输、销售等部门相互分割的传统流通方式，建立产供销一条龙的生产营销体系，促进国产设备的销售，扩大国产设备的市场占有率。

（3）在金融领域，运用融资租赁可以改变单一的贷款融资方式，改善银行资产结构，降低经营风险，扩大中小企业融资规模。

（4）在财政领域，融资租赁与财政政策相互配合，可以改变原有的财政投入方式，充分发挥财政资金的杠杆作用。

（5）在国有资产管理领域，运用融资租赁可以减少固定资产占有，提高资金流动性，盘活国有资产。

五、评价反馈（见表 3-12）

表 3-12　自评与反馈

序号	评价项目	评价标准	分值	得分
1	租金的构成要素	能正确理解工程机械设备租赁的构成要素及各部分之间的关系	10	
2	设备租金的计算方法	能正确对不同情境下的工程机械设备租金进行计算	30	
3	工作态度	态度端正、无无故缺勤、迟到、早退现象	10	
4	工作质量	能正确理解工程机械管理中安全、环保要求，按计划完成工作任务	10	
5	协调能力	与小组成员、同学之间能合作交流，协调工作	10	
6	职业素质	能做到安全生产，文明施工，保护环境，爱护公共设施	10	
7	知识拓展	能查阅文献，深入学习相关知识	10	
8	创新意识	能针对具体管理案例，运用新知识思考可能的创新点	10	
合计			100	

六、课后巩固

（1）某设备起租日的公允价值为 50 万，预计使用寿命 6 年，租期 4 年，租金每季度末偿付一次，每期租金 3.5 万元，年利率 12%，该合同为________租赁合同。

（2）某企业借入一笔 300 万贷款，10 年期，年利率 12%，每年末等额偿付，每年应偿付金额为________元。

（3）承租人融资租赁一条生产线，其购置成本为 100 万元，5 年还清，设定固定交易利率为 8%，则每年末支付的等额租金是________万元。

（4）同一台设备进行融资租赁，年利率 8%，半年还款一次，3 年还清，甲方案每期期初还款 20 万元，乙方案每期期末还款 22 万元，则________方案更划算。

情境三任务三数字资源

任务四　租赁营销策略确定

充分拓展客户资源，并能够根据客户需求设计合理的租赁方案并将其成功推销给客户，是工程机械融资租赁公司顺利开展经营的条件，此外融资租赁公司的盈利模式及其完备的定价体系，是融资租赁公司做大做强并获得进一步发展的基础。

一、任务描述

掌握工程机械整机销售流程，工程机械零备件销售管理模式。

二、任务要求

在本学习任务完成过程中，你应该努力做到正确分析客户需求，设计并推销租赁方案。

三、任务实施

将学生按特定数量分组，明确每组的工作任务，并填写分组任务表（见表 3-13），每组任务可以一样也可以有差异性，视任务大小而定。

表 3-13　学生分组任务情况表

组别	工作任务	备注
1		
2		
3		
4		
5		
6		

【问题引导 1】

如何发现租赁用户需求?

____

____

【学习提示】

1. 客户需求按承租人的主观愿望分类

（1）我需要租赁——多为中小企业、新建企业等低端客户的资金需求。

此时不要盲目推销租赁方案，先要了解企业的运作方式和经营状况，为其提供与其资产和现实的偿还能力相适应的融资租赁方案，促进企业稳步发展。

（2）我希望租赁——多为高端客户。

主要需求因素分为

① 税收好处推动型，客户多为盈利大户。可为客户设计不同的租赁方案和租金递减的租金偿还方式。

② 现金流推动型，客户多为服务运营商、加工服务企业和制造业。可为客户设计与其匹配的租金支付方案、租赁销售方案。

③ 财务报告推动型，客户多为上市公司、跨国公司。可为客户提供表外融资、改善财务比率、租赁债券与经营租赁相结合、信托与融资租赁相结合的租赁方案。

④ 技术进步推动型，客户多为高科技企业，信息管理设备为主要的租赁物。可为客户提供捆绑服务的经营租赁方案。

⑤ 服务推动型，客户多为建筑施工企业、金融机构、政府采购部门等。为客户服务一定要缩短反应时间，可以为客户提供经营租赁、出售回租等租赁方案。客户需求分析如图 3-7 所示。

2. 从财务分析和考察中发现客户需求

融资租赁营销与传统的设备销售最大不同点在于为客户设计融资方案。而要做融资方案的设计就必须了解和分析客户的财务报表，从中找出租赁营销的切入点。例如：

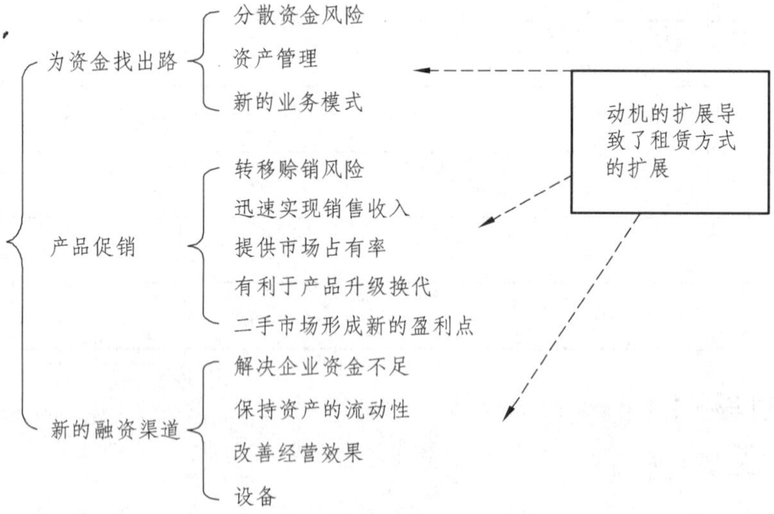

图 3-7　客户需求分析

（1）看资产负债率，推销表外融资方案；

（2）看现金流，推销通过租赁改善现金流管理方案；

（3）看股东回报，推销改变收益率方案；
（4）看税收，推销租赁平衡税负方案；
（5）看存款、存货，推销委托理财、委托租赁方案；
（6）看应收债权，推销应收债权转租赁方案；
（7）看应付债务，推销应付债务转租赁债务方案；
（8）看销售额与生产能力的差距，推销租赁营销方案；
（9）了解投资并购需求，推销可转换租赁债或租赁投资组合；
（10）了解改制需求，推销 MBO 收购租赁融资和人员剥离资产租赁方案；
（11）了解发债需求，推销金融租赁债券与经营租赁相结合方案；
（12）了解企业核心资产和资金运用，推销非核心资产转租赁资产方案；
（13）了解企业经营运营特点和技改需求，推销设备租赁方案。

3. 如何面对承租人的反对意见

（1）“我不缺钱”——现金应该作为中长期股本或不动产投资，要注意现金的机会成本是很高的。

（2）“租赁总是贵的”——客户是否可以得到银行贷款，引导客户说出希望租赁的真实原因。宣传租赁的差异化服务。我们要会对不同的融资方案做现值分析，帮助客户做出租赁决策。

（3）“租赁公司能做，我银行就可以做了”——银行的长期贷款比例太高，抵押贷款锁定风险的程度不如租赁资产，银行信贷不能满足客户租金进成本、加速折旧、表外融资、回避资产陈旧风险等要求。

【问题引导 2】

如何制定融资租赁营销策略？

____

____

【学习提示】

在客户尚不了解租赁的会计和税收处理的情况下，简单租赁报价往往造成交易失败、客户流失。根据承租企业的担心和顾虑，有针对性地宣传融资租赁的功能，根据客户经营特点、经营软肋，宣传融资租赁好处，介绍租赁的会计和税务处理，介绍业务流程，讲解融资租赁合同，同时分析判断客户偿债能力，设计合理的租金偿还方案，并设计实施融资方案及开展风险控制工作。

1. 租赁营销方案设计原则

（1）优势互补、合理共赢。

融资租赁公司的优势在于独立负债以及租赁的服务和管理的专业知识。银行和资金提供人的优势在于资金、厂家的优势，有销售网络、售后服务及设备回收利用和再制造的能力。三方一定要在合作中发挥各自优势，实现优势互补、分散风险、实现共赢。

三方合作中，制造商至关重要。银行和融资租赁公司为客户提供融资租赁服务，使企业立即实现货款回流，这是最大的好处。当租赁公司由于不同的融资结构导致融资成本对客户不具备吸引力时，制造商必须在设备的流通中与租赁公司共享利润。

客户的偿债能力不足，回收设备有风险时，制造商一定要充分发掘自己的设备回收再制造能力，延伸经营服务链条，为融资租赁公司或银行提供回购承诺。设备余值对银行和没有专业能力的融资租赁公司是风险，对制造商来说，设备回收再制造应该是一个新的利润再生和增长点。

（2）培育机构、网络经营。

① 培育和提高产业集中度是改善市场信用环境，维护市场竞争秩序、控制经营风险的重要措施。

② 银行和没有专业能力的融资租赁公司一定要与厂家的营销体系或者有一定经营规模和客户群体的专业设备出租服务公司合作，充分利用厂商营销体系和专业租赁公司的专业能力、控制客户的优势，分散和控制营销中的风险。

③ 融资租赁公司与厂商合作就给自己带来了客户、带来了市场。厂商的销售机构和专业的出租服务公司依靠自己的售后服务系统、厂商的专业能力，可以开展租赁资产的回购、维修、再租赁和销售，锁定租赁风险，获取租赁资产增值利润。

（3）机构合作、模式创新。

① 没有疲软的市场，市场风险带来商机，客户需求创造产品。市场要靠厂商和融资租赁公司的新产品和新的服务模式来培育和引导。

② 一个企业在不同的发展阶段会有不同的融资需求，企业的一个大型项目、大型装备的资金需求又往往不是一种融资方式、一个融资机构租赁公司能予以满足或承担的。

③ 在为客户服务的过程中，融资租赁公司要与银行、保险、信托、产业基金等机构建立合作关系，根据客户的不同发展时期的不同融资需求，在融资结构、风险防范、信用担保、融资期限、产品组合上不断创新，设计新的业务模式和业务流程。在满足客户需求的基础上，追求经营利益的最大化。

2. 租赁营销策略

（1）提高素质、团队营销。

① 租赁营销不但是产品的营销，更是智力营销、品牌营销和服务营销。厂家和租赁公司的客户经理不仅要懂产品、懂直接销售、懂租赁销售，还要了解融资租赁的法律、融资租赁的会计和税收，会宣传租赁优势，发现客户需求，设计租赁方案。加强租赁营销人员的业务素质非常重要。

② 厂家营销体系、租赁公司的后台管理是客户经理、营销团队的支撑体系。租赁公司的产品研发、培训部门要为客户经理提供统一规范的产品介绍和服务介绍，要根据市场变化和客户需求开展业务培训。

③ 厂商所属的融资租赁公司一定要与厂商的售后服务部门、配件供应部门建立密切的合作关系。

（2）九大营销策略。

① 知识营销：让用户在消费的同时学到法律、会计、税收、金融方面的新知识，通过有效的知识传播方法和途径，将企业所拥有的对用户有价值的知识（包括产品知识、

专业研究成果、经营理念、管理思想以及优秀的企业文化等）传递给潜在用户，并逐渐形成对企业品牌和产品的认知，将潜在用户最终转化为用户的过程和各种营销行为。

② 团队营销：在公关、需求分析、方案设计方面强调营销手段的整体性和营销主体的整体性，尽量为最终消费者创造最大的让利价值，使最终消费者满意最大化，使企业从中获得长远发展和长期利润。

③ 定位营销：在客户、行业、区域定位方面通过发现顾客不同的需求，合理定位，并不断地满足它的过程。定位营销的实质是消费者、市场、产品、价格以及广告诉求的重新细分与定位。

④ 服务营销：在充分认识企业需求的前提下，为充分满足企业需求，在营销过程中所采取的一系列依靠专业能力、全面服务企业的活动。

⑤ 组合营销：强调以产品组合、期限、退出机制的“组合”为途径来实现企业的目标。

⑥ 机构营销：培育机构，网络经营。

⑦ 优势营销：选准定位，发挥优势。

⑧ 平台营销：独立负债，外包服务。利用网络品牌推广和电子商务平台，它是以企业营销为目标进行站点规划，具有良好的搜索引擎表现和用户体验，能够有机利用多种手段主动寻找目标客户并将访客转化为顾客的网站。构建营销型网站，是以“营销”为核心目标进行网站规划和建设的。

⑨ 品牌营销：战略合作，形成品牌。通过市场营销使客户形成对企业品牌和产品的认知过程，企业要想不断获得和保持竞争优势，必须构建高品位的营销理念。最高级的营销不是建立庞大的营销网络，而是利用品牌符号，把无形的营销网络铺建到社会公众心里，把产品输送到消费者心里。使消费者选择消费时认可这个产品，投资商选择合作时认可这个企业。

（3）把握营销时机、掌握介入原则。

① 对有建设期风险项目的后介入原则。

对一些确实看好的项目，租赁公司应首先为企业做好财务顾问，帮助企业设计提高自有资金或资本金的可行方案，也可以采取出售回租的办法，帮助企业筹措新项目所需资金。企业应当在设备订货时尽量使用银行贷款或自有资金，设备交货或投产时，再通过出售回租的办法将自有资产或信贷资产转为租赁资产。

② 对财税调整需求项目的积极介入原则。

此类需求往往是规范的盈利企业，为了均衡税负，希望采用租赁方案。现实的还款能力及未来的收益只要和融资额相匹配，一般不会有太大的风险。

③ 对投资人节税投资项目的主动介入原则。

保险等投资机构通过委托杠杆经营租赁方式，拥有租赁资产，获取稳定的租金收益，并提取租赁资产折旧，消化应税额，锁定投资风险。租赁公司实际上是一个受托人，是一个提供操作平台服务的中介，风险很小。

④ 对战略客户的需求的全面介入原则。

战略客户都是行业中具有很强实力的大型企业。要发挥租赁的多种机制，服于客户的投资并购、融资、设备销售、均衡税负等多方面的需求。

⑤ 对服务运营商的跟踪介入原则。

跟踪运输、金融、医疗、电信、邮政等特许行业及供电、供水、供气、供油、有线传媒等具有区域垄断性质的行业，满足企业希望表外融资、支出与收益匹配的简单财务管理的需求。

⑥ 对制造和生产加工企业的融资需求的谨慎介入原则。

此类企业市场竞争激烈，租赁公司要像银行放贷一样谨慎。要特别关注市场和产品生命周期、投资资金流入的变化，要服务于品牌和行业龙头企业。

⑦ 对中小企业项目的机构优势互补介入原则。

⑧ 对金额大、期限长的项目的产品组合、机构合作介入原则。

四、拓展学习

为健全和完善金融租赁公司业务监管规制，规范金融租赁公司以项目公司形式开展融资租赁业务，强化风险防范，促进业务持续稳健发展，中国银保监会于 2022 年 1 月 8 日发布《金融租赁公司项目公司管理办法》(简称《办法》)，自印发之日起施行。

《办法》主要内容包括：一是明确《办法》的法律依据、项目公司定义及通过项目公司开展融资租赁交易的租赁物范围。金融租赁公司、金融租赁公司专业子公司（简称“专业子公司”）依照相关法律法规设立项目公司开展融资租赁业务适用《办法》。二是明确项目公司设立地点、设立资格条件、设立原则及业务范围。三是要求金融租赁公司、专业子公司遵循并表管理原则、穿透管理原则管理项目公司，建立健全管理制度及机制，实施全面风险管理。四是加强风险管理，明确项目公司对应关系、股权转受让、清算关闭、境外管理型项目公司职能、层级等具体要求。五是明确银行保险监督管理机构的监管责任，事项报告、监管指标、报表报送等监管要求，并可针对存在的问题和风险依据现行有关法律法规采取监管措施或实施处罚。

银保监会有关部门负责人表示，为加大自由贸易试验区、自由贸易港配套金融服务支持力度，金融租赁公司取得在境内保税地区设立项目公司开展融资租赁业务资格后，可以在境内保税地区、自由贸易试验区、自由贸易港等境内区域设立项目公司开展融资租赁业务。

在增强项目公司风险管理实施效果方面，该负责人强调，一是全面规范金融租赁公司、专业子公司通过项目公司形式开展的融资租赁业务，明确了专业子公司境外项目公司的相关监管要求。二是强化业务穿透管理和全面风险管理要求，强调金融租赁公司、专业子公司通过项目公司开展的融资租赁业务应当适用不低于直接开展业务的风险管理要求并纳入全面风险管理体系。三是从优化项目公司对应关系、层级设置等方面促进增强内生管理动力，积极防范风险。

（来源于《中国证券报》2022 年 1 月 8 日第 A03 版）

五、评价反馈（见表 3-14）

表 3-14 自评与反馈

序号	评价项目	评价标准	分值	得分
1	用户租赁需求分析	能正确理解并分析工程机械设备用户的租赁需求	20	
2	租赁营销策略	能正确理解工程机械零备件常见销售模式	20	
3	工作态度	态度端正、无无故缺勤、迟到、早退现象	10	
4	工作质量	能正确理解工程机械管理中安全、环保要求，按计划完成工作任务	10	
5	协调能力	与小组成员、同学之间能合作交流，协调工作	10	
6	职业素质	能做到安全生产，文明施工，保护环境，爱护公共设施	10	
7	知识拓展	能查阅文献，深入学习相关知识	10	
8	创新意识	能针对具体管理案例，运用新知识思考可能的创新点	10	
合计			100	

六、课后巩固

（1）对在建设期有风险的投资项目，融资租赁公司可采用__________介入的原则。

（2）租赁营销不但是产品的营销，更是智力营销、品牌营销和服务营销。(　　)

情境三任务四数字资源

任务五　融资租赁的风险管理

相比银行信贷业务，租赁业务涉及的业务链更长，参与其中的当事人也众多。在一项租赁交易中会涉及金融、贸易、运输、法律和保险等多个方面，任何一个环节出现问题都会对租赁交易构成重大影响。

一、任务描述

掌握工程机械融资租赁交易中的各种风险类型，了解如何对融资租赁交易中的各种风险进行有效防范。

二、任务要求

在本学习任务完成过程中，你应该努力做到以下几点：

（1）熟知工程机械融资租赁交易中的风险类型；

（2）能够对工程机械融资租赁交易中产生的风险进行防范

三、任务实施

将学生按特定数量分组，明确每组的工作任务，并填写分组任务表（见表 3-15），每组任务可以一样也可以有差异性，视任务大小而定。

表 3-15　学生分组任务情况表

组别	工作任务	备注
1		
2		
3		
4		
5		
6		

【问题引导 1】

在融资租赁或过程中可能会产生哪些风险？

____

____

【学习提示】

相对于银行信贷业务，租赁业务涉及的业务链条更长，参与其中的当事人亦众多。在一项租赁交易中会涉及金融、贸易、运输、法律和保险等多个方面，任何一个环节出现问题都会对整个租赁交易构成重大的影响。与其他金融业务相比，融资租赁业务所面临的风险具有如下特殊性：

（1）融资租赁业务具有投资额大、周期长、资产流动性弱的特点。

（2）由于融资租赁交易涉事方众多，所需签订合约较多，因而违约风险也会较大。

（3）租金计算中利率风险大。在租金计算中，承租人通常接受固定利率和固定租金的方法，因此利率风险主要转嫁给了出租人，一旦市场利率有较大变化，就会影响融资租赁公司的经营收益。

（4）对于一个知识密集型和资金密集型共存的产业来说，职员的个人行为和能力是影响租赁公司租赁风险的一个重要方面。

（5）租赁风险与产业周期关系紧密。选择优质的项目和具有发展前景的企业将有助于融资租赁公司长期的健康发展

总而言之，与其他金融交易相比，融资租赁业务具有投资额大、周期长、资产流动性弱、信用风险大、风险分散难以及与产业周期关联紧密等特点。具体而言，其将长期面临如下风险。

1. 信用风险

信用风险是指租赁三方当事人各自所承担的对他方的责任不能全部或部分按时履约的风险，又称违约风险。具体而言，在融资租赁中，租赁机构按照承租人的要求，自筹资金或者通过其他渠道融资，从供货商处买入承租人所指定的设备，交给承租人使用，而承租人则按照租赁合同，按期支付租金。在上述业务流程中，参与各方始终面临着交易对手不能按时履约的风险，而这种风险则分别体现在以下几方面：

（1）承租人违约。

融资租赁其实是将融资压力和部分经营风险转移给了租赁公司，而承租人仅仅是通过支付租金的方式来补偿租赁公司的损失。当内外部经营条件发生变化或者承租人经营不善导致资金周转不灵或者破产时，便会引发租金的延期支付或者无法偿付，从而给融资租赁机构带来损失。

（2）供货商违约。

业务操作中，承租人会在融资租赁合同中要求租赁机构保证所提供设备或者其他租赁物的质量、数量和包装等符合承租人所提出的要求，如有违反，则需要给予必要的赔偿。当供货商未能按照合同规定的时间发货、交货或者所发货物未能满足合同要求时，就会影响承租人的生产经营，进而间接地给租赁机构的租金收入带来损失。

（3）出租人违约。

出租人本身也可能发生违约，例如当出租人资金不足，未能按买卖合同条款如期开出信用证而造成供货商拒绝或推迟交货时，就会使承租人蒙受损失。

（4）供货商和承租人行为不当，引发信用风险。

此种情况的发生属于小概率事件，但出租人仍需加以防范。在供货商和租赁机构的供货合约中对供货商的追索条款有漏洞的前提下，供货商和承租人就存在事先设下圈套并向出租人索赔的动机。

除了上述发生在各交易主体之间的潜在风险外，各参与方内部也存在"代理成本"，即融资租赁企业内部管理人员与供货商/承租人相互勾结，牟取不当利益。

整体而言，信用风险是由于租赁市场内的信息不对称所造成的，对信用风险的规避只能通过对租赁各方的信用情况、经营情况和财务状况进行充分的收集和分析，才能做到知己知彼，最小化信用风险。

2. 市场风险

市场风险是指由于市场价格、市场需求以及科学技术的不断变化，使租赁设备经济寿命缩短，使预计的经济效益和残值收益不能实现的风险。

融资租赁业务始终和租赁物密切相关，在租赁物的识别、购买、价值认定、管理、运营包括租后管理、取回等一系列方面，对租赁业务人员都有非常专业的要求。当今科学技术不断进步，市场需求变化莫测，这些都必然会对租赁设备的实际盈利能力、承租方的实际收益和出租方租金的收取造成影响。对承租人来说，假设其采用融资租赁的方式，如果租赁期内设备受到技术冲击影响变得落后，承租人不能提前解约就会承担较大的技术风险；而对出租人来说，如果在设备还未租出或已租出但采用经营性租赁形式期间，相关技术一旦进步，则未出租的和承租人退回的设备将很难再租赁出去。因此，双方在签订租赁合同之前，要根据技术市场的行情及其发展趋势，进行租赁业务的测算，避免因为信息滞后导致产品需求低于预期而遭受损失。

3. 汇率与利率风险

在国际融资租赁业务中，汇率风险和利率风险也被统称为金融风险。

（1）汇率风险。

汇率风险是指与外汇收付有关的融资租赁业务，由于相关汇率的变动，使租赁公司外汇资金偿付成本提高，或者承租人以外汇支付的租金、偿付成本提高致使其无力履行融资租赁合同而形成的风险。

（2）利率风险。

融资租赁业的租金水平一般是固定不变的，如果租赁机构负债端的利率上升，资金成本必会随之增加，其业务收益就可能相应下降，进而出现损失。这也反映出市场利率水平变化的不确定性对融资租赁投资带来的风险。

4. 法律风险

法律风险是指金融法制还不健全，法律与法律之间、法律与政策之间经常出现不一致进而使出租人、承租人的权益得不到保护或不能稳定的风险。为了保障出租人的利益，实际中租赁企业多加强了事前对风险的防范，其中包括法律文书的合法性以及担保的设置等法律问题。

5. 政治风险

政治风险是指影响金融机构、企业正常活动的政治环境或政府采取出乎人们意料的影响金融机构和企业运作的行动所产生的风险，如政府在资本、产品、技术、市场等方面采取某些限制措施时所带来的风险。再比如，在国际业务中，司法部门可能出于外交等特殊政治原因，干预租赁企业的对外业务，进而影响企业正常经营计划。另外，动乱、战争、政变、民族冲突、政策变更等也会造成政治风险。政治风险一般包括三种类型：转移风险、所有权风险和企业运转风险。

6. 操作风险

租赁业务的操作风险主要是由于内部控制系统或清算系统失灵而导致的风险。这里所指的清算系统失灵可能是由于人为的失误，未能对突然变化做出及时反应，以及监管体系不完善等原因，也可能是由于计算机系统发生故障，工作或业务流程出现问题等原因。

除此之外，操作风险还包括外部环境风险，如火灾、地震、台风、龙卷风、暴雨、洪水、海啸、雪崩、泥石流等自然灾害所带来的风险。在实际中，对出租人来说，自然灾害风险通常出现在租赁设备运输的过程中；而对于承租人，自然灾害风险则主要出现在使用租赁设备期间。自然灾害风险一旦出现，对承租人和出租人双方造成的损失都是巨大的。

7. 流动性风险

流动性风险包括两个方面：一方面是资金的流动性，它直接关系到租赁公司的资金来源问题。随着我国利率市场化的推进，对负债端的管理也成为融资租赁企业重要的课题。另一方面是租赁资产的流动性，正如此前所言，一般租赁合同期限较长且租赁标的多为专属用途，因此其流动性普遍较差。而资产证券化的兴起有助于解决租赁资产流动性问题，也为租赁资产的退出提供了一条可行的路径。

【问题引导 2】

如何对融资租赁风险进行防范？

____

____

【学习提示】

融资租赁业务既具备一般经济行为的风险特征，也有其自身的特殊性，多种风险并存的现实就要求各方当事人善于分析风险的成因和规律，积极建立有效的风险防控机制，通过风险规避、风险预警、风险锁定和风险转移等方式，实现融资租赁业务平稳、健康发展。

首先，融资租赁业务中的有些风险是能够避免的，如采取用本币结算租金的方法、使用远期汇率或汇率调期的方法就可以在一定程度上避免汇率风险。对于一些可以预见并能加以管理及防范的风险，应纳入企业管理体系和业务流程。企业操作人员要严格按照业务流程执行。融资租赁大亨卡特彼勒的成功经验就是建立了六西格马管理体系，业务人员要严格按照规定的程序操作，不得越雷池半步。

其次，融资租赁各方应在租赁期间重视对内、外部各类风险的预判，并在预测的基础上建立预警机制。在预测的同时应加强对风险因素的关注，当出现风险爆发征兆时，及时采取措施防止风险恶化，化解风险，或者尽量减少风险所造成的损失。

此外，风险锁定则是一种有效止损措施。融资租赁业务中的有些风险是不可避免的，而且该类风险与收益成正比。但即使是不得不承担风险的租赁企业也要把损失锁定在能够承受的范围之内，否则企业将无法持续经营。在实践中，融资租赁企业可根据债权的质量将风险进行级别划分，在每个级别都要有限定的时间和有效的处理手段，例如财产保全、强制公证执行、申请承租人破产等，其目的就是层层把关以免损失进一步扩大。

最后，转移风险策略是指通过合法的交易方式和业务手段，将风险尽可能转嫁出去。风险转移的常见做法：担保，有担保的租赁融资把应由租赁公司承担的客户信用风险转嫁给担保人；保险，如租赁公司在进行租赁交易时要承租人对抵押物进行投保，将抵押物损失的风险转移到保险公司等。下面介绍几种具体风险的防范方法。

1. 对信用风险的管理

信用风险管理把“风险与收益的平衡”作为核心宗旨。在融资租赁业务中，由于承租人在几乎整个租赁设备的经济寿命期内享有物件的占有与使用权，以及设备的最终购买选择权，因此，出租人的租赁物所有权被极大地弱化，其主要功能在于取得税收优惠和作为租金债权的担保。所以，对融资租赁项目的事先评估以及对承租企业的连续监控显得尤为重要。租赁业务经理在受理业务之前，可以先对承租人进行信用评级，评估内容包括：履约能力、偿债能力、赢利能力、产品市场竞争地位和企业内部治理水平等；同时，出租人还可以设立抵押条款、担保条款、购买保险和采取必要的法律手段来降低信用风险损失。日本是较早推行租赁保险制度的国家，该国于 1970 年制定了《机械类租赁信用保险制度》，对具备条件的租赁公司经营的融资租赁业务进行了租赁信用保险。万一承租方破产，出租人不仅可以收回租赁物件，还可以从政府处获取相当未收回租金 50%的赔偿金。此举大大降低了租赁公司的信用风险，继而大大增强了出租人的展业积极性。

而对承租人来说，租赁设备前要对出租人的筹资能力、信誉进行细致详细的评估，以保证能按计划使用租赁物。特别是当出租人是国外的租赁公司时，本国企业更应通过各种渠道对出租人的信誉进行咨询、查证。当出租人要求预付定金时，承租人可就该项资金要求出租人开立可以接受的不可撤销的保函。

2. 对市场风险的管理

融资租赁业务不仅有融资的风险，还有融物的风险。租赁项目开始前，应对租赁设备的技术在国内外的现有水平以及未来的发展趋势进行细致的信息搜集和评估。对技术更新较快的设备，租期应该尽量短一些，设备的折旧计提可适当采用加速折旧法。如果租赁标的价格上涨幅度较大，也要对其折旧形式和残值进行相应的调整。还可间接控制物权，提高保障力度。合同法规定，租赁资产的所有权归出租人，不属于承租人企业的破产财产。企业不能按期支付租金时，出租人有权回收租赁物。租赁物回收后可以继续出租或销售处置，出租或销售所得全部归出租人所有。

3. 对汇率与利率风险的管理

在开展国际租赁业务时，可采取如下措施管理汇率风险。

（1）选择流动性好、可自由兑换货币中的强势货币，如美元、英镑等。

（2）采用同种货币进行结算，即融资租赁公司要求承租人选用同一种货币进行结算。这样可以避免在不同币种间的外汇兑换可能造成的损失。

（3）采用外汇保值条款，即当两个币种的汇价波动在一定范围之内时，原定租赁标的的交易价格维持不变；而当汇价波动超过预设范围时，则按照某种事先约定的方法进行调整。可以利用远期外汇买卖或者期权等衍生工具管理外汇风险。需要留意的是，选择金融衍生品对外汇风险进行管理时，需要公司决策层对国际金融市场变动趋势有深刻的理解和精准的把握。

（4）针对利率风险，租赁企业在筹集资金的过程中就要注重匹配资产负债表两端利率（租金率）的计算方式，即应该尽量做到使其负债端的利率协定方式（浮动或是固定）与资产端的利率变动方式相匹配，进而有效对冲利率风险。如果租赁合同中规定租金计算采用浮动利率，那么出租人在借款时就应该优先采用相同的浮动利率。对于以固定利率为基础的租赁合同，出租人在负债端也应该匹配以固定利率借款。如果出租人对利率走势有较强的预判能力，在利率处于下降（上升）趋势时，在筹资时可以更多采用浮动（固定）利率，而在签订租赁合同时则采取固定（浮动）利率。此举实质上是通过加大利率风险敞口以博取超额收益。

4. 对法律风险的管理

对于出租人可能承担的所有权风险，除了依靠立法来规范融资租赁合同的条款内容外，出租人也应该在日常经营中积极加以防范。首先，出租人应当与承租人订立全面的融资租赁合同。合同中可以对承租人的无权处分行为的责任进行约定，其中，可通过约定违约金或赔偿损失的方式确定承租人无权处分租赁物所要承担的责任。另外可以在合同中约定承租人有义务配合、协助出租人在租赁物表面做出能够表明租赁物权属的标记并有义务维护租赁物上的所有权标识。其次，租赁期内在不影响承租人正常生产经营的前提下，出租人有权定期检查租赁物的状态以及所有权标识的贴附情况，承租人应当配合出租人检查租赁物的合理要求。虽然定期检查、贴附标识这些行为可能会增加出租人的成本，但比照后期或有的损失，这些前期投入都是值得的，防患于未然，更能保障租赁企业的合法权益。

5. 对政治风险的管理

政治风险是由于政局的突变或政府宏观调控政策的超预期调整等直接影响企业的正常运转，从而给租赁各方带来的风险。租赁交易前，租赁各方应对租赁交易对象所在国的社会制度、政治局势、劳资关系等进行全方位的了解，避免与当地政治局势不稳定、信用体系薄弱的国家或地区的企业进行交易。

6. 对自然灾害风险的管理

自然灾害风险的管理与防范要求租赁当事人尽量避免在自然灾害多发的季节或地点运输或使用租赁设备；当然在预防此类突发风险时，由于这类风险是可保风险，因此可以向保险公司投保。出租人可以自己向保险公司投保，将租赁设备的不确定性损失化为固定的费用开支，并将保费一并计入租金；也可以由承租人直接向保险公司投保，支付保费。当设备在自然灾害中受到损害时，投保人就可凭借保单向保险公司索赔。

四、拓展学习

1. 工程机械设备投保险种

（1）工程机械设备综合险是指转嫁工程机械在工地上，因为火灾、洪水、暴雨、泥石流、滑坡、地陷、岩体坠落、碰撞、倾覆等灾害事故，造成的工程机械本身的财产损失和施救费用的风险。其功能相当于车辆保险中的车损险。

（2）第三者责任险是指在保险期间内，工程机械设备在保险单载明的区域范围内，由于被保险人或其允许的工程机械设备操作人员的疏忽或过失造成第三者人身伤亡或财产的直接损毁，依法应由被保险人承担的赔偿责任，转嫁给保险公司负责赔偿。

（3）操作人员责任险是指在保险期间内，工程机械设备在保险单载明的区域范围内，在使用过程中因自身电器、线路、油路、供油系统、供气系统发生故障及运载货物自身原因起火燃烧，造成保险标的的损失，以及被保险人在发生本保险事故时，为减少保险标的的损失所支出的必要合理的施救费用，由保险公司负责赔偿。

（4）整机盗抢险是指由于外来的且有明显作案痕迹，并经公安部门证明确系盗窃或抢劫行为造成保险标的的整机（台）损失，由保险公司按照合同的约定负责赔偿。

2. 赔偿处理

（1）事故发生后，工程机械业主或相关人员须在 24 小时内向保险公司报案。

（2）全部险种均实行统一的免赔率，为 10%。

五、评价反馈（见表 3-16）

表 3-16　自评与反馈

序号	评价项目	评价标准	分值	得分
1	融资租赁交易过程中面临的风险类型	能正确理解工程机械融资租赁交易过程中所面临的风险类型	20	
2	如何防范融资租赁风险	能正确理解对工程机械融资租赁交易时产生的各种风险进行有效防范的方法	20	
3	工作态度	态度端正、无无故缺勤、迟到、早退现象	10	
4	工作质量	能正确理解工程机械管理中安全、环保要求，按计划完成工作任务	10	
5	协调能力	与小组成员、同学之间能合作交流，协调工作	10	
6	职业素质	能做到安全生产，文明施工，保护环境，爱护公共设施	10	
7	知识拓展	能查阅文献，深入学习相关知识	10	
8	创新意识	能针对具体管理案例，运用新知识思考可能的创新点	10	
合计			100	

六、课后巩固

（1）融资租赁业务中常见信用风险包括________、________、________、________。

（2）对技术更新较快的设备，租赁期应该尽量长一些。(　　　)

情境三任务五数字资源

学习情境四 工程机械使用与备件油料管理

学习目标

通过本情境的学习，你应该能够掌握以下知识：

（1）机械设备合理使用的标志、机械配套、备件储备品种的原则和方法、备件库存管理的内容、备件库组织形式与要求；

（2）机械安全操作规则、机械施工操作规程、施工组织设计与机械合理使用的关系、机械需要量计划、备件的 ABC 管理、备件库存资金的核算；

（3）机械使用制度、备件技术资料的内容、备件的储备形式、备件的储备定额、机械常用油料的管理方法。

通过本情境的学习，你应该能够具备以下能力：

（1）按照机械化施工操作规程安全操作机械；

（2）进行备件管理操作。

任务一 工程机械使用合理性评价

一、任务描述

掌握工程机械使用合理性评价的内容和要求，能对评价指标进行合理分析。

二、任务要求

在本学习任务完成过程中，你应该做到以下几点：

（1）正确说出机械设备使用制度的内容和要求；

（2）正确说出机械安全操作规则的具体规定，并熟悉特殊作业环境下的有关规定；

（3）正确判定工程机械合理使用的标志；

（4）正确理解施工组织设计与机械合理使用的关系。

三、任务实施

将学生按特定数量分组，明确每组的工作任务，并填写分组任务表（见表 4-1），每组任务可以一样也可以有差异性，视任务大小而定。

表 4-1　学生分组任务情况表

组别	工作任务	备注
1		
2		
3		
4		
5		
6		

【问题引导 1】

工程机械使用制度与操作规程有哪些具体要求?

____

____

【学习提示】

1. 机械设备使用制度

（1）“三定”制度。

机械设备的使用管理必须贯彻“管用结合”“人机固定”的原则，实行定人、定机、定岗位责任的“三定”制度。“三定”制度的实施，首先要保持人机关系在较长时间内的稳定性，有利于增强操作人员的责任心。职责明确可以促使操作人员主动钻研技术，提高操作水平，减少故障和机械事故的发生，延长机械使用寿命，提高设备完好率。

对多人操作、多班作业的机械设备，应选定一人为机长，建立机长责任制。机长选定后，由上级机械管理部门任命，要保持相对稳定，不要轻易变动。

岗位责任制还需要与经济责任制结合起来，实行单机和机组经济核算制。目前采用的形式有“包机制”和“双包制”。“包机制”就是把机械设备的使用、管理和经济责任等，采用合同的形式由操作人员承包下来。在“包机制”的基础上，一种“双包制”又发展起来了，即由操作人员和养修人员共同作为责任方，签订“双包”合同。

（2）交接班制。

所谓交接班制，就是进行多班制作业时，班组或操作驾驶人员之间的工作交接制度。它是机械使用责任制的组成部分。机械设备多班作业时，为了互相了解情况，防止机械损坏和物件丢失，保证施工任务连续进行，必须履行交接班手续，即认真填写好施工机械运行日记表。当交班人与接班人需在施工机械运行日记表上签字，当各班人员不能见面时，应以交接班记事为凭。

交接班内容如下：机械使用时间、地点；每班作业时间、待工和检修时间；完成产量；安全情况；机械设备运转使用情况，如各种仪表指示是否正常、有无异响、渗漏；油料消耗；维护、小修情况和存在的问题等。

施工机械的运行日记，是机械设备使用的原始记录，应保存备查。机长应经常检查运行日记填写情况和交接班制度执行情况，并作为操作人员日常考核的依据。

（3）操作证制度。

为了促进工人学习技术的热情，考察和巩固技术培训的成果并保证设备的安全运行，企业应结合技术培训，实行技术考核及发放操作证制度，以便从组织措施上进一步保证机械设备的安全运行，有关内容如下：

① 凡是具有机动性或涉及作业安全性如高空、水下和升降作业等的机械设备，其驾驶和操作均应实行操作证制度。操作人员必须通过技术考核，取得操作证后方准单独驾驶或操作该种机械进行施工作业。技术考核应由公路局或公司（工程局）一级主管部门会同技术、教育、工会和安全等部门负责组织实施。

② 对操作证实行定期审验制度，应通过理论和实践培训考核的方式，对操作人员进行继续培训。考核合格者方可通过操作证的定期审验，定期审验视具体情况每 1 ~ 4 年进行一次。对发生机械事故的操作者，应根据情节轻重、责任大小，决定是否通过定期审验、是否收回当事人的操作证。

③ 为了培养一专多能型人才，鼓励一个人同时拥有几个机种的操作证。

2. 机械安全操作规则

（1）安全操作规则。

① 机械设备应按其技术性能要求正确使用，缺少安全装置或安全装置已失效的机械设备不得使用。

② 严禁拆除机械设备上的自动控制机构、力矩限制器等安全装置，严禁拆除监测、指示类仪表、报警及警示装置。上述装置的调试及维修应由专业人员负责。

③ 机械设备操作人员必须身体健康，新学员必须在师傅指导下进行操作，不准操作与操作证不相符的机械设备。

④ 机械作业时，操作人员不得擅离工作岗位，不准将机械设备交给非本机操作人员操作。严禁无关人员进入机械作业区和操作室内。工作时，思想要集中，严禁酒后操作。

⑤ 操作人员及配合作业人员在工作中必须按规定穿戴劳动保护用品，长发不得外露。高空作业时，必须系安全带。

⑥ 对于违反安全操作规程的指挥调度行为，操作人员有权拒绝执行；任何组织或个人不得强迫操作人员违章作业。

⑦ 机械设备必须按要求配备经公安消防部门鉴定合格的消防用品。

⑧ 机械设备应按机械设备保修规程的规定，按时进行维护，严禁机械设备带病运转或超负荷运转。

（2）特殊作业环境下的安全操作规则。

① 机械设备调运途中，应查明行驶路线上桥梁的承载能力及隧道、跨线桥的通行净空，确保机械设备安全通行。

② 机械设备在道路和公共场所作业时，应布置施工作业区，并设置施工警告标志；

夜间作业时，作业区内应有充足的照明。

③ 机械设备不得靠近架空输电线路作业，如限于现场条件，必须在线路近旁作业时，需采取安全保护措施。机械设备工作装置运动轨迹范围与架空导线的安全距离应符合有关规定。

④ 下挖工程中，施工作业区城内有地下电缆、光缆及其他管线时，应查明位置与走向，用明显记号标示，严禁在离上述管线 2 m 距离以内作业。施工前，应征得有关主管部门的同意并取得配合，方可施工。施工中，如发现有危险品、可疑物品或其他建筑设施时，应立即停止下挖，报请有关部门处理。

⑤ 在有碍机械设备安全及人身健康的场所作业时，机械设备应采取相应的安全措施。操作人员须配备适用的安全防护用具。

3. 机械施工操作规程

（1）作业前的准备规程。

① 在施工作业前，施工技术人员应向操作人员作施工任务及安全技术措施交底；操作人员应熟悉作业环境与施工条件，服从现场施工管理人员的调度指挥，遵守现场施工安全规则。

② 严格执行工作前的检查制度。需要检查的项目包括：机械设备作业场地周围有无妨碍工作的障碍物；油、水、电及其他保证机械设备正常运转的条件是否完好；安全和操纵机构是否正常可靠；指示仪表、指示灯显示是否正常可靠；油温、水温是否已达到正常使用温度等。

（2）工作中的操作规程。

① 严格按照机械设备使用说明书或相关的规定，按程序和要求启动、操作或驾驶设备。

② 严格执行工作中的观察制度。具体观察的内容包括：工作场地有无异常变化；机械指示仪表指示灯有无异常；工作操纵机构有无异常；工作质量是否符合工程技术要求等。

③ 配合作业的人员，应在机械设备回转半径之外工作。如需进入机械设备回转半径之内时，必须停止机械设备回转并可靠制动，机上、机下人员密切联系。

（3）作业后的操作规程。

① 严格按照机械设备使用说明书或相关的规定，按程序和要求关闭设备。

② 严格执行工作后的检查维护制度。具体内容包括：检查工作机械有无过热、松动或其他故障；按照保修规范或使用说明书的要求进行例行保养作业；做好次日或下一班的准备工作。

③ 机械设备在施工现场停放时，特别是在急弯、陡坡、视距不良等地段，必须注意停放地点的选择，注意交通安全，关闭驾驶室（操作室），并拉紧驻车制动器手柄。坡道上停机时，必须使用掩木或石块。夜间应有专人看管。

【问题引导 2】

如何对工程机械合理使用的标识进行判定？

【学习提示】

1. 机械设备合理使用的标志

施工机械使用管理的总目标是要达到合理使用的目的。合理使用主要有三个标志：高效率、经济性与无不正常损耗。

（1）高效率。

效率是指在单位时间（年、季、月或台班）内机械实际完成的产量与其生产能力（产量定额）的比值。该比值越大机械效率越高，它是衡量机械生产技术性能是否得以充分发挥的指标。在综合机械化组列中至少应使主要机械设备能够达到高效率。机械设备如果长时间处于一种低效率运行的状态，如大机小用、待工停机和返工等，就是不合理使用的主要表现。高效率与机械的合理配套、施工的合理组织等密切相关。

（2）经济性。

经济性的含义比高效率还要广一些。其衡量标准的基本含义是单位实物工程量的机械使用费或使用成本的高低，该值越低，经济性越好。机种、机型和机械配套因素（“三机”因素）是决定经济性的先天性因素；而决定经济性的后天性因素，则主要是指与施工组织相关联的机械效率因素。从理论上讲，对于一个具体的工程项目来说，当工程地质条件、工期、预算和工程技术标准，以及劳动组织、生产组织与合理使用材料及某种机械配合条件等因素一定时，总存在一个与之相对应的最为经济的“三机”组合方案。有时对于一个既定的工程项目，即使选用的机械设备或综合机械化组列已经达到了比较理想的效率指标，但其不一定符合经济性的要求。如所谓“小马拉大车”的情况，此时即使效率达到百分之百，也仍然达不到经济性的要求，而只能把它看成是效率的浪费，其原因便是“三机”的组合方案先天不足。

（3）无不正常损耗。

即使机械设备的操作、维护、维修、管理等都到位，也无法避免正常的磨损及损耗。但应该避免或杜绝不正常的损耗现象。所谓不正常损耗主要是指由于使用不当或缺乏应有措施而导致机械设备出现的早期磨损、过度磨损和事故损坏。不正常损耗是一种不合理使用现象。

以上便是考查或衡量施工机械设备是否做到合理使用的主要标志或条件。也只有在这三个条件全部满足以后才可以认为已经达到合理使用的较高水平，否则就不能认为其使用情况已完全合理。

综上所述，制约机械合理使用的因素众多，其中有施工组织设计方面的先天因素，也有施工过程的组织领导，以及各种技术服务措施等方面的后天因素。机械设备使用管理工作要求对所有这些因素都加以研究和分析。只有在施工组织设计阶段，选择最佳的施工方案和方法，选用好机种机型及其配套组合以及在现场施工过程中，领导有方，组织合理，指挥有效，再由技术熟练、责任心强的操作人员操纵驾驶机械，各方面的技术服务措施及实际运行工况符合规定的要求，最终才能全面地达到合理使用的目标。

2. 施工组织设计与机械合理使用的关系

我们把施工组织设计因素称为机械合理使用的先天性因素。如果先天性因素存在着失误或差错，那么在施工阶段无论怎样加强组织管理、精心操作，都无济于事，所以做好施工组织设计是达到机械设备合理使用的先决条件。

经济性与高效率是两个不同的概念，不可混为一谈。它们之间既有内在联系，也有区别。前者往往包含后者，而后者又往往是前者的基础和支持，两者不能相互代替。例如对一个工程量较大的土方工程而言，若采用为数众多的小型机械进行施工，即使在经济上是很不合理的，也并不妨碍机械效率的发挥。所以在研究施工组织设计与合理使用之间关系的时候，应首先进行施工方案的经济性计算或比较，然后在此基础上再研究高效运行的问题。

（1）机种因素对单位工程量成本的影响。

对于一些常用的机械设备，长期的实践及测算已积累丰富的经验资料，并且总结出一套公认的最佳经济运行条件。凭借这些资料，可不必逐项计算，就能基本上确定经济有效的施工方案，使单位工程量成本达到最低。例如能够承担土方挖、运、填工程的机械或机械组合形式有很多，推土机、铲运机、挖掘机、装载机和自卸车等都可作为选择对象。若不考虑经济运行条件，几乎每种机械都能广泛地用于各种场合；但若要追求经济性与机械效率，那么每种机械都各自有其适用的场合，都各有其要求的匹配关系。因此，要根据工程量的大小、工期限制、技术标准、工程性质、地形条件和自有、租赁机械配置情况等综合考虑才能选定。

例如，推土机的运距最大不要超过 100 m。若推运Ⅰ～Ⅱ级土壤，则 30～45 m 运距的生产效率最高，地面坡度以水平行驶及稍带下坡为宜，一般禁止上坡作业。另外，推土机的履带对 40～60 cm 厚的土层有较好的振动压实效果，所以又可以作为附带完成浅层碾压的工具。

再如采用铲运机作业，它可以独自完成土方的挖、装、运、卸及粗平压实任务，是一种效率很高的土方机械。运距为 100～2 000 m，其经济效果比使用推土机、装载机、挖掘机及自卸汽车都要好，尤其是在大面积的场地平整、道路建设等方面效率更为显著。据统计，美国全年的土方工程量，平均有 40%是用铲运机来完成的。但是铲运机又有自身限制的使用条件，首先要求土质最好是土壤或亚黏土，不太硬而又有一定的黏性，这样切下来的土可以成片、成卷地堆进铲斗里，充分利用了铲斗容积。太黏的土虽可装得很满，但不容易卸下来；没有黏性的纯砂，则铲不进去，使铲斗的利用率很低，这些都会影响铲运机效率的发挥。其次要有合适的地形及充分的回旋余地。最适宜的地形是起伏不大的丘陵地带，行驶坡度不大于 10°的地区。至于经济运距，则与铲斗容量有很大的关系，铲斗容量越大，经济运距也就越长。

对于工程量不大，使用推土机、铲运机不能发挥高效率的土方工程，可以选用小型轮胎式挖掘机或装载机加小吨位自卸汽车，则比较经济合理。

（2）机型因素对单位工程量成本的影响。

机型决定机械设备的生产能力，生产能力又对单位工程量成本产生影响。一般而言，如果某机种存在运距因素并符合其适用范围，则当工程量达到一定规模时，机械生产能力越大，它的单位工程量成本就越低。以 JTG/T 3832—2018《公路工程预算定额》中关于“自卸汽车配合挖掘机运土”为例，说明机型与单位工程量成本的关系，如表 4-2 所示。

表 4-2　自卸汽车配合挖掘机运土

工作内容：①等待装、运、卸；②空回　　单位：1 000 m^3 天然密实土

顺序号	项目	单位	代号	自卸汽车装载质量/t									
				6 以内		8 以内		10 以内		12 以内		15 以内	
				第 1 个 1 km	每增运 0.5 km	第 1 个 1 km	每增运 0.5 km	第 1 个 1 km	每增运 0.5 km	第 1 个 1 km	每增运 0.5 km	第 1 个 1 km	每增运 0.5 km
				1	2	3	4	5	6	7	8	9	10
1	6 t 以内自卸汽车	台班	8007013	11.19	1.44	—	—	—	—	—	—	—	—
2	8 t 以内自卸汽车	台班	8007014	—	—	8.25	1.15	—	—	—	—	—	—
3	10 t 以内自卸汽车	台班	8007015	—	—	—	—	6.82	0.83	—	—	—	—
4	12 t 以内自卸汽车	台班	8007016	—	—	—	—	—	—	5.96	0.72	—	—
5	15 t 以内自卸汽车	台班	8007017	—	—	—	—	—	—	—	—	5.01	0.58
6	基价	元	9999001	6 443	829	5 611	782	5 178	630	5 015	606	4 643	538

从表中可以看出，当运距为 1 km，自卸汽车完成 1 000 m^3 天然密实土的运输，装载质量为 10 t、12 t 和 15 t 以内自卸汽车的成本分别是 5.18 元/m^3、5.02 元/m^3 和 4.64 元/m^3。

（3）机械配套因素。

公路工程机械化施工，是由多种机械协同作业的，在同一工程中如何发挥多种作业机械的最大效率并产生良好的经济效益，是机务管理人员的重要研究课题之一。尤其是高等级公路机械化施工的机械配套，由于机械施工工艺和工程质量标准要求的提高，更需要有与之相适应的机械配套方法。根据施工条件，对施工机械进行优化选择和配套组合，使其发挥最佳效能，并取得良好的经济效益，是机械配套的主要目的。

四、拓展学习

如何经济、快速、高效、高质量地进行工程机械化施工工作，确保建设工程在使用寿命期内的良好性能，是管理者面临的重要工作。

为了在机械化施工中避免出现工期紧、结构不尽合理、施工管理或监理不严等问题而导致施工质量出现问题，为了提高公路的通行能力、承载能力，增强交通安全性和舒适性，必须对施工及维护机械设备进行合理优化和配置，并不断改进机械化作业方式，提高施工工艺水平，从而降低施工作业成本，提高施工作业质量和水平。

机械化施工设备是保证和提高工程施工质量、速度、效率、安全和工程服务水平的物质基础，合理的机械配置是缩短工期、延长使用寿命、充分发挥和提高其综合社会效益的重要保证。

1. 选择施工机械的一般原则

（1）适应性。施工机械的选择必须与工程的特点相符，应适合工程周边的环境、现场地质及作业内容，同时要考虑工程现场运距及工程要求的标准，从而有目的地选择机械设备自身的工作容量、施工效率等，避免出现机械的施工能力无法满足工程要求的现象。

（2）经济性。在机械设备的选择上要以施工单价为选择的重要依据。实际工作中施工单价与机械的磨损及使用费用密切相关，因此，在选择机械时要考虑机械的抗磨损度及其使用价格，综合考虑工程量、机械损耗之后选取合适的施工机械，以创造出最大的施工效益。

（3）安全性。工程施工的三要素包括施工质量、施工进度及施工安全，而安全作业是整个施工工程的基础，在施工管理过程中必须重视。因此在选择施工机械时，必须要衡量施工设备的安全性。

（4）通用性或专用性。通用性和专用性是既矛盾又统一的两个方面，也是在施工过程中必须重视的。通用性是指机械具备一机多用的功能；专用性是指机械的专一功能，具有效率高、施工质量好的特点。这两者在施工过程中要合理配合，才能发挥最大的效率。对于大型工程，用专用型机械来解决有特殊要求及施工量较大的工程，通用机械则可以优化安排，达到合理配合的目的。因此，在保障工程质量及进度的前提下，应充分考虑机械的通用性及专用性。

2. 配置方案评价体系

施工机械配置方案的合理性，可以从经济性、技术性、协调性及适应性四个方面进行评价，评价指标体系如图 4-1 所示。

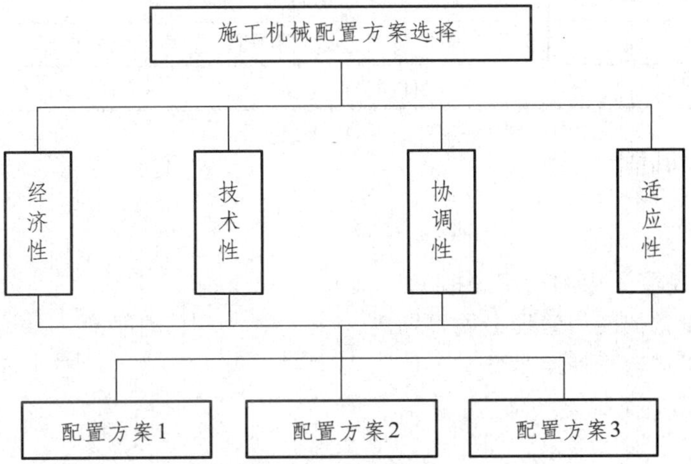

图 4-1　评价体系

对评价指标的分析，从以下方面进行：

（1）经济性。经济性指标是用来反映施工资源消耗的指标。主要包括：设备初投资，指机械化施工系统中各部分投资之和；年折旧费，主要考虑机群使用费用和固定资产消耗费，并考虑资金的时间价值；投资回收期，用来评价配置机群较人工作业的成本降低额和回收原始投资的能力。

（2）技术性。技术性主要是指各种机械设备在作业过程中能够达到的作业指标，用来反映机械配置方案的技术特征。主要包括：单位生产率，它描述了机械优劣和生产能力的大小；自动化程度，主要看辅助人力的多少；可靠性，主要看机械的故障率。

（3）协调性。协调性是指在确定机械化施工机群的型号种类和数量时，所有机械在全负荷和最佳工况时能保证相互协调。从时间上来说，它是指给定的时间周期内机械的使用强度，在出现故障时排除故障所损失的工作时间。

（4）适应性。适应性是指机械设备在各种环境和使用条件下的适应能力。在工程施工中，选择机械设备有多种考虑，根据机械的技术性能，针对各项施工工作的实际情况，可从施工质量要求、施工作业量、气象条件、施工内容和现场情况等，充分考虑施工机械的功能、定额、外形尺寸等，进行施工机械的合理选配。

五、评价反馈（见表 4-3）

表 4-3　自评与反馈

序号	评价项目	评价标准	分值	得分
1	工程机械使用制度与操作规程知识	能正确理解机械设备使用制度的内容和要求	30	
2	工程机械合理使用的标志判定知识	能正确对工程机械合理使用的标志进行判定	30	
3	工作态度	态度端正、无无故缺勤、迟到、早退现象	10	
4	协调能力	与小组成员、同学之间能合作交流，协调工作	10	
5	知识拓展	能查阅文献，深入学习相关知识	10	
6	创新意识	能针对具体案例，运用新知识思考可能的创新点	10	
合计			100	

六、课后巩固

1. 填　空

（1）“三定制度”中的三定是指（　　　）、（　　　）、（　　　）。

（2）机械设备的使用管理必须贯彻（　　　）、（　　　）的原则。

（3）施工机械合理使用主要有（　　　）、（　　　）、（　　　）共三个标志。

2. 判　断

（1）凡是具有机动性或涉及作业安全性如高空、水下和升降作业等的机械设备，其驾驶和操作均应实行操作证制度。（　）

（2）对操作证实行定期审验制度，应通过理论和实践培训考核的方式，对操作人员进行继续培训。（　）

（3）根据施工具体情况，可以拆除机械设备上的自动控制机构、力矩限制器等安全装置。（　）

（4）操作人员及配合作业人员在工作中必须按规定穿戴劳动保护用品。（　）

（5）机械设备在道路上和公共场所作业时，应布置施工作业区，并设置施工警告标志。（　）

3. 单　选

（1）下面不属于“三定”制度的是（　　）。

A. 定人　B. 定机　C. 定薪　D. 定岗位

（2）不需要取得特种作业操作证的工种是（　　）。

A. 高空作业　B. 起重作业　C. 电工作业　D. 装配作业

（3）不属于施工机械合理使用的是（　　）。

A. 高效率　B. 性价比　C. 经济性　D. 正常损耗

（4）不属于“三机”因素的有（　　）。

A. 机重　B. 机种　C. 机型　D. 机械配套

（5）（　　）的最大运距不应超过 100 m。

A. 装载机　B. 挖掘机　C. 推土机　D. 平地机

情境四任务一数字资源

任务二　编制工程机械需求计划

一、任务描述

掌握机械配套的基本要求和基本原则，清楚机械需要量计划编制的主要内容。

二、任务要求

在本学习任务完成过程中，你应该努力做到以下几点：

（1）正确说出机械配套的基本要求和基本原则的主要内容；

（2）正确表述编制工程机械需求计划的方法。

三、任务实施

将学生按特定数量分组，明确每组的工作任务，并填写分组任务表（见表4-4），每组任务可以一样也可以有差异性，视任务大小而定。

表4-4　学生分组任务情况表

组别	工作任务	备注
1		
2		
3		
4		
5		
6		

【问题引导1】

机械配套包含哪些主要内容？

____

____

【学习提示】

1. 机械配套的基本要求

（1）各机械的技术规格必须满足既定工程的技术标准要求。

（2）在工艺允许的条件下，尽可能采用大型机械，并保证为其安排足够的工程量。

（3）在工期限制条件下，机械的性能状态储备应满足施工的需要，特别应具有良好的可靠性。

2. 机械配套的基本原则

（1）选好既定工程的主导机械。所谓主导机械，是指在机械组合中起主要作用的机械。主导机械决定着施工方式方法、施工质量和进度，并且在很大程度上决定着机组生产效率的发挥，这是因为主导机械承担着施工过程中关键工序的施工任务。其他机械必须围绕主导机械进行配套，应把配套机械的生产能力略大于主导机械生产能力作为基本匹配原则。例如通常将自卸车车厢与挖掘机或装载机铲斗的容积比控制在 3～5 范围内进行匹配，便可以满足这一要求。

（2）减少配套机械的数量。配套机械的数量越多，机组的工作效率就越低。如果 A、B 两台机械的工作效率均为 0.9，则配套后的工作效率为 $0.9\times0.9=0.81$。从可靠性上看，如果配套机械中有一台发生故障，则整个工程就可能停工，而配套机械的数量越多，则停工的可能性就越大，可靠性就越低。因此，配套机械的数量，在满足工程正常施工的前提下，应尽可能地减少。

（3）各配套机械的工作能力尽量相匹配。在流水作业中，各机械的工作能力应保持平衡，如果工作能力互不匹配时，就会存在某些机械无法充分发挥其工作能力的问题。

（4）为避免因为一台机械因故障而停工时，机组作业全面停止，配套机械尽量有一定的储备，或组织平行作业法进行施工，以便在作业区、段间进行调配。

（5）在组织平行作业法进行施工时，可以考虑机型配套的系列化，生产能力大小搭配，以发挥不同规格机械的效率。在各机械组合、施工作业区或作业面之间进行调配，可以防止“大马拉小车”或“小马拉大车”的情况发生。

（6）同一工程应尽量使用相同品牌和型号的机械，以便于维护保养、修理和管理。

【问题引导 2】

机械需要量计划包含哪些基本内容？

____

____

【学习提示】

目前，公路建筑养护施工企业广泛推行项目管理，各项目经理部根据机械化施工组织设计确定的机种机型和机械数量（见表 4-5），需要在企业一级管理层面上进行机械资源的汇总、协调和配置。因此，机械部门或单位需要编制机械需要量计划，一般分为年、季、月度机械需要量计划，如表 4-6 所示。当自有机械不能满足需要时，还要编制租赁机械计划。

表 4-5　拟投入某工程的主要施工机械表

设备名称	规格型号	额定功率/kW 或容量/m^3 或吨位/t	厂牌及出厂日期	数量				新旧程度/%
				小计	其中			
					拥有	新购	租赁	
1								
2								
…								

表 4-6　主要施工机械需要量计划表

序号	设备名称	规格型号	最大需要量/台			使用时间（用横线标志起止时间、横线上标出台数）					
			拥有	租赁	小计	1 月	2 月	3 月	4 月	…	12 月
A1	挖掘机	PC220	1	1	2						
A2	挖掘机	CAT320	2	1	3						
…											
B1											
…											

四、拓展学习

某公路桥梁工程项目主要机械及材料资源配备计划的编制。

1. 机械设备配置依据

（1）施工机械安排：按照各分项的有效工期考虑设备配置数量。

（2）施工单位的设备配置方面要符合规定要求。

2. 机械设备进场计划

鉴于该工程工序较多，工期较短，为了合理配置机械设备，最大限度地提高其工作效率，机械设备计划主要考虑以挖掘机、装载机、压路机、自卸汽车、混凝土搅拌机、推土机、小型混凝土路面施工机械、发电机等为主；施工期间为了运输材料、运填土方以及小型运输机械还可以租用当地群众的运输车辆以增加群众的收入。

3. 配备机械设备应考虑的因素

（1）技术先进性：机械设备技术性能优越，生产率高。

（2）使用可靠性：机械设备在使用过程中能稳定地保持其应有的技术性能，安全可靠地运行。

（3）便于维修性：机械设备要便于检查、维护和修理。

（4）运行安全性：机械设备在使用过程中对施工安全的保障性能。

（5）经济实惠性：在满足技术要求和生产要求的基础上应选择最低费用的机械设备，可进一步降低工程成本。

（6）适应性：一种机械设备可适应不同工作条件及工作内容。

（7）此外应满足成套性、节能性、环保性、灵活性等要求。

根据上述因素及招标文件的有关内容及设计图纸，制定拟投入本工程的主要施工设备表（见表 4-7）。表里的内容和数量可根据工程的实际进展而随时做出合理的调整。

表 4-7 拟投入本工程的主要施工设备表

序号	设备名称	型号规格	数量	施工部位	备注
1	强制式搅拌设备	≥500 L	2	桥梁上部	
2	排式振动棒	PZD-500	2	桥梁上部	
3	振动梁	M252171	2	桥梁上部	
4	推土机	TY220	2	桥梁下部	
5	切缝机械	HLQ18	2	桥梁上部	
6	电焊机	BX-500	3	桥梁下部	
7	磨光机	G14DSL	2	桥梁上部	
8	钢筋切断机	GJ40	2	桥梁下部	
9	钻机	KZH13	4	桥梁下部	
10	自卸汽车	XGZ3140B	4	桥梁下部	
11	吊车	QY32C	2	桥梁上部	
12	钢模板	≥20 m^2	2	桥梁上部	
13	发电机	KY330	2	桥梁下部	
14	装载机	ZL50	2	桥梁下部	
15	挖掘机	≥1 m^3	2	桥梁下部	
16	水泥混凝土输送车	JCD6A	2	桥梁下部	
17	平地机	PY185	2	桥梁上部	
18	混凝土输送泵	≥60 m^3/h	2	桥梁上部	
19	摊铺机	≥6 m	2	桥梁上部	

五、评价反馈（见表 4-8）

表 4-8 自评与反馈

序号	评价项目	评价标准	分值	得分
1	工程机械配套知识	能正确理解工程机械配套的基本要求和基本原则	30	
2	机械需要量计划知识	能够说清楚机械需要量计划编制内容	30	
3	工作态度	态度端正、无无故缺勤、迟到、早退现象	10	
4	协调能力	与小组成员、同学之间能合作交流，协调工作	10	
5	知识拓展	能查阅文献，深入学习相关知识	10	
6	创新意识	能针对具体案例，运用新知识思考可能的创新点	10	
合计			100	

六、课后巩固

1. 填　空

（1）主导机械决定着施工方式方法、施工（　　）和（　　），并且在很大程度上决定着机组（　　）的发挥。

（2）在组织平行作业法进行施工时，可以考虑机型配套的（　　），生产能力大小搭配，以发挥不同规格机械的（　　）。

2. 判　断

（1）配套机械的数量越少，机组的工作效率就越低。（　）

（2）配套机械应该尽量有一定的储备。（　）

（3）同一工程应尽量避免使用相同品牌和型号的机械，以便于维护保养、修理和管理。（　）

3. 单　选

（1）机械需要量计划不包括（　　）计划。

A. 日　　B. 月　　C. 季　　D. 年

（2）应该以配套机械的生产能力（　　）主导机械生产能力作为基本匹配原则。

A. 等于　　B. 大于　　C. 小于　　D. 视实际情况

情境四任务二数字资源

任务三　工程机械备件仓库管理

一、任务描述

按照备件技术管理的要求，掌握备件技术资料的用途、备件储备品种的原则、备件的储备形式、备件储备量定额的计算。

二、任务要求

在本学习任务完成过程中，你应该努力做到以下几点：

（1）正确说出备件储备品种的原则和方法、备件库存管理的内容、备件库组织形式与要求；

（2）正确识别备件技术资料的内容、备件的储备形式、备件的储备定额。

三、任务实施

将学生按特定数量分组，明确每组的工作任务，并填写分组任务表（见表 4-9），每组任务可以一样也可以有差异性，视任务大小而定。

表 4-9　学生分组任务情况表

组别	工作任务	备注
1		
2		
3		
4		
5		
6		

【问题引导 1】

备件技术管理包含哪些内容?

____

____

【学习提示】

备件技术管理工作主要由备件技术人员完成，其工作内容为编制、积累备件管理的基础资料。通过这些资料的积累、补充和完善，可以掌握备件的需求，预测备件的消耗量，确定比较合理的备件储备定额、储备形式，为备件的生产、采购、库存管理提供科学、合理的依据。

1. 备件技术资料的内容

备件技术资料的内容如表 4-10 所示。

表 4-10　备件技术资料内容

类别	技术资料名称和内容	资料来源	备注
备件图册（维修图册）	机械备件零件图； 主要部件装配图； 传动系统图； 液压系统图； 轴承位置分布图； 电气系统图	（1）向制造厂索取； （2）自行测绘； （3）设备使用说明书中的易损件图或零件图； （4）向描图厂购买； （5）机械行业编制的备件图册； （6）向兄弟单位借用	（1）外来资料应与实物进行校核； （2）编制图册的图纸应在图纸适当位置标出原厂图号
备件卡片	机械备件卡（自制备件卡、外购备件卡）； 轴承卡； 液压元件卡； 皮带链条卡； 电气备件卡等	（1）备件图册； （2）设备使用说明书； （3）机械行业有关技术资料； （4）向兄弟单位借用； （5）自行测绘编制	
备件统计表	备件型号、规格统计表； 备件类别汇总表	（1）备件卡； （2）备件图册； （3）设备说明书； （4）同行业互相交流； （5）设备台账； （6）机械行业有关资料	

注：

（1）汇总表一般应按国家物资供应目录进行分类，如轴承（向心球轴承、向心球面球轴承、向心短四柱滚柱轴承等）、皮带、链条、皮碗油封液压元件（泵类阀类等）等统计汇总。

（2）关于备件卡：五个复杂系数以下的设备或不需要大修的设备可不编制备件卡；如果编制备件卡的设备占全部生产设备的比重较小，根据备件卡整理出的汇总表（主要指配套产品如轴承等）就不能正确反映备件拥有量，故要求在整理这些备件汇总表时，应考虑备件卡的设备数量要占应编设备台数（复杂系数）的 75%以上；各类备件卡和汇总表所列备件，应按顺序排列，以便查找。

2. 确定备件储备品种的原则和方法

（1）确定备件储备品种的原则。

确定备件品种是一项技术性和经济性很强的工作。确定的基本原则：从企业实际出发，满足设备维修需要，保证设备正常运转，减少库存资金。一般下列各类零件可列入备件储备范围内：

① 各种配套件，如滚动轴承、皮带、链条、皮碗油封、液压元件和电气元件等。

② 设备说明书中所列出的易损件。

③ 传递主要负载而自身又较薄弱的零件，如小齿轮、联轴器等。

④ 经常摩擦而损耗较大的零件，如摩擦片、滑动轴承、传动丝杆副等。

⑤ 保持设备主要精度的重要运动零件，如主轴、高精度齿轮和丝杆副、蜗轮副等。

⑥ 受冲击负荷或反复荷载的零件，如曲轴、锤头、锤杆等。

⑦ 制造工序多、工艺复杂、加工困难、生产周期长、需要外单位协作或制造的复杂零件。

⑧ 因设计结构不良而故障频率高的零件。

⑨ 在高温、高压及有腐蚀性介质环境下工作，易造成变形、腐蚀、破裂、疲劳的零件，如热处理用底板、炉罐等。

⑩ 生产流水线上的设备和生产中的关键（重点）设备，应储备更充分的易损件或成套件。

由于各企业的生产性质及具体情况不同和当地维修备件市场供应情况的不同，致使同一机型的设备在不同企业中应储备的备件品种也不完全相同。因此，企业的备件管理工作者除在确定备件储备品种时应考虑上述备件储备原则外，还应结合本企业的实际情况，不断积累资料，总结经验，并考虑以下因素：

① 企业的产品类型及设备的加工对象，生产性质和使用特点。这些都关系到零件的使用寿命。

② 企业设备的拥有量和设备的开动台时及工作环境。新设备多的企业，备件储备品种应逐步从少到多。

③ 使用维护条件、修理技术水平及地区供应情况。机修加工能力强的企业，从经济角度出发，应尽量减少储备品种和数量；同时，要充分利用地区的有利供应条件和协作能力，能购到的备件不自制，能及时外购的备件不储备或少储备。

④ 设备在生产中的作用。重点设备及停工损失很大的设备，其备件应优先储备，储备品种也应适当增加。

⑤ 同型设备的数量。若企业中同型设备较多，在已经掌握了零件的磨损规律和技术资料比较齐全的情况下，为减少大修预检工作量和时间，可适当扩大备件的储备品种。

⑥ 零件的通用化程度。生产厂家不同、出厂年月不同、机型不同的设备，凡能通用或互相借用的零件，应统一考虑，以减少备件的储备品种。

⑦ 同时投产设备的数量。企业的设备很多是同时投产的，当设备使用到一定年限时，某些零件将会出现同时达到磨损极限的情况，即出现消耗高峰，在此之前，应适当增加备件的储备品种和储备量。

（2）确定备件储备品种的方法。

① 根据零件结构特点、运动状态的结构状态分析法。结构状态分析法就是对设备中各种结构和运动状态进行技术分析。判明哪些零件经常处在运动状态，其受力情况，容易产生哪类磨损，磨损后对设备精度、性能和使用的影响，以及零件的结构、质量、易损性等因素。再与确定备件储备品种的原则结合起来综合考虑，确定出应储备的备件项目。

② 根据维修换件情况的技术统计分析法。技术分析法就是对企业日常维修、项修和大修更换件的消耗量进行统计和技术分析（需较长时间积累准备资料），找出零件的消耗规律。在此基础上，与设备结构情况、确定备件储备品种原则结合起来进行综合分析，确定应当储备的备件品种。

③ 根据同型号设备备件手册（机械行业出版资料或行业经验汇编）的参考资料比较法。这种方法适用于一般普通设备，可参看机械行业发行的备件手册、轴承手册和液压元件手册等技术资料，结合本企业实际情况，再结合前两种方法确定本单位的备件储备品种。

3. 备件的储备形式

根据备件的性质，将储备形式分为以下五种。

（1）成品储备。在设备修理中，有些备件要保持原来的尺寸，如摩擦片、齿轮、花键轴等，可制成（购置）成品储备，有时为了延长某一零件的使用寿命，可有计划、有意识地预先把相关的配合零件分成若干配合等级，按配合等级把零件制成成品进行储备。例如，活塞环与缸体及活塞的配合可按零件的强度分成两三种不同的配合等级，然后按不同配合等级将活塞环制成成品储备，修理时按缸选用活塞环即可。

（2）半成品储备。有些零件必须留有一定的修理余量，以便拆机修理时进行尺寸链的补偿。如轴瓦、轴套等可以留配刮量储存，也可以粗加工后储存；与滑动轴承配合的淬硬轴，轴颈淬火后不必磨削而作为半成品储备等。半成品备件在储备时一定要考虑最后制成成品时的加工工艺尺寸。储备半成品的目的是缩短因制造备件而延长的停机时间，同时也为了在选择修配尺寸前能预先发现材料或铸件中的砂眼、裂纹等缺陷。

（3）成对（套）储备。为了保证备件的传动和配合，有些机械备件必须成对制造、保存和更换，如高精度的丝杠副、蜗轮副、镗杆副、螺旋伞齿轮等。为了缩短设备的修理停机时间，常常对一些普通的备件也进行成对储备，如车床的走刀丝杠和开合螺母等。

（4）部件储备。为了进行快速修理，可把生产线中的设备及关键设备上的主要部件，制造工艺复杂、技术条件要求高的部件或通用的标准部件等，根据本单位的具体情况适当储备，如减速器、液压操纵板高速磨头、金刚刀镗头、吊车抱闸、铣床电磁离合器等。部件储备也属于成品储备的一种形式。

（5）毛坯（材料）储备。某些机械加工工作量不大及难以预先决定加工尺寸的备件，可以通过毛坯形式储备，如对合螺母、铸铁拨叉、双金属轴瓦、铸铜套、皮带轮曲轴及关键设备上的大型铸锻件，以及有些轴类粗加工后的调质材料等。采用毛坯储备形式，可以省去设备修理过程中等待准备毛坯的时间。

根据库存控制方法，储备形式有下列两种：

（1）经常储备。对于易损、消耗量大，更换频繁的零件，需经常保持一定的库存储备量。

（2）间断储备。对于磨损期长、消耗量少、价格昂贵的零件，可根据对设备的状态检测情况，发现零件有磨损和损坏的征兆时，提前订购（生产），作短期储备。

4. 备件的储备定额

（1）储备定额的概念和意义。

确定备件的储备定额，是备件管理的一项重要工作。储备定额是编制设备维修各类备件计划的基础资料，是指导备件生产、订货、采购、储备，以及科学、经济管理库房的依据。从广义上讲，储备定额是指企业为保证生产和设备维修，按照经济合理的原则，在收集各类有关资料并经过计算和统计所制定的备件储备数量、库存资金和储备时间等的标准限额。其分类如图 4-2 所示。

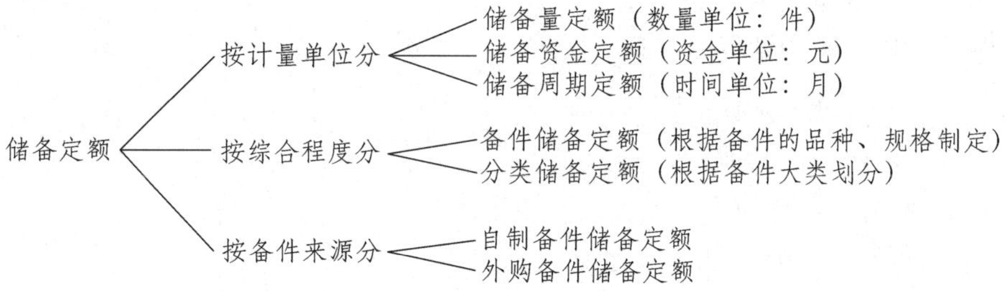

图 4-2　储备定额分类

狭义的备件储备定额指备件卡中所列的各类备件的储备量定额。它是备件技术管理的一项重要工作。

（2）备件储备量定额的计算。

① 备件储备定额计算公式的意义。

经常储备哪些备件取决于备件的使用寿命，而储备多少，则取决于备件的消耗量和企业的机修能力、供应周期。确定备件储备量定额时，应以满足设备维修需要、保证生产、不积压备件资金、缩短储备周期为原则。一般可按下式计算：

$$储备量（D）=系数（K）\times 备件拥有量（E）\times 供应周期（Z）\div 平均使用寿命（C）$$

由于零件的使用寿命（C）不易掌握，一般以实际消耗量（M）代替。即

$$M=E\div C$$

这样上述公式可变为

$$D=K\times M\times Z$$

式中，备件平均使用寿命（C）是指同种单个备件从开始使用到不能使用为止的平均寿命时间，以月计算。计算 C 值需不断积累备件的实际消耗情况并密切结合企业的实际情况。备件拥有量（E）是指本企业所有生产设备上所装同种备件的数量（不是指库存数量）。系数 K，一般取值为 1～1.5，随管理、制造、维护水平、备件质量和地区供应及协作等条件的优劣而定。

自制备件的拥有量=单台设备装有的相同自制备件数×同型设备台数

外购备件的拥有量=设备备件卡或说明书等资料中统计的单台设备备件数×同型设备台数

备件消耗量（*M*），指在一定时间内同种备件的实际消耗件数，可用一个大修周期的实际平均消耗量来代替理论上的消耗量。供应周期（*Z*），对自制备件是指从提出申请到成品入库所需的时间，对外购备件则是指从提出申请至到货入库的时间。

② 自制备件最大、最小储备量和订货点的确定。最小（低）储备量（D_{min}）是备件的最低储备限额，最大（高）储备量（D_{max}）是备件的最高储备限额。它要求考虑到最经济的加工循环期，经济合理地组织生产。一般，最大储备量不应超过一年半的消耗量。订货点（$D_{订}$）是指库存备件使用到需要补充订货的储备量。

③ 外购备件储备定额的确定。

外购件储备定额的计算公式为

$$D=K\times M\times Z$$

式中　*D*——外购备件合理储备定额；

K——系数，一般取 1.1～1.4；

M——外购备件月平均消耗量；

Z——供应周期（一年订货一次为 12，半年一次为 6，一季一次为 3，进口备件为 24）。

凡是能修复使用的外购备件应按下式计算：

$$合理储备量=M\times 修复周期$$

（3）确定备件储备定额应考虑的其他因素。

① 备件生产、供应方式转变的影响。随着备件管理逐步由集中生产、集中供应向市场化转变，外购备件的数量必将增大，供应周期则会更趋缩短，因而在确定储备定额时，企业应根据本地区备件货源情况、质量信息、参考上述公式，确定合理经济的储备定额。

② 设备使用连续性的影响。例如，两班或三班生产，备件的使用寿命较一班制生产要缩短 1.5～2 年。

③ 不易购得的关键设备备件及有订货起点的特殊备件，可适当加大储备定额。

【问题引导 2】

工程机械备件仓库管理有哪些要求？

____

____

【学习提示】

备件的库存管理是一项复杂而细致的工作，是备件管理工作的重要组成部分。制造或采购的备件，入库建账后应当按照程序和有关制度认真保存、精心维护，保证备件的库存质量。通过对库存备件的发放，统计、分析动态信息，可以摸清备品配件使用期间的消耗规律，逐步修正储备定额，合理储备备件。同时，这在及时处理备件积压、加速资金周转方面，也有重要作用。

1. 备件库存管理的内容

（1）备件入库要求。

入库备件必须逐件进行核对与验收：

① 入库备件必须符合申请计划和生产计划规定的数量、品种、规格。

② 要查验入库备件的合格证明，并做适当的外观等质量抽验。

③ 备件入库必须由入库人填写入库单，并经保管员核查。

备件入库上架时要做好涂油、防锈维护工作。备件入库要及时登记，挂上标签（卡片），并按用途（使用对象）分类存放。

（2）备件保管要求。

① 入库备件要由库管人员保存好、维护好，做到不丢失、不损坏、不变形变质、账目清楚码放整齐（三清、两齐、三一致、四号定位、五五码放）。

② 定期涂油、保管和检查。

③ 定期进行盘点，随时向有关人员反映备件动态。

（3）备件发放要求。

① 发放备件须凭领料票据。对不同的备件，厂内外要拟定相应的领用办法和审批手续。

② 领出备件要办理相应的财务手续。

③ 备件发出后要及时登记、销账和减卡。

④ 有回收利用价值的备件，可以旧换新，并制定相应的管理办法。

（4）备件处理要求。

① 由于设备外调、改造、报废或其他客观原因所造成的本企业已不需要的备件，核发时按要求加以销售和处理。

② 因图纸、工艺技术错误或保管不善而造成的备件废品，要查明原因，提出防范措施和处理意见，并报请主管领导审批。

③ 报废或调出备件必须按要求办理手续。

2. 备件库组织形式与要求

（1）备件库的组织形式。

由于企业的生产规模、管理机构的设置、生产方式以及企业拥有备件的品种、数量的不同，地区备件供应情况的不同，备件库的组织形式也应有所不同。机械行业企业内部大致可分为综合备件库、机械备件库、电器备件库和毛坯备件库等。

① 综合备件库。综合备件库将所有维修用的备件如机床备件、电器备件、液压元件、橡胶密封件及动力设备备件等集中统一管理，避免分库存放，对统一备件计划较为有利。过去，采用这种形式的企业较多，有大型企业，也有中、小型企业。但由于备件品种较多，合管起来易与企业的生产供应部门分工不清，容易造成相互扯皮和重复储备现象。

② 机械备件库。机械备件库只储备机械备件（齿轮、轴丝杆等机械零件），其形式较为单纯，便于管理，但对修理中常需更换的轴承、密封件、电器等零件，维修人员需到供应部门领取。

③ 电器备件库。电器备件库储备全厂设备维修用的电工产品、电器电子元件等。储备的品种视具体情况而定，多数企业一般不单独设电器备件库，而由生产部门管理。

④ 毛坯备件库。毛坯备件库主要储备复杂铸件、锻件及其他有色金属毛坯件，目的是缩短备件的加工周期，以适应修理的需要。如果只有少数毛坯备件，一般可不设毛坯备件库而由材料库兼管。

总之，备件库的组织形式应根据企业的特点和客观实际情况适当选择设置。

（2）备件库房及其要求。

备件库房的建设应符合备件的储备特点。备件库房要求具备以下条件：

① 备件库的结构应高于一般材料库房的标准，要求干燥、防腐蚀、通风、明亮、无灰尘，有防火设施。

② 备件库房的建造面积，一般应达到每个修理复杂系数（包括机械、电器）0.02 ~ 0.04 m^2。

③ 配备有存放各种备件的专用货架和一般的计量检验工具，如磅秤、卡尺、钢尺、拆箱工具等。

④ 配备有存放文件账卡、备件图册、备件订货目录等资料的橱柜。

⑤ 配备有简单运输工具（脚踏三轮车等）以及防锈去污的物料（器皿、棉纱、机油、防锈油、电炉等）。

3. 备件的 ABC 管理

备件的 ABC 管理法是物资管理中 ABC 分类控制法在备件管理中的应用。它是根据备件品种规格多、占用资金多和各类备件库存时间、价格差异大的特点，采用 ABC 分类控制法的分类原则而实行的库存管理办法，具体分类如表 4-11 和图 4-3 所示。

表 4-11　备件的 ABC 管理参考表

备件分类	品种数占库存品种总数的比重/%	价值占库存资金总额的比重/%
A 类	10 左右	50 ~ 70
B 类	25 左右	20 ~ 30
C 类	65 左右	10 ~ 30

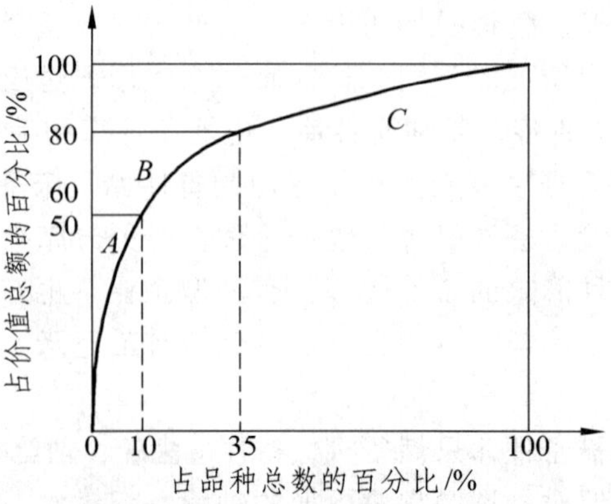

图 4-3　各类备件的品种、价值分布曲线

对不同种类、不同特点的备件，应当采用不同的库存量控制方法。

A 类备件的特点一般为储备期长（周转速度慢）、重要程度高、储备件数较少（通常只有一、二件）、采购制造较困难而价格又较高的备件。对 A 类备件要重点控制，应在保证供应的前提下控制进货，尽量按最经济、最合理的批量和时间进行订货和采购。可采取定时、定量进货供应，保证生产的正常需要。对 B 类备件的控制不如 A 类那样严格，订货批量可以适当加大，时间可稍有机动，对库存量的控制也可比 A 类稍宽一些。C 类物资由于其耗用资金不太大而品种较多，为了简化物资管理，可按照计划需用量一次订货，或适当延长订货间隔期，减少订货次数。

4. 备件库存资金的核算

备件资金是企业用于采购或制造设备维修备件所占用的资金，也称备件储备资金，属于企业流动资金的一部分。

备件库存管理是物资运动与资金运动的统一。备件资金是在维修工作周而复始的运动中发生的，因此应按照经济规律和价值形式进行管理。

（1）备件资金的核算方法。

企业根据自身的实际情况，如生产任务量、全厂设备配置状况、设备新旧程度、磨损情况、维修能力（包括自制备件能力）和供应协作条件等确定。

同时，要注意对储备资金定额不断修正，以便较合理地确定企业的备件储备资金。目前，核定企业备件储备资金定额的方法有以下几种：

① 按备件卡规定的储备定额核算。其计算方法来源于备件卡确定的储备定额，故其合理程度取决于备件卡的准确性和科学性。

② 可按设备原购置总值的 1%～2%估算。其计算依据为企业的设备固定资产原值，这种方法计算简单。但与企业的生产实际情况，特别是设备的利用、维修和磨损情况联系较差，缺乏科学基础。

③ 按照典型设备推算确定。这种方法计算简单，但准确性差。设备和备件储备品种较少的小型企业可采用此种方法，并在实践中逐步修订完善。

④ 根据上年度的备件储备金额，备件消耗金额，结合本年度的设备维修计划，确定本年度的储备资金定额。

⑤ 将本年度的备件消耗金额和预计的资金周转期相乘，加以适当修正后确定下年度的备件储备金额。

上述④、⑤两种方法一般为具有一定管理水平、一定规模和生产较为稳定的企业采用，否则，误差较大会影响企业的生产和设备管理工作。

（2）备件资金的考核。

① 备件储备资金定额。

备件储备资金定额是企业财务部门给设备管理部门规定的备件库存资金限额。

② 备件资金周转期。

减少备件资金的占用和加速周转具有很大的经济意义，也是反映企业和供应备件公司备件管理水平的重要经济指标，其计算方法为

资金周转期（年）=年平均库存金额÷年消耗金额

备件资金周转期应在一年左右，周转期应不断压缩。若周转期过长将造成占用资金过多，企业便需对备件的品种和数量进行分析、修正。

③ 备件库存资金周转率。

备件库存资金周转率用来衡量库存备件占用的每元资金实际用于满足设备维修需要的效率。其计算公式为

库存资金周转率=年备件消耗总额/年平均库存金额×100%

④ 资金占用率。

资金占有率用来衡量备件储备占用资金的合理度，以便控制备件储备的资金占用量，其计算公式为

资金占用率=备件储备资金总额/设备原购置总值×100%

⑤ 资金周转加速率。

资金周转加速率=（上期资金周转率–本期资金周转率）/上期资金周转率×100%

为了反映考核年度备件技术经济指标的动态，备件库每年都应填报年度备件库主要技术动态表，以便总结经验，找出差距，改进工作。

四、拓展学习

工程机械备件的库存管理工作是企业管理工作的重要组成，有效的备件库存管理工作对提升企业经济效益，促进企业的可持续发展有着重要的作用。因此，需要明确工程机械备件库存管理中存在的问题，以实际情况为基础制定科学有效的解决策略，以此来提升库存管理的质量和效率，为企业自身的可持续发展提供强有力的支撑。

1. 工程机械备件库存管理中存在的问题

（1）缺乏科学的管理系统；

（2）管理信息不流通；

（3）物资计划不合理、库存积压、库管人员专业能力缺乏等其他问题。

2. 提升工程机械备件库存管理质量和效率的解决对策

（1）注重库存物资计划管理的加强；

（2）注重日常查库、盘点以及清仓；

（3）注重管理人员素质等的提升。

五、评价反馈（见表 4-12）

表 4-12　自评与反馈

序号	评价项目	评价标准	分值	得分
1	工程机械备件技术管理知识	能正确说出备件储备品种的原则和方法、备件库存管理的内容、备件库组织形式与要求	30	
2	工程机械备件的库存管理知识	正确识别备件技术资料的内容、备件的储备形式、备件的储备定额	30	
3	工作态度	态度端正、无无故缺勤、迟到、早退现象	10	
4	协调能力	与小组成员、同学之间能合作交流，协调工作	10	
5	知识拓展	能查阅文献，深入学习相关知识	10	
6	创新意识	能针对具体案例，运用新知识思考可能的创新点	10	
合计			100	

六、课后巩固

1. 填　空

（1）备件技术管理工作内容为（　　）、积累备件管理的（　　）资料。

（2）备件技术管理工作可以为备件的生产、（　　）、（　　）提供科学、合理的依据。

（3）确定备件品种是一项（　　）性和（　　）性很强的工作。

2. 判　断

（1）备件的 ABC 管理法是物资管理中 ABC 分类控制法在备件管理中的应用。（　）

（2）对不同种类、不同特点的备件，应当采用不同的库存量控制方法。（　）

（3）备件资金，也称备件储备资金，不属于企业流动资金的一部分。（　）

3. 单　选

（1）可按设备原购置总值的（　　）估算备件资金。

A. 1%～2%　　B. 5%～10%

C. 10%～15%　　D. 15%～20%

（2）年平均库存金额除以年消耗金额等于（　　）。

A. 资金占用率　　B. 储备资金定额

C. 库存资金周转率　　D. 年资金周转期

情境四任务三数字资源

任务四　选用工程机械常用油料

施工机械使用的油料有燃料油、润滑油、液力传动油、润滑脂和特种油液等。正确选用油料的牌号对充分发挥施工机械的技术性能，减轻零部件的自然磨损，降低使用费用，提高经济效益有着十分重要的意义。

一、任务描述

掌握燃料油、润滑油、液体传动油、润滑脂的分类和牌号，以及其正确使用方法。

二、任务要求

在本学习任务完成过程中，你应该努力做到以下几点：

（1）正确说出机械常用油料的管理方法。

（2）正确说出机械常用油料的类型和牌号表示方法。

三、任务实施

将学生按特定数量分组，明确每组的工作任务，并填写分组任务表（见表4-13），每组任务可以一样也可以有差异性，视任务大小而定。

表4-13　学生分组任务情况表

组别	工作任务	备注
1		
2		
3		
4		
5		
6		

【问题引导1】

燃料油有哪些主要类型？

____

____

【学习提示】

燃料油主要是柴油和汽油，工程机械设备主要使用柴油，所以这里仅讨论柴油。

柴油有重柴油与轻柴油之分。重柴油主要用于中、低速柴油机，轻柴油用于高速柴油机。施工机械使用高速柴油机时，必须以轻柴油作燃料。

国产轻柴油按其凝点分为 10 号、0 号、-10 号、-20 号、-35 号和-50 号共 6 种。

1. 柴油机对轻柴油的要求

（1）燃烧性能。柴油的燃烧性能用十六烷值表示。十六烷值越高，燃烧性能越好，但如果过高则会使柴油机油耗明显增大。柴油机转速越高，要求柴油的燃烧时间越短，应使用十六烷值高的柴油，否则会使柴油的燃烧恶化或燃烧不完全。

（2）供给和喷雾性能。供给和喷雾性能实际上是柴油的低温流动性和雾化性。它们直接影响着供油和喷雾的状况，而决定这个性质的主要因素是柴油的黏度（柴油的流动难易和稀稠程度）、浊点、凝点和冷滤点（三者反映柴油低温下的流动性能和过滤性能）。

（3）水分和机械杂质。水分和机械杂质也是评定柴油供给性能的指标。柴油中的水分在 0 °C 以下容易结冰或生成小颗粒的冰品，会冻结油管或堵塞过滤口，造成供油中断或供油不畅。同时，水分与柴油燃烧形成的氧化物生成硫酸，腐蚀机器。此外，还会加剧燃油系精密机件的磨损或引起卡塞，导致供油压力降低、雾化性能变坏或不能供油。国家标准对油品生产所含的水分和机械杂质作出了严格规定。

（4）腐蚀性。柴油中含有的硫分、碱分、水分、灰分和残碳等杂物，都会对发动机的零件产生腐蚀作用，其中以硫分影响最大。使用硫分较多的柴油，不但增加发动机的腐蚀程度，而且由于含硫油料燃烧后生成硬质积炭，还会增加机械磨损程度。

（5）柴油的闪点和燃点。闪点表示油料的蒸发倾向和安全性指标。燃点是油料蒸气与空气的混合气，在引火后能继续燃烧（不熄火）的最低温度。

2. 轻柴油的选用

原则上要求柴油的凝点应略低于当地最低气温，以保证在最低气温时不致凝固。我国各号轻柴油适用的气温范围如下所述。

（1）10 号，适用于有预热设备的高速柴油机，且在全国低海拔地区夏季使用。

（2）0 号，适合于最低气温在 4 °C 的地区使用；供全国各地 4 ~ 9 月份使用，长江以南地区冬季使用（但气温不得低于 4 °C）。

（3）-10 号，适合于最低温度在-5 °C 的地区使用；供长城以南地区冬季使用和长江以南地区严冬使用。

（4）-20 号，适合于最低气温在-14 ~ -5 °C 的地区使用；供长城以北地区冬季使用和长城以南、黄河以北地区严冬使用。

（5）-35 号，适合于最低气温在-29 ~ -14 °C 的地区使用；供东北和西北地区严冬使用。

（6）-50 号，适合于最低气温在-44 ~ -29 °C 的地区使用；供高寒地区严冬使用。

不同牌号的轻柴油，可以混合使用，以改变其凝点。在缺乏低凝点轻柴油时，可以用凝点稍高的柴油掺入适量煤油使用，但柴油中不能加入汽油。如当地只有较高凝点的柴油时，可通过预热及加温措施使用。

【问题引导2】

润滑油有哪些类型?

____

____

【学习提示】

1. 内燃机油

（1）内燃机油的分类。

根据我国石油产品及润滑剂国家标准规定，内燃机油属L类（润滑剂及有关产品）中的E组。内燃机油（E组）按特性和使用场合分为

① 汽油机油，如EQB、EQC、EQD、EQE和EQF等。

② 柴油机油，如ECA、ECB、ECC和ECD。

（2）内燃机油的牌号和规格。

内燃机油的牌号和规格由质量等级和黏度等级两部分组成，质量等级用字母表示，黏度等级用数字表示。

柴油机油按质量等级分为CA、CB、CC和CD四级。CA组用于缓和到中等条件下工作的轻负荷柴油机，CB级用于缓和到中等条件下工作的使用含硫燃料的轻负荷柴油机，CC级用于中等负荷条件下工作的轻度增压柴油机，CD级用于高速、高负荷条件下工作的增压柴油机。

内燃机油按黏度分级，冬用机油按-18 °C 时的黏度分为 5W、10W、15W、20W（W指低黏度），春季、夏季用机油按100 °C时的黏度分为20、30、40、50共4个等级。对-18 °C和100 °C所测的黏度值只能满足其中之一者，称为单级油；同时能满足两个温度下黏度要求的机油称为多级油，如5W/20、10W/30、15W/30、20W/30等，分母表示100 °C黏度等级，分子表示低温黏度等级。

（3）内燃机油的选用。

① 选用的一般原则。

在保证液体润滑的条件下，尽量选用黏度小的润滑油，这样能减轻摩擦和磨损，节油、冷却和清洁作用好。

② 柴油机油的选用。

a. 按施工机械使用说明书提供的质量等级和黏度牌号选用柴油机油。

b. 根据施工机械负荷和使用条件选择柴油机油的质量等级（见表4-14）。

c. 根据气温选择柴油机油的黏度牌号，气温高时选黏度较大的机油，气温低时选黏度牌号中带有“W”字样的机油，“W”前数字越小的机油具有越好的低温流动性。黏度等级的选用还要考虑到柴油机机况，新机选用黏度较小的机油；旧机选用的机油黏度等级应比新机时的更高。

表 4-14　国产柴油机油的质量等级

质量等级	使用性能说明
CC	中等及重载荷柴油机使用，用于中等及苛刻条件下工作的非增压或低增压柴油机；该油在低增压柴油机中使用，有防止高温沉积的能力，可替代 CC 级以下柴油机油
CD	重载荷柴油机使用，用于要求严格控制磨损和沉积物的高速大功率增压柴油机，具有防止轴承腐蚀、抗高温沉积等性能，广泛适用于燃用各种优质、劣质燃料的增压柴油机；油品符合 APICD 级油使用性能要求，可替代 CC 级柴油机油
CD-Ⅱ	重载荷二行程柴油机使用，用于要求严格控制磨损和沉积物的二行程柴油机，油品符合 APIC33-I 和 CD 级油作用性能要求
CE	重载荷柴油机使用，用于增压重载荷柴油机的低速、高荷载和高速、高荷载工况下，油品符合 APICC、CD 级油使用性能要求
CF-4	用于 1990 年以后生产的苛刻条件柴油机，比 CE 级油有更好改善油耗及活塞积物的性能，也可用于推荐用 CE 级油的柴油机，符合 APICF-4 级油使用性能要求

2. 车辆齿轮油

（1）车辆齿轮油的分类、牌号和规格。

① 车辆齿轮油的分类。我国车辆齿轮油分为 CLC、CLD 和 CLE 共 3 个使用级，分别相当于 GL-3（普通车辆齿轮油）、GL-4（中负荷车辆齿轮油）和 GL-5（重负荷车辆齿轮油）。

② 车辆齿轮油的牌号。我国车辆齿轮油分为 70W、75W、80W、85W、90、140 和 250 共 7 个黏度牌号。

③ 车辆齿轮油的规格。车辆齿轮油的规格由使用级和黏度牌号组成。

CLC 级普通车辆齿轮油：适用于中速和负荷比较苛刻的变速齿轮箱和螺旋锥齿轮驱动桥；按黏度分为 80W/90、85W/90 和 90 共 3 个牌号。

CLD 级中负荷车辆齿轮油：适用于高速冲击负荷和低速高扭矩条件下工作的各种齿轮传动；按黏度分为 90、85W/90、140 和 85W/140 共 4 个牌号。

CLE 级重负荷车辆齿轮油：适用于高速冲击负荷和高速低扭矩、低速高扭矩条件下工作的齿轮传动，CLD 无法满足的、在苛刻条件下工作的双曲线齿轮传动。根据暂行技术要求，按黏度分为 75W、75W/90、140、80W/90、85W/90 和 85W/140 共 6 个牌号。

（2）选用原则。

① 车辆齿轮油的选定需从质量等级和黏度牌号两方面考虑，缺一不可。

② 确定车辆齿轮油质量等级的最主要依据是车辆使用说明书，其次是依据有关用油手册进行查询。

③ 车辆齿轮油的黏度牌号选择主要是根据车辆使用地区的环境温度来确定。

④ 齿轮油质量等级和黏度牌号的选择分别如表 4-15 和表 4-16 所示。

表 4-15　国产车辆齿轮油质量等级选择表

齿形齿廓	齿轮荷载	车型及工况	国产油品质量等级	API 分类标准
双曲线	压力＜2 000 MPa，滑动速度 1.5 ~ 8 m/s	一般	CLD	GL-4
双曲线	压力＜2 000 MPa，滑动速度 1.5 ~ 8 m/s	拖挂车 山区作业	CLE	GL-5
双曲线	压力＜2 000 MPa，滑动速度 1.5 ~ 8 m/s； 油温 120 ~ 130 °C	不限	CLE	GL-5
螺旋锥齿	—	国产车	CLC	GL-3
螺旋锥齿	—	进口车或重型车	CLD	GL-4

表 4-16　几种黏度牌号的选择

黏度牌号	使用环境温度/°C	黏度牌号	使用环境温度/°C
75W	−40 ~ 20	90	−10 ~ 40
80W/90	−30 ~ 40	140	0 ~ 45
85W/90	−16 ~ 40		

【问题引导 3】

液体传动油包含哪些类型？

____

____

【学习提示】

1. 液压油

液压油是液压系统传递动力的介质，也是相对运动零件之间的润滑剂，除了传递动力外，它还具有润滑、冷却、洗涤、密封和防锈等用途。液压油具有抗乳化性、消泡性、抗压缩性等使用性能。

液压油分石油基液压油和水基（难燃）液压油两大类。石油基液压油可分为普通液压油、专用液压油、抗磨液压油和高黏度指数液压油等。

目前，除大型锻压设备上应用水基液压油外，一般液压设备都采用石油基液压油。由于大多数工程机械负荷较大，所以工程机械液压传动多采用抗磨液压油。

选用液压油时应考虑使用条件、油泵类型、液压机构的结构工作压力、工作温度和气温等因素。

（1）普通液压油有 L-HL22、L-HL32、L-HL46、L-HL68 等牌号。它适用于环境温度为 0 ~ 40 °C 的各类中、高压系统，适用工作压力为 6.3 ~ 21 MPa。

（2）抗磨液压油有 L-HM22、L-HM32、L-HM46、L-HM68 等牌号。它适用于环境

温度为-10～40 °C 的高压系统，适用工作压力在 40 MPa 以内。

2. 液力传动油

在液力传动系统中，工作油液不仅是传递能量的工作介质，还能起到润滑传动零件及冷却液压部件的作用。因此，液力传动装置的可靠性和耐久性，在很大程度上与所采用的工作油液有关。

国内生产的液力传动油按 100 °C 运动黏度的不同分为 6 号和 8 号两种。6 号液力传动油是以 HU-20 汽轮机油作为基础油，然后加入增黏剂、降凝剂、清净分散剂、抗磨剂、抗氧化剂、防锈剂、抗泡沫剂等添加剂制成；工程机械、重型载重（自卸）汽车、内燃机车等的液力传动装置传递功率大、作业条件恶劣，负荷变化大而频繁，一般使用 6 号液力传动油。8 号液力传动油是以低黏度精制馏分油作为基础油，然后加入增黏剂、降凝剂、抗磨剂、抗氧化剂、防锈剂、抗泡沫剂等添加剂制成，适用于轿车、轻型载重汽车的液力自动变速器系统。

使用时，要防止水、杂质混入油液中；6 号与 8 号液力传动油也不能混装混用。

【问题引导 4】

润滑脂包含哪些主要类型?

____

____

【学习提示】

润滑脂（俗称黄油）是在润滑油（基础油）中加入稠化剂、稳定剂等制成。按加入稠化剂（皂基）的不同，其分为钙基、钠基、钙钠基、锂基以及二硫化铝润滑脂等。润滑脂常温下为黏稠的半固体油膏，一般润滑油占 80%～85%，它的梯度决定润滑脂的润滑性。稠化剂是动、植物油（如钙皂、钠皂等），其作用是增加油的稠度。

1. 润滑脂的牌号

（1）钙基润滑脂。钙基润滑脂按针入度分 1、2、3、4、5 共 5 个牌号，号数越大，针入度越小，脂质越硬，滴点越高。该脂具有良好的抗水性，遇水不易乳化变质，广泛应用于在潮湿环境下工作或易与水接触的各机械零部件的润滑。由于滴点为 75～100 °C，故 1 号、2 号钙基润滑脂的使用温度不大于 55 °C，其余不大于 60 °C。

（2）复合钙基润滑脂。复合钙基润滑脂按针入度分为 1、2、3、4 共 4 个牌号。它具有良好的机械和胶体安定性，耐高温和极压性能好，滴点为 180～250 °C。有良好的抗水性，一般适用于较高温度范围、负荷较大以及经常在潮湿环境下工作的滚动轴承的润滑。由于该润滑脂有低分子酸（醋酸）的存在，在常温和高温条件下，表面易吸水硬化，不宜长期储存。

（3）钠基润滑脂。钠基润滑脂按针入度分为 2、3、4 共 3 个牌号。它具有很强的耐热性，可以在 120 °C 高温条件下长时间使用，在熔化时不会降低其固有的润滑性能；已熔化的钠基润滑脂在冷却后能重新凝成胶状，搅拌后可继续使用。对金属的附着力强，可用于振动较大、温度较高的滚动或滑动轴承（如轮毂轴承纹盘、制动装置等）的润滑。该脂遇水极易乳化变质，故不能用于易与水接触或经常在潮湿条件下工作的各部件的润滑。

（4）钙钠基润滑脂。钙钠基润滑脂又称轴承润滑脂，按针入度分为 1、2 两个牌号。该脂的特点介于钙基润滑脂和钠基润滑脂之间，其耐热性优于钙基润滑脂，而又不如钠基润滑脂；抗水性优于钠基润滑脂而又低于钙基润滑脂；具有良好的输送性和机械安定性，滴点在 120 °C 左右，适用于工作温度在 100 °C 以下，易与水接触条件下机件的润滑。

（5）锂基润滑脂。锂基润滑脂按针入度分为 1、2、3 共 3 个牌号。其特点是滴点较高（不低于 180 °C），使用温度范围较广（−30 ~ 150 °C），具有良好的低温性、抗水性以及机械和胶体安定性；使用周期长，可代替钙基润滑脂、钠基润滑脂和钙钠基润滑脂等，而且性能优于上述各种润滑脂，广泛应用于工程机械的各类轴承和摩擦交点处的润滑。

2. 润滑脂的选用

由于润滑脂的种类、牌号较多，而且性能也有较大的差异，所以选用润滑脂应根据工程机械各部件所处的环境温度、运动速度和承受负荷等因素综合考虑。

（1）温度。若机件工作时温度过高或接近润滑脂的滴点，会导致润滑脂基础油蒸发、流失严重而失去润滑性能；若环境温度过低，则润滑脂会失去流动性，使机件运动阻力增大，加速机件的磨损。选用润滑脂时，其滴点应高于最高工作温度 30 °C 左右，凝点应低于最低环境温度 10 °C 左右；冬季应选用针入度大的润滑脂，而夏季则相应降低一些。

（2）黏度。润滑脂黏度会随剪切速度而改变，机件运转速度越高，润滑脂所承受的剪切力越大，有效黏度下降也越多。同时，转速越快，摩擦点的温升也越高。由于润滑脂的散热性较差，若温升过高会导致润滑脂的寿命缩短，加速机件的磨损。

（3）负荷。重负荷条件下（大于 5×10^3 MPa）应选用稠化剂含量较高即针入度小的润滑脂；如果负荷过大则应选用加有极压添加剂的润滑脂，如二硫化钼润滑脂、锂钙基润滑脂、复合钙基润滑脂等；中、小负荷条件下应选用中等黏度的矿物油作为基础油，如钙钠基润滑脂、锂基润滑脂、钠基润滑脂等。

（4）环境条件。若机械经常在潮湿、与水接触或污染严重的环境下工作时，应选用抗水性能好的润滑脂。如钙基润滑脂、锂基润滑脂、复合钙基润滑脂等，以及加有防锈添加剂的润滑脂（如氟碳润滑脂、二硫化钼润滑脂等）。

四、拓展学习

挖掘机行走齿轮不正常磨损故障排除。

1. 故障分析

（1）少齿轮油。由于挖掘机行走牙箱齿轮油没有油标尺，无法衡量齿轮油的多少，最有可能是齿轮油少，导致行走牙箱齿轮不正常。

（2）齿轮油变脏。齿轮油长时间处于封闭状态，加上运行时环境温度较高，若没有及时更换齿轮油就会引起齿轮油变脏，导致齿轮加快磨损，降低其使用寿命。

2. 故障排除方法

经常检查齿轮油是否充足，有无泄漏，按期更换齿轮油。

五、评价反馈（见表4-17）

表4-17　自评与反馈

序号	评价项目	评价标准	分值	得分
1	工程机械常用油料的类型和牌号知识	能正确掌握工程机械常用油料的分类和牌号使用	30	
2	工程机械机械常用油料的管理方法知识	能正确理解常用油料的管理方法	30	
3	工作态度	态度端正、无无故缺勤、迟到、早退现象	10	
4	协调能力	与小组成员、同学之间能合作交流，协调工作	10	
5	知识拓展	能查阅文献，深入学习相关知识	10	
6	创新意识	能针对具体案例，运用新知识思考可能的创新点	10	
合计			100	

六、课后巩固

1. 填　空

（1）（　　　）柴油主要用于中、低速柴油机，（　　　）柴油用于高速柴油机。

（2）柴油机油按质量等级分为CA、（　　　）、CC和（　　　）四级。

（3）机油牌号15W/30表示100 °C黏度等级的是（　　　）、表示低温黏度等级的是（　　　）。

2. 判　断

（1）正确选用油的牌号有利于减轻零部件的自然磨损。（　）

（2）闪点是油料蒸气与空气的混合气，在引火后能继续燃烧不熄火的最低温度。（　）

（3）柴油机油质量等级中CA级别最高。（　）

3. 单　选

（1）决定供油和喷雾状况的主要因素是柴油的（　　）。

A. 浊点　　B. 凝点　　C. 黏度　　D. 冷滤点

（2）对发动机的零件产生腐蚀作用以（　　）影响最大。

A. 硫分　　B. 碱分　　C. 水分　　D. 灰分

（3）适用于有预热设备的高速柴油机且在全国低海拔地区夏季使用的是（　　）柴油。

A. 10 号　　B. 0 号　　C. −10 号　　D. −20 号

情境四任务四数字资源

学习情境五　工程机械维护管理

学习目标

通过本情境的学习，你应该能够掌握以下知识：

（1）工程机械维护的目的；

（2）工程机械维护的分类及其作业内容；

（3）工程机械维护的基本要求。

通过本情境的学习，你应该能够具备以下能力：

（1）制定工程机械年度、季度、月度维护计划；

（2）组织实施工程机械维护作业；

（3）组织完成工程机械维护作业的质量检验与验收。

任务一　制定工程机械维护计划

工程机械维修工作要求人员必须具备工程机械的工作、传动、系统方面的理论知识，并且掌握工程机械调试、维修的相关技巧，并能够迅速判别工程机械的故障，有效达到对工程机械的系统养护，实现工程机械安全、连续、稳定运行的目标。在工程机械的维修过程中，人员能从机械的结构和原理入手，对故障进行分析；通过故障分析，判断故障的性质和原因，并提出解决方案；采取正确的维修方法排除故障；要做到理论和实践相结合，准确判断、精细维修、修后观察、详细记录、维持设备良好性能。

一、任务描述

按照工程机械设备维护要求，掌握工程机械维护计划的作用、分类、内容，清楚制定工程机械维护计划的基本要求。

二、任务要求

在本学习任务完成过程中，你应该努力做到以下几点：

（1）正确说出工程机械维护的作用；

（2）正确说出工程机械维护内容的主要环节，每个环节具体工作内容和要求；

（3）正确说出工程机械维护都有哪些分类，各类维护都有哪些内容，分别该由哪些人员来完成；

（4）正确说出工程机械维护的要求要点，每个要点的主要内容；

（5）正确说出工程机械维护计划制定的方法及要注意的事项；

（6）思考在工程机械维护计划制定过程中，各项维护内容的细化制定，分别都在哪些方面帮助了我们完成维护内容。

三、任务实施

将学生按特定数量分组，明确每组的工作任务，并填写分组任务表（见表 5-1），每组任务可以一样也可以有差异性，视任务大小而定。

表 5-1　学生分组任务情况表

组别	工作任务	备注
1		
2		
3		
4		
5		
6		

【问题引导 1】

工程机械维护的作用都有哪些？

____

____

【学习提示】

机械在长期施工过程中，由于零件磨损和腐蚀、润滑油减少或变质、紧固件松动或位移等原因，引起机械的性能下降，甚至因此而产生故障和损伤使整个机械失去工作能力，如图 5-1 所示。

针对技术状况的变化规律，在零件尚未达到极限磨损或发生故障以前，采取相应的预防性措施，以降低零件的磨损速度，消除隐患，保证机械正常工作，延长使用寿命，这就是对机械的维护。如图 5-2 所示为典型磨损特性曲线。

维护的作用：

（1）使机械经常处于完好状态，随时可以启动运转或出车；

（2）在合理运用的条件下，不致因中途损坏而停机；

（3）在使用过程中不致因机件事故而影响安全；

（4）机械各总成、零部件的技术状况保持均衡，达到最长的大修间隔期；

（5）使油料、轮胎及零配件达到最低消耗水平。

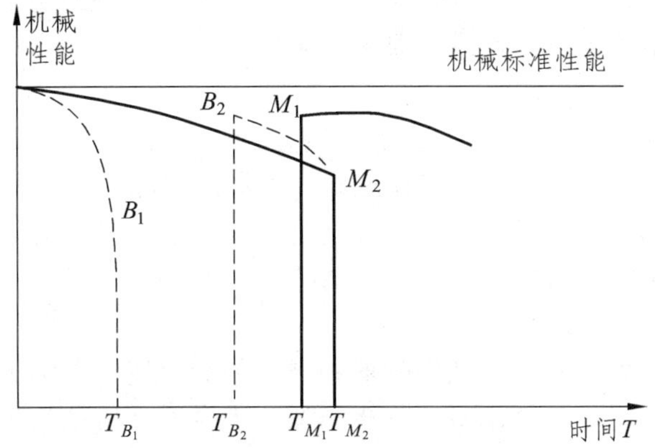

图 5-1　机械性能低劣化过程

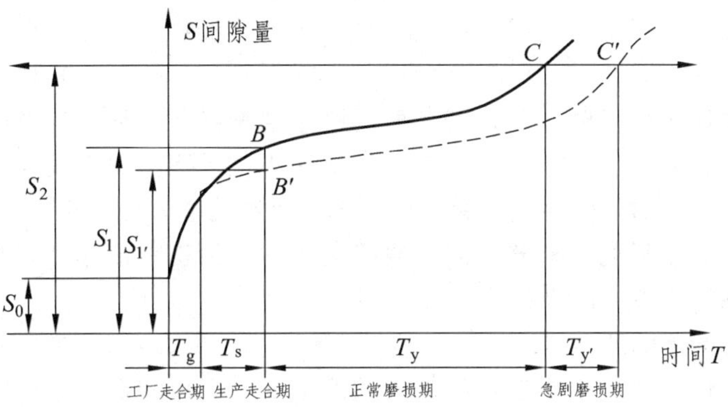

图 5-2　典型磨损特性曲线图

【问题引导 2】

写出工程机械维护内容的主要环节，每个环节具体工作内容和要求。

【学习提示】

工程机械种类繁多，结构性能差别很大，其维护项目和技术要求也有较大差异。因此，具体维护工程机械时，除按使用说明书、维修手册中的要求执行之外，还应依据交通运输部颁布的《公路筑养路机械保修规程》中相应的要求进行。根据工程机械技术状况变化的规律，经过多年实践得出工程机械维护的作业内容主要是清洁、紧固、调整、润滑、防腐，称为“十字作业”。此外，还有检查、加添等辅助作业内容。

1. 清　洁

工程机械运行必然引起机械设备内外各系统、各部位的脏污，有些关键部位的脏污将使机械设备不能正常工作。为此，进行清洁作业不仅是保持机容整洁卫生的需要，更重要的是保证工程机械安全和正常工作的需要。

清洁作业中要特别注意做好发动机“三滤”和电气部分的清洁作业。发动机“三滤”的清洁对发动机的工作和寿命有很大影响。

（1）空气滤清器的清洁。

空气滤清器的作用主要是滤清进入气缸的空气中的尘土。滤清器中尘土较多时，必须及时清除，在含尘量大的环境下作业时，须加强检查。

清洁空气滤清器时，必须注意空气滤清器及其到进气歧管之间进气管路的密闭，如有孔隙将使空气不经滤清进入气缸，加剧磨损。

（2）机油滤清器的清洁。

机油在使用过程中，不可避免地被磨损产生的金属屑、自然界落入的尘土、杂质和燃烧物所污染；同时，机油本身由于受热氧化也会产生酸性物质和胶状沉积物。如不加以滤清，就会加速发动机零件的磨损、堵塞油路，甚至使活塞与活塞环、气门与气门导管等零件之间发生胶结，使发动机不能正常运转，并使机油的使用期缩短。机油滤清器的作用就是及时滤清机油中的机械杂质和胶状物质，保证机油和发动机润滑系正常地工作。

机油滤清器使用一定时间后，滤芯表面脏污越来越多，尽管滤清质量有所提高，但滤清阻力增大，油压下降，循环量减少，供油不足，不能保证发动机正常工作而加速磨损，甚至会有一部分机油通过旁通阀，不经滤清就进入发动机，形成磨料性磨损。为此，必须及时更换机油滤清器，以恢复机油滤清器的正常工作。同时注意检查机油杂质含量，以判断机件的磨损程度。

（3）燃油滤清器的清洁。

柴油发动机供油系统主要零件的加工精度很高，配合间隙非常精密。供油系统是否可靠耐用，主要取决于柴油的纯净程度。使用清洁的柴油可使精密零件的寿命延长30%~40%。柴油中含有杂质还可能加速气缸的磨损，为此，除在加油时必须保持清洁外，还要定期放出柴油箱内沉淀的杂质，特别是要定期更换柴油滤清器；如不及时更换，会造成滤清效率下降或供油不足，使发动机不能正常工作。

（4）冷却系的清洁。

发动机水温经常过高时，应查明原因，如确系冷却系中生成水垢，就必须清洗冷却系并除垢。否则，发动机水温过高，功率下降，磨损加剧。因水道形状复杂，无法用机械的方法清除水垢，只能用化学方法进行清洗。清洗冷却系的工作通常结合进入夏季时的维护工作进行。

（5）电气设备的清洁。

为保证电气设备正常工作，应经常保持发电机、启动机、蓄电池、调节器以及电气操作和电气控制部分等电气设备的清洁，定期清除整流子和碳刷上的碳粉，并按规定擦拭整流子，保持各电器触点的清洁。这对机械的安全正常工作是十分重要的。

2. 紧　固

工程机械上有很多用螺栓固定的部位，由于工程机械工作时不断振动和交变负荷等的影响，有些螺栓可能松动。如不及时紧固，可能发生漏油、漏气、漏电、漏水等现象，有些关键部位的螺栓松动，轻者造成零件变形、移动和掉落，重者造成断裂或操纵失灵，甚至发生整机损毁或人身伤亡事故。

因此，对工程机械上的各部位螺栓必须经常检查，定期紧固。如发动机机座固定螺栓、风扇固定螺栓、前后钢板固定 U 形螺栓、横直拉杆及转向臂的各接头和各连接件的螺栓、传动轴连接螺栓、轮胎钢圈固定螺栓、驾驶室和货箱固定螺栓等，以及其他需要紧固的各部位都应按规定进行检查和紧固。有些用铆钉连接的部位，也应定期进行检查，发现松动及时处理。

3. 调　整

工程机械上有很多零件的相对关系和工作参数需要及时进行检查调整，才能保证工程机械正常工作。如不及时调整，轻者造成工作不经济，重者导致工程机械工作不安全，甚至发生事故。调整的主要内容和部位如下：

（1）间隙方面。如各齿轮间隙、气门间隙、制动器间隙、火花塞间隙等。

（2）行程方面。如离合器踏板自由行程、制动器踏板自由行程等。

（3）角度方面。如供油提前角、点火提前角等。

（4）压力方面。如喷油压力、机油压力、空压机压力、液压系统工作压力等。

（5）流量方面。如供油量等。

（6）松紧方面。如风扇皮带、履带松紧等。

（7）轮胎换位。

（8）此外还有电压、电流、发动机怠速等参数，都需要及时检查调整。

4. 润　滑

工程机械上凡是运动的部位都需要保持良好的润滑，才能保证机械正常工作。工程机械在使用过程中，技术状况变化的主要原因是磨损，而润滑是减轻磨损最有效的措施。

（1）发动机的润滑。发动机上有很多相对运动零件，大部分属于滑动摩擦，少部分属于滚动摩擦。其中最重要的是曲轴、凸轮轴和轴承的润滑。

（2）传动系统的润滑。为了减少磨损，提高传动效率，必须对传动齿轮、支承轴承和传动轴进行润滑。

（3）工程机械上各种滚动轴承、拉杆、滚轮、销轴等相对运动部位都需要润滑。进行维护作业时，必须按规定进行检查、加添和更换润滑脂。

5. 防　腐

防腐就是要做到防潮、防锈、防酸，防止工程机械上的金属零件、橡胶和塑料制品、电气设备的锈蚀、老化。

（1）防金属零件锈蚀。常用涂油、喷漆等方法使金属表面结成一层保护膜。

（2）防非金属零件老化变质。常用方法：尽量避免阳光照射、高温和沾上油污，防止零件接触有腐蚀性的气体以及解除停驶工程机械轮胎的负荷等。

【问题引导 3】

工程机械维护都有哪些分类，各类维护主要都有哪些内容，分别该由哪些人员来完成？

____

____

【学习提示】

1. 例行维护

例行维护是机械每班出车前、工作中以及收车后所要求进行的维护工作。重点是清洁、润滑、检查和紧固。例行维护工作主要由操作人员来完成。

2. 定期维护

机械使用到规定的工作小时或里程（即一定的间隔期）所要求进行的维护，称为定期维护。定期维护按间隔期时间长短，又分为一级维护、二级维护和三级维护。

各级定期维护的主要内容如下。

（1）一级维护：重点工作内容是润滑、紧固、检查各有关部位，清洁“三滤”（四滤是指空气、机油、燃油滤清器等）。

一级维护主要由操作人员来完成。

（2）二级维护：重点是检查、调整。除要进行一级维护的全部内容外，还要依靠先进的技术手段检查主要总成的工作情况，必要时进行调整，并排除所发现的故障。

二级维护主要由专职的保修人员负责进行，而且要有一定的诊断技术手段，此外，操作人员也要随机参加维护。

（3）三级维护：重点是检测、调整、排除故障隐患，平衡各部机件的磨损程度。三级维护除要进行二级维护的全部作业内容外，还要对影响使用性能的部位及有故障征兆的部位进行诊断性检查、状态性检测以及必要的更换、调整及排除故障等工作。

但是，三级维护并不是大拆卸的修理工作。三级维护仅按维护范围、依据检测技术要求打开有关总成或部件的孔端、箱盖等，检查其零部件的紧固、磨损及有关间隙位置情况，以发现和清除隐患为目的，实行不解体检测来检查排除故障，这才体现了本级维护的技术要求。因而，更需要技术全面的维护人员及实用先进的检测仪器、工具来完成维护任务。工程机械保修规程如表 5-2 所示。

进行定期维护必须做到以下几点：

按时——按照规定时间进行维护，一般延后或提前的时间不应超过维护间隔期的10%。

按级——按照规定的维护等级的需要，安排维护力量。

按项——各级维护必须按规定的作业项目进行（亦要制定出确切的各级维护项目），维护结束前应认真检查各项维护记录，以防漏项。

按质——必须按规定的技术标准与程序进行维护。要采取先进的检测技术手段，保证维护质量，杜绝维护事故。

表 5-2　工程机械保修规程

	时间间隔	作业重点	作用	执行人员
一级维护	国产：200 h 进口：250 h	润滑、紧固、突出解决“三滤”	维护机械完好状况，确保两次一级维护间隔期中机械能正常运行	操作人员
二级维护	国产：600 h 进口：1 000 h	检查、调整	保障机械各总成、零部件具有良好的工作性能，确保两次二级维护间隔期间机械能正常运行	操作人员、专职保修人员
三级维护	国产：1 800 h 进口：2 000 h	检查、调整、消除隐患，平衡各部件的磨损程度	对主要部位进行个别解体检查，检查内部零件的紧固、磨损及有关间隙的情况，发现隐患及时排除	操作人员、专职保修人员

3. 特殊维护

（1）走合维护。

走合维护是指新机或大修后的机械在走合期内进行的一种磨合性维护工作。对要求走合维护的机械，应按一定的要求逐级递增负载及转速，并全面检查润滑、紧固情况，观察整机各部状况，发现异常及时解决。

走合维护的重点是更换各部润滑油，紧固各螺栓。新机或大修后的机械必须经过走合维护后，才能正式投入施工使用。

（2）换季维护。

换季维护是指在用机械每年入夏或入冬前进行的一种适应性的维护工作。一般在所在地区入夏、入冬的时间进行。

换季维护的重点是燃润系统、液压和液力系统、冷却系和启动系统等。如更换燃润油料、液压油、调整蓄电池电解液的相对密度，采取防寒或降温措施，清洗冷却系等。换季维护可结合定期维护进行。

（3）转场前维护。

这是流动性比较大的施工单位常进行的一种机械维护工作，通常在一项工程完工后，机械虽未到规定的维护周期（比如租赁机械），但为实现从一个施工点到另一施工点的顺利调运，并迅速投入新的施工生产，需对机械进行全面检查、紧固、调整等工作。

（4）停用维护。

停用维护是指机械由于季节性等因素的影响，要暂时停用一段时间，但又不进行封存的一种整理、维护工作。其作业内容以清洁、整容、配套、防腐为重点，具体内容根据机型、机况和当地气候与实际需要进行。

（5）封存维护。

为减轻环境气候对长期封存机械的侵蚀，保持机况完好而采取的一种防护措施，称为封存维护。通常它附有一级或二级维护工作。

上述五种特殊维护工作，在工程单位都很常见，应予以重视，并建立维护记录档案。

【问题引导 4】

写出工程机械维护的要求要点及每个要点的主要内容。

____

____

【学习提示】

1. 工程机械维护的工艺要求

严格执行工程机械技术维护工艺是实现规范化作业要求、安全生产、避免零件损坏、确保维修质量、延长机械使用寿命的重要保证。所有工程机械维修人员必须严格遵守执行下列技术维护工艺。

（1）拆装各零件，应使用专用工具，对主要零件的基准面或精加工面，不许敲击、避免碰撞、谨防损伤。如确需敲击，应使用铜质、橡胶类软质工具。

（2）凡铝合金、锌合金、锡合金、电气零件，以及橡胶件、塑料制品、牛皮油封、制动器摩擦件、离合器片等，均不得用碱溶液清洗；液压系统中的密封圈、皮碗等橡胶件清洗时，不许浸泡在易使其变质的溶液和油中，制动器摩擦片、离合器片不应接触油类。

（3）凡经碱溶液煮洗的零件，均应用清水冲洗，然后用压缩空气吹干。

（4）拆卸气缸盖及进排气管，应在发动机冷态条件下进行（热车禁止拆卸），应避免气缸盖变形，拧紧气缸盖螺栓应按工艺要求进行，不得一次拧紧。

（5）安装气缸垫时，对于铝制的缸盖，衬垫光滑的一面应朝向缸盖；对于铸铁的缸盖，衬垫光滑的一面应朝向缸体。

（6）活塞连杆组合件装复，应采用热装，不许冷态击入，以防损伤变形。

（7）调整曲轴轴承间隙，严禁用锉削主轴承盖和连杆轴承盖的方法调整。

（8）更换机械上的各部位滚动轴承时，必须同时更换轴承套。

（9）凡有规定拧紧力矩的螺栓、螺母，装配时，应按规定顺序和规定扭矩，分次均匀拧紧。

（10）对不能互换、有装配规定或装有平衡块的零部件，在拆卸时应做好标记，不得错装。

（11）重要安全机件的螺母锁销，应按规定锁紧，不许用铁丝、铁钉代替。

（12）各部润滑油液，不许掺兑与原机不同的油品。

（13）发动机大修或总成修理后，未行驶到规定走合里程或时间，不许拆去限速装置。

（14）各零部件检验合格方可安装，不许使用不合格的产品和不符合机械性能要求的配件。

以上这些是工程机械的一般性的技术维护工艺要求。由于施工单位的机械种类繁多，结构差别较大，技术密集程度不一，所以，对它们维护的工艺便有不同的要求，可参照原机的维修手册进行。

2. 工程机械维护工具及检测仪器的配备

要保证工程机械维护顺利进行，尤其是要保证维护的质量，除了维护人员有较强的责任心，按维护技术要求认真工作外，还必须配备一定的维护工具及检测仪器，在一定程度上讲，配备适当的维护工具、检测仪器，对维护质量起着决定性的作用。工程机械维护所使用的设备基本上分为两种类型，一类是工段设备，即为完成维护工艺而在工段上采用的辅助设备，如维护工作沟、总成拆装运送设备与工作台架等；另一类是工艺设备，即直接用来完成维护工艺所用的设备，如清洗机、拆装工具、检验仪器、试验台等。

3. 工程机械维护的作业方法

工程机械技术维护按照不同的组织形式有以下两种作业方法。

（1）就车维护法。

其工作地点以施工现场为主，根据维护等级和需维护部位，按拆卸、清洗检查、装配 3 个基本工序进行。每个拆卸维护项目都要重复这种工序，因而，作业时间较长、工效较低，但需要维护人员少，使用的保修工具也较简单，适用于分散使用机械的单位。特别是工期要求较紧的公路工程，派驻在现场的保修小组，主要应采用这种维护方法；事先配备好一些快速维护工具、材料及配件也能改善工效低的状况。

（2）总成分工维护法。

将所维护的机械分为若干总成，如发动机总成、离合器总成、变速器总成、后桥总成、液压系统、电气系统等，将维护人员按专业分组，同时进行维护。这种方法应以车间作业为主，并具有相应的维护条件，如专业保修人员、保修设备及工具等。

4. 设置工程机械维护机构

为保证工程机械维护工作的正常进行，应根据机械设备的数量、类型配备人员和设备。

（1）各机械化施工公司须配备必要的维护人员和设备，设置工程机械维护班组，规模较大、机械设备较多的公司可设置维护车间。维护班组（车间）只承担维护和小修任务，不承担大中修任务。

根据维护班组（车间）的规模、机械类别、维护级别、维护间隔周期及工时定额等因素配备通用设备和专用设备。

（2）维护人员应按比例配备。各种土石方、压实、路面机械及其他大型工程机械，平均每台配备维护和修理人员 0.5～1.5 人，其他工程机械平均每台配备维护和修理人员 0.2～0.3 人。上述人员中的 60%为维护人员（包括辅助工作人员）。

5. 保证工程机械维护质量的措施

（1）编制维护工艺卡片。

采用先进的维护工艺，统一操作方法，以保证维护作业的质量要求。维护机构要根据维护规程所列的作业项目和要求，结合本单位具体情况，编制主要机械的维护工艺卡片，以指导作业人员做好维护作业，保证质量要求。

维护工艺卡片的主要内容应包括：机械的名称、规格、型号、编号、维护级别；机械的技术状况和存在问题；维护作业项目和操作方法；作业的技术要求和质量标准；安全措施和注意事项以及规定的作业时间等。

（2）机械维护质量的分工要求。

① 机械管理部门应设专人对维护质量进行全面监督检查，对维护中的各项资料进行分析，掌握机械技术状况，为编制维护工艺总结经验积累资料。

② 机械使用单位要负责编制维护计划，并对维护前和维护后的质量检验作出记录，同时要保证维护必需的物资供应。

③ 维护作业单位要在保证质量的前提下，按期完成维护任务，不影响施工生产需要。

④ 维护作业人员要对维护机械的质量全面负责，认真执行维护工艺卡片的要求。

（3）机械维护质量的检验。

① 机械维护必须坚持“预防为主，质量第一”的原则。严格按照规定的项目和要求进行维护，确保质量。不得漏项、失修，也不得随意扩大拆卸零件范围。

② 必须坚持自检、互检和专职检验相结合的检验制度。凡由操作工进行的维护，应由承保人自检，班组长复检，专职人员抽检。凡由专业维护单位进行的维护，应实行承保人自检、互检，班组长复检，专职人员逐台检验和操作人员验收的制度。

③ 建立维护竣工合格证制度。维护单位对维护（二级及以上）竣工的机械，必须经过专职检验员检验合格，签发维护竣工合格证后才能出厂，并应对维护竣工出厂的机械实行质量保证（保证期为 5～10 天）。在保证期内因维护质量造成机械故障或损坏，应由维护单位负责修复。

④ 维护单位要创造条件，逐步实现检验仪表化，采用先进的检测诊断技术，使质量检验工作建立在科学的基础上。

【问题引导 5】

写出工程机械维护计划制定的方法及需要注意的事项。

____

____

【学习提示】

技术维护工作是按维护间隔周期（即工作小时）强制进行的，因而要首先确定出何时进行哪一级别的技术维护（项目），即制定出机械技术维护计划，以便明确任务，安排保修力量，协调与生产方面的工作。

工程机械技术维护计划分为年度计划、季度计划和月度计划三种。其中年度计划主要用来平衡各季度维护项目和维护次数；季度计划主要用来平衡每月维护项目和一般维护次数；月度维护计划则是确定各级维护进行的日期和停机日。通过制定年度、季度和月度维护计划，可使有关管理人员合理安排维修力量、维护资金，做好配件供应计划；尤其重要的是使管理人员根据工程施工需要，重视机械设备维护管理，将使用与维护工作有机地结合起来。

1. 制定技术维护计划的依据

（1）机械的年度、季度、月度使用计划；

（2）机械已使用里程或工作小时数（应是实际发生的时间）；

（3）机械的技术现状和维护情况；

（4）现有保修资源（人员、检测仪器、费用等）；

（5）各种机械的维护间隔期（主要指对应制度规定的间隔期）；

（6）配件的供应情况（来源、价格等）；

（7）施工环境（包括工程概况等）。

只有综合考虑上述制定计划的依据，才能使工程机械维护计划更符合工程实际，才能易于实施。仅把工程机械维护计划提供出来，不考虑施工现场的客观条件，就不可能按计划实施，达不到机械状况好、施工成本低、生产效益好的目的。

2. 制定技术维护计划的方法

目前，工程机械品种、规格较为繁多。因此，分门别类编制每台机械的维护计划是一项复杂、细致的工作，必须有专人负责编制、统计、检查，以防出现失保、漏保或跨保的情况。机械技术维护计划编制方法如下。

（1）年度维护计划的制定。

应根据下一年度工程计划中使用的机型、台数以及计划使用的工作小时，先制作出一张工程机械各级维护进程表（见表 5-3）；然后以每台机械已使用工作小时为起点，再加年计划使用工作小时后为终点，在进程表中查出该机械应进行的技术维护等级和次数，填入年度工程机械技术维护计划表即可。

表 5-3　工程机械各级维护进程

累计工作小时/h	50	200	400	600	800	1 000	1 200	1 400	1 600	1 800	2 000	2 200
维护级别	走合	1	1	2	1	1	2	1	1	3	1	1
累计工作小时/h	2 400	2 600	2 800	3 000	3 200	3 400	3 600	3 800	4 000	4 200	4 400	4 600
维护级别	2	1	1	2	1	1	3	1	1	2	1	1

例：某单位有一台 ZL50 型装载机，2020 年底已累计使用 1 600 h；2021 年度计划使用 1 200 h。制定该机年度维护计划。

首先按照维护等级规定制出机械各级维护进程表。

通过表 5-3 可以看出，在 2021 年该机计划使用 1 200 h，使用期内（即起点为 1 600 h，终点 2 800 h），需进行 4 次一级维护、1 次二级维护、1 次三级维护。

在确定了 2021 年内各级维护次数后，便可将有关参数填入 2021 年度机械维护计划表中，如表 5-4 所示。

（2）季度维护计划的制定。

季度机械维护维护计划的编制方法与年度维护计划的相似。编制时，必须掌握每台机械上季度底已使用工作小时及本季度各月机械计划使用时间。因此，季度计划需要比年度计划具体一些。

表 5-4　2021 年度机械维护计划

序　号	机械名称	型　号	统一编号	本年度计划使用工作小时/h	全年各级维护次数			备注
					一级	二级	三级	
1	装载机	ZL50		1 200	4	1	1	

编制单位：　（盖章）　审核：　制表：　日期：2020 年 12 月 20 日

（3）月度维护计划的制定。

根据本单位月份机械使用计划中的每台机械计划使用的小时数，以及该机械上月底累计工作小时，即可编制月度机械技术维护计划表。

3. 维护计划的布置下达

布置下达维护计划时，应注意以下几个方面。

（1）机械的技术维护计划应和机械使用计划同时布置下达。

（2）技术维护计划应同时下达给机械使用部门和保修部门，并提前通知有关人员，以保证维护计划落实前的准备时间。

（3）技术维护计划和施工发生矛盾时，不可因施工而取消维护工作，应本着既要坚持定期维护制度，又要满足施工生产需要的原则。为此，首先应加强例行维护中的检查；然后可适当提前或延后维护时间，利用空闲时间，分时分段地进行维护，即将规定的维护项目分几次进行，这样既完成了规定的维护内容，又不影响施工生产。

四、拓展学习

工程机械维修理念的变革可分为以下几个方面。

1. 事后维修思想

20 世纪初期，工程机械维修一般都是在发生故障以后才进行的，即事后维修。它的最大优点是充分地利用了零部件或系统部件的寿命，但事后维修是非计划性维修，浪费了较多的剩余修理，同时还存在一定的缺陷和不足。

2. 以预防为主的维修思想

20 世纪 50 年代，我们对设备的磨损机理有了更进一步的认识：机件工作—产生磨损—发生故障—影响使用并危及安全。为保证每个机件的使用可靠性和安全性，维修工作就必须在故障发生之前进行，从而形成了以预防为主的维修思想。这种维修思想包含了主动预防的思想内容，其实质是通过采取各种预防性措施，将故障消灭在萌芽状态，改变了事后维修缺乏计划性的被动局面。但这种维修思想也存在一定的局限性，主要表现在三个方面：一是维修工作以直接经验作为指导，只能提出一般性的维修原则，缺乏针对性；二是只着重解决维修中的具体技术问题，忽视了维修的整体内涵，缺乏对维修管理的研究，由于事先很难预料大量的随机性的故障，尽管做了许多的预防性维修工作，也很难获得预期效果；三是刻板地实行定时定程的离位分解检测维修，不可避免地使维修工作出现频繁分解拆卸的现象，导致维修工作针对性差、工作量大、耗时多、费用高，而且可能还会因拆装不当，埋下一些新的故障隐患，大大降低了机械设备的可靠性。

3. 以可靠性为中心的维修思想

近二三十年来，我国在以预防为主维修思想的基础上，运用现代管理科学，广泛采用先进的测试技术和诊断手段，逐步形成了以可靠性为中心的维修思想。这种维修思想是以对维修对象的系统监控为手段，用大量的原位检测代替离位检测，将单一的定时定程维修改变成以可靠性数据分析为依据的维修。它使维修工作具有较强的针对性，使主客观更加一致，增强了科学性，减少了盲动性。其基本要点：

（1）维修工作以可靠性理论为基础。大到维修时机、维修方法、维修周期的选择和维修工作量计算、维修范围的界定，小到一个机件修复后的可靠性系数、一个项目的诊断检查的标准，都要以保证和提高设备的整体可靠性为依据。

（2）工程机械的可靠性是由设计、制造和使用三个方面因素综合决定的，因此，要提高其可靠性必须从这三个方面入手。

（3）可靠性指标是评价维修质量的最科学、最有效的依据和标准。

五、评价反馈（见表 5-5）

表 5-5　自评与反馈

序号	评价项目	评价标准	分值	得分
1	工程机械管理基本知识	能正确理解工程机械管理的概念、内容和要求	10	
2	工程机械维护作用、环节、分类	能正确说出工程机械维护的作用、环节和分类	10	
3	工程机械维护计划制定	能按要求制定出完整的维护计划	10	
4	工程机械维护质量检验	清楚工程机械维护质量的要求，能准确说出其他同学计划中存在的问题	10	
5	工作态度	态度端正、无无故缺勤、迟到、早退现象	10	
6	工作质量	能正确理解工程机械管理中安全、环保要求，按计划完成工作任务	10	
7	协调能力	与小组成员、同学之间能合作交流，协调工作	10	
8	职业素质	能做到安全生产，文明施工，保护环境，爱护公共设施	10	
9	知识拓展	能查阅文献，深入学习相关知识	10	
10	创新意识	能针对具体管理案例，运用新知识思考可能的创新点	10	
合计			100	

六、课后巩固

（1）工程机械的作用有

①使机械经常处于完好状态，随时可以启动运转或出车。

② ____。

③ 在使用过程中不致因机件事故而影响安全。

④ 机械各总成、零部件的技术状况保持均衡，达到最长的大修间隔期。

⑤ ____。

（2）工程机械维护的作业内容主要是清洁、______、调整、______、防腐，称为“十字作业”。

（3）定期维护按照规定时间进行维护，一般延后或提前的时间不应超过维护间隔期的____。

（4）工程机械维护的作业方法有____________、__________。

（5）工程机械技术维护计划分年度计划、季度计划和月度计划三种。其中年度计划主要用来______________________；季度计划主要用来_____________________；月度维护计划则是_____________________。

情境五任务一数字资源

任务二　工程机械维护实施

工程机械维护必须贯彻“维修并重、预防为主”的原则，做到“定期维护、强制进行”，严格按照规定的维护范围、作业内容、指定的附加小修项目和技术要求进行维护，确保维护质量，不得漏项、失修，也不得随意扩大拆卸零件范围，以保障工程机械经常处于良好的技术状况。

一般情况下工程机械维护采用就机维护综合作业方式，规模较大、机械设备较多的单位可采用定位维护、专业分工的方式。有条件的单位还可采用总成互换的维护方法。采用专业分工作业方式时，可实行“定部位、定人员、定机具、定进度、定质量”的五定责任制。采用综合作业方式时，也应根据情况实行必要的责任制度。

维护工作完成后，应进行检验，并将维护的主要技术资料、维护类别、起止时间、维护单位、主维护人、维护主要内容和质量检验情况登记在履历书和维护登记簿内。操作人员应随机参加维护，配合维护工人做好维护工作。一般情况下，操作人员应完成日常维护、一级维护的作业项目。

在维护工作和施工生产发生矛盾时，应积极进行平衡，既要坚持定期维护的原则，又要满足施工生产的要求，必要时可以采取缩短停保时间或在允许的范围内延期维护等办法。延期维护时，延长时间不得超过规定时间间隔的 10%。工程机械的技术状况不能延期维护时，可利用机械的空闲时间分段进行维护，即将规定的维护项目分几次进行，这样既完成了规定的维护内容，又可不停机。

工程机械管理部门应负责组织领导和督促检查维护工作，定期对维护资料进行分析，掌握工程机械技术状况变化的规律，找出使用和维护工作中存在的问题，采取措施，改进工作。

一、任务描述

按照工程机械设备维护要求，掌握工程机械维护的预防性计划养修制度、设备维护分级、维护周期、维护作业项目和技术要求、维护步骤、质量检验等，写出机械设备维护作业项目和技术要求。

二、任务要求

在本学习任务完成过程中，你应该努力做到以下几点：

（1）正确说出机械设备维护分级，各级维护要点；

（2）正确说出机械设备维护周期是怎么规定的，各级维护都由谁来负责执行；

（3）正确说出机械设备维护作业项目要点，技术要求要点；

（4）正确说出程机械维护实施的步骤、维护要求的要点和注意事项；

（5）正确说出工程机械维护质量检验的要求；

（6）思考如何能够精益求精、一丝不苟地完成维护内容。

三、任务实施

将学生按特定数量分组，明确每组的工作任务，并填写分组任务表（见表 5-6），每组任务可以一样也可以有差异性，视任务大小而定。

表 5-6　学生分组任务情况表

组别	工作任务	备注
1		
2		
3		
4		
5		
6		

【问题引导 1】

机械设备维护分级都有哪些?

____

____

【学习提示】

目前，公路施工机械的维护管理实行的是预防性计划养修制度，也称计划预期养修制。在执行的方式上，机械维护保养实行强制维护制，即按规定的间隔周期强制进行维护。

工程机械维护规程是规定机械维护分级（分类）、周期、作业项目（部位）和技术要求的一项技术组织措施。尽管机械的使用说明书中有一些相关的规定，但面对种类繁多的施工机械，特别是经过大修的各类进口机械，要想使机械维护工作有序、有效、经济地运行，仍有必要制定统一的机械养修规程，以确保机械经常处于良好的工作状态，避免机械出现早期或过度磨损，以及不正常损坏等不合理使用现象的发生。

交通运输部工程管理司委托中国公路学会筑路机械学会，组织全国有关省、市、自治区及部直属有关单位编写的《公路筑养路机械保修规程》(以下简称《保修规程》)，是筑养路机械操作人员、保修人员必须遵守的技术准则，是机械技术人员和管理人员必须掌握的技术法规，也是各级机械管理部门评定机械养修质量的依据。

《保修规程》规定，大、中型机械，一般采用例行维护及一、二、三级维护制；小型机械，采用例行维护和一、二级维护制；运输车辆采用日常维护、一级维护、二级维护制。

从维护的目的上看，还有下面几种形式的维护，它们在作业内容和要求上，均参照上述某一级维护进行。

（1）封存和启用维护：指机械设备封存时或封存后启用时进行的维护。

（2）走合维护：指新的或大修后的机械在投入使用初期所进行的一种磨合性维护。走合维护按走合期的规定进行。

（3）换季维护：指机械在季节温度变换时所进行的一种适应性维护，其主要作业内容是换用适合不同季节温度的燃油、润滑油、润滑脂和液压油，采取防寒或降温措施。换季维护应结合定期维护进行。

【问题引导 2】

机械设备维护周期是怎么规定的？各级维护都由谁来负责执行？

【学习提示】

各类国产机械设备的维护周期如表 5-7 所示。

表 5-7　国产机械设备的维护周期

类别	一级维护	二级维护	三级维护
大中型机械	200 h	600 h	1 800 h
小型机械	600 h	1 200 h	
运输车辆	2 000 km	7 000 km	45 000 ~ 50 000 km

一般情况下，凡构成固定资产的筑养路机械、车辆以及附属装置，其原值在 40 万元以上（含 40 万元）的属大型机械；原值在 5 ~ 40 万元的属中型机械；原值在 5 万元以下的属小型机械。具体的机械类型，可以通过该机械在《保修规程》中规定的维护周期看出。

各类进口机械的维护周期原则上按随机维修说明书规定执行，但为统一起见，维护周期按国产机械所列周期执行，原说明书中对维护周期有明确要求的，均列在技术要求及说明栏中加以说明。

例行维护或日常维护由操作员负责执行，一、二、三级维护或一、二级维护一般由专业维修工人负责执行。

【问题引导 3】

写出机械设备维护作业项目和技术要求。

【学习提示】

《保修规程》规定了机械设备维护的作业项目和技术要求。作业项目是指针对各总成如发动机、电气设备及仪表、液压系统、转向系统、制动系统、传动系统等，确定的养护作业的具体内容。技术要求则是针对养护作业的具体内容，提出作业应该达到的质量技术标准。

例行维护或日常维护作业的中心内容是清洁、补给、安全检视和一般运行（行车）故障排除。其他各级养护的作业中心内容，则是在例行维护或日常维护作业的基础上，进行润滑、紧固、检查和调整。它们之间的关系：低级维护是高级维护的基础，高级维护的作业内容包含低级维护的作业内容。

下达维护计划时，应注意以下方面：

（1）机械的技术维护计划应和机械使用计划同时下达。

（2）技术维护计划应同时下达给机械使用部门和保修部门，月度维护计划还应抄送或通知操作人员、机械班组，以保证维护计划的落实。

（3）技术维护计划和施工或养护生产发生矛盾时，不可因施工或养护而取消维护工作，应本着既要坚持定期维护制度，又要满足施工或养护生产需要的原则处理。为此可提前或延期进行维护，但延长时间不得超过规定间隔期的 10%。机械的技术状况确实较差，不能延期维护时，可利用机械的空闲时间，分时分段进行，即将规定的维护项目分几次进行，这样既完成了规定的维护内容，又不影响施工生产。

【问题引导 4】

写出工程机械维护实施的步骤、维护要求的要点和注意事项。

____

____

【学习提示】

工程机械维护实施：

（1）维护计划是组织机械按时进行维护的依据。机械使用单位在安排施工生产和机械使用计划时，必须安排好维护计划，并作为生产作业计划的组成部分。在检查生产计划执行情况的同时，要检查维护计划的执行情况，切实保证维护计划能按时执行。

（2）维护计划应按月度编制，由使用单位机械管理部门于月前根据每台机械已运转台时，结合下月需用机械的情况，按照维护间隔期确定每台机械应进行的维护级别和日程，经单位主管审定通过后方可执行。

（3）为保证维护计划按时进行，机械使用部门应负责保证维护计划规定的所需作业时间，机械管理部门应保证机械计划工作日，操作和维修人员应按分工保证机械维护作业进度和质量。对拖延维护导致机械损坏者，要按机械事故处理。

（4）机械管理部门要检查督促维护计划的实施，在机械达到维护间隔期前。要及时下达维护任务单，通知操作或维修人员进行维护。如因生产任务原因需要提前或延期执行时，须经机械主管人员同意，但延期时间不应超过规定间隔期的 10%。

（5）维护任务完成后，执行人要认真填写维护记录，二级以上维护作业完成后，由机械管理部门审查维护记录，并将有关资料纳入技术档案。

设备的维护涉及范围广泛，基本日常维护的要求就是十字作业法（清洁、润滑、调整、紧固、防腐）。在这里着重列举出工程机械电气系统中电瓶维护、动力系统中发动机维护、传动系统中液压系统维护和工作装置维护这四个方面的一些具体维护要求和注意事项。

1. 电气系统的电瓶维护

电瓶是施工机械正常工作的重要部件，电瓶维护不好，会使电瓶寿命缩短、容量减小，造成设备启动困难或不能启动。加之现在越来越多工程机械的发动机采用了高压共轨技术，所以对电瓶和充电发电机的要求更高。一般电瓶的日常维护做到以下几点：

（1）保证连接线牢靠、电瓶外表清洁、电瓶盖的通气孔畅通，同时保证电瓶使用过程中无污物或液体进入；

（2）保证液面高度合适，液面不足时添加蒸馏水或电瓶补充液到合适高度；

（3）启动发动机时每次启动时间不应超过 10 s，再次启动间隔时间不少于 1 min，连续 3 次启动不成功需检查原因；

（4）注意检查充电发电机的传动皮带松紧程度，注意维护好充电发电机的工作性能；

（5）如果机器长期停放不用，应该将电瓶拆下，每月充电 1 次，或者电瓶不拆下而每 20 天启动发动机连续运转 5 ~ 6 h（如果环境最低温度低于 5 °C 时，建议将电瓶拆下，在适宜的环境下维护，防止冻裂）。

2. 发动机维护

发动机是工程机械工作的动力核心和源头，其重要性不言而喻。针对如何做好发动机的维护，有以下几点：

（1）发动机使用前，必须检查和添加好防冻液或防锈防垢处理过的水，添加符合发动机运转要求的机油，以后添加或更换防冻液或更换机油时也要使用同一等级的油水。

（2）发动机出厂或新到机器的发动机，在磨合期的 50 h 内时不得大油门满负荷工作，在完成了 50 h 的走合期后，要进行 1 次全面的发动机检查和维护，这项工作不容忽视。

（3）发动机使用过程中，每个作业班启动机器前详细检查油水的情况，确保油水充足、质量可靠。

（4）发动机启动、运转带载、熄火要遵循正确的操作程序，发动机运转过程中，要注意观察发动机工作指示仪表指示是否正常，注意倾听发动机有无异常声响，如有异常情况，及时停机检查。

（5）做好发动机周期维护，一般工程机械的柴油发动机每运转 250 h，要更换 1 次机油和机油过滤器，更换机油过滤器的同时更换柴油过滤器，如果发动机长时间没有运转，也要保证 1 年更换 1 次机油。

（6）发动机使用过程中，每班一定进行例行检查，努力做到空气滤芯清洁、无油液渗漏、各紧固螺丝无松动、风扇皮带松紧度合适、进排气通道畅通。

（7）特别注意做好发动机涡轮增压器、中冷器的维护工作，注意进气管路的密封，注意清洁散热器外表的尘土。

（8）依据发动机运转时间和运转情况，进行气门调整是必要的维护工作（具体技术指标要参阅发动机的操作使用说明书和维修手册）。

（9）在日常使用中，注意维护好发动机的燃油系统，做到添加使用优质柴油、定期排放油水分离器内杂质、按照使用时间及时更换柴油滤清器、定期清洗燃油箱，这样将有效地降低发动机燃油系统故障概率。

（10）如果发动机故障时，需要对部分部件解体维修检查，一定依据发动机使用说明书或者维修要求，做到装配顺序正确、装配间隙合适、螺丝紧固（力矩正确）、技术要求达标。

3. 液压系统的维护

液压系统是施工设备动力传递的重要通道和各功能动作的控制通道，是施工设备性能的重要标志之一，也是设备出现故障后比较难以处理的一个方面。液压系统产生故障的原因除了液压部件本身的正常磨损、质量缺陷这些因素外，最主要的原因就是日常维护不当和操作使用不当。液压系统出现故障后，往往需要结合液压部件自身的功能和结构、液压回路内其他相关液压部件、电气控制元件等做系统的分析，通过测量、分析、判断，才能最终确定故障部位和原因，排除故障。这里仅就液压系统的维护方面，提出以下几点要求：

（1）注意检查液压油油位，定期检查液压油含水、含杂质、受氧化等影响质量的情况，定期清理散热器外表的积尘。

（2）应尽量做到液压系统油路各部位接头无松动、无泄漏、无外界杂质和污物进入，在维护和维修时更要注意不得有杂质进入和不得污染系统油液，拆卸液压元件时谨防液压封闭面划伤，轻拿轻放，装配时不得敲击，同时注意正确使用和安装液压系统的密封件。

（3）设备操作与运转过程中注意观察液压系统压力表、温度表的指示是否正常，启动液压泵或马达时注意倾听运转的声音有无异常，如有异常情况及时停机检查。

（4）按照设备使用说明书要求更换液压系统过滤器和液压油，添加相同型号的液压油。

（5）做好电气元件的日常检查与维护，保证接线牢靠、安装螺丝紧固。

（6）不要轻易改变设备原来的液压系统管路长度，不要轻易改变检测元件、电气元件的性能，也不要轻易改变这些元件的安装位置。

（7）在进行液压系统的检查与维修时注意积极使用便捷的检测仪器、采用科学的诊断方法。

4. 工作装置的维护

工作装置一般直接接触工作对象，所处的温度、材料、受力变化等情况比较复杂，日常检查和维护不注意的话将造成严重的非正常磨损消耗，甚至设备报废。工程机械工作装置的维护应做到以下几点：

（1）注意检查工作装置螺丝紧固情况，及时检查刀片、斗齿、履带板、防护板、销套等易磨损部件的磨损程度，需要更换时及时更换。

（2）做好各处轴承、连接销套、传动关节、传动链条、铰接销处的润滑工作。

（3）注意检查并调整各传动链条、履带、输送带松紧度。

【问题引导 5】

写出工程机械维护质量检验的要求。

____

____

【学习提示】

工程机械维护必须建立专职检验和群众检验相结合的体制，坚持自检、互检和专职检验相结合的检验制度。

专职检验机构或人员负责维护、修理质量的检验工作，独立的维护班组（如维护车间）可设立专职或兼职的质量检验员负责工程机械技术维护质量检验工作。必须坚持由操作人员进行的维护（如例行维护、一级维护）应由操作人员自检，班组长复检，专职人员抽检；由专业维护人员进行的维护（如二级维护、三级维护）应实行维护人自检、互检，班组长复检，专职人员逐台检验和操作人员验收的制度。

通过维护后和维护前对维护项目的对比检查，结合工程检验可以较准确地判断维护质量。工程机械维护质量检验应贯彻维护前检查、过程检验和维护后验收的三检制度。二级以下维护的维护前检查和维护后验收，应进行原地检查和原地发动检查，必要时进行短途行驶检查。二级以上维护应进行原地检查、原地发动检查和短途行驶检查，必要时进行负荷工作检查。一般情况下，不得进行解体检查。

工程机械维护质量检验应逐步实现检验仪表化，采用先进的检测诊断技术，使工程机械维护质量检验工作建立在科学的基础上，结果准确、可靠。

四、拓展学习

经历 2011—2015 年的市场深度调整后，自 2016 年以来，受益于国家加大基础设施建设投资力度，工程机械行业连续四年呈现增长态势，2017 年全行业营业收入重新跨上了 5 000 亿元平台，2019 年更是达到 6 681 亿元，同比增长 12%，创历史新高。2020 年以来，随着新冠疫情的逐渐缓解，下游投资增速持续回升，基础设施投资回升，地产及采矿业复工情况较好。在基建投资、房地产投资的驱动下，工程机械行业需求仍将保持增长的态势。

2006—2019 年，工程机械行业随着国家基础工程建设政策及投入呈现一定的周期性变化。2006—2010 年，为满足基建需要，工程机械行业大幅增长，形成了一定的市场保有量规模。在环保政策之下，2020 年 12 月 1 日起，非道路移动机械排放要求由“国三标准”切换为“国四标准”，重型柴油车从 2021 年 7 月开始强制推行“国六标准”，不达标者将接受改造或淘汰。更新替代高峰叠加环保政策驱动，工程机械更新升级需求加速释放。

近十年来，我国农村基建需求量大幅增长，而我国农村劳动力短缺问题加剧。劳动力短缺、人口老龄化造成农村劳动力成本持续上升，叠加国内工程机械巨头产品布局的不断完善，小型和微型挖掘机在国内大型城市、广大农村地区受到广泛使用，在旧城改造、管道开挖、农村农业生产、农村房屋和道路建设等方面而创造了较大的经济效益。

根据英国工程机械信息提供商 KHL 统计，2019 年全球工程机械 50 强企业收入 2 027 亿美元，其中徐工集团、三一集团、中联重科进入全球工程机械厂商前 10 名，国产品牌全球竞争力逐步提升。以挖掘机为例，在 2010 年我国挖掘机净进口 38 794 台，当年出口仅 2 972 台。近些年随着海外需求上升及产品品质提高，我国挖掘机出口量快速增长，2018 年起我国挖掘机实现净进口向净出口的转变。

随着工程机械设备应用需求的扩大，工程机械行业已拥有较大的市场保有量，相关配套产品的产业链逐渐成熟，工程机械售后市场蓬勃发展。售后市场需求的扩大逐渐培养了更为成熟、规范的机械产品维修保养的应用习惯，进一步推动主要零部件行业的快速发展。

五、评价反馈（见表 5-8）

表 5-8　自评与反馈

序号	评价项目	评价标准	分值	得分
1	工程机械管理基本知识	能正确理解工程机械管理的概念、内容和要求	10	
2	工程机械维护的分级、周期	能正确说出工程机械维护的分级、周期，各级维护该由谁来执行	10	
3	工程机械维护要点和注意事项	能正确说出工程机械维护的要点以及维护过程中要注意的事项	10	
4	工程机械维护质量检验	清楚工程机械维护质量的要求，能准确指出他人在维护过程中不到位的地方	10	
5	工作态度	态度端正、无无故缺勤、迟到、早退现象	10	
6	工作质量	能正确理解工程机械管理中安全、环保要求，按计划完成工作任务	10	
7	协调能力	与小组成员、同学之间能合作交流，协调工作	10	
8	职业素质	能做到安全生产，文明施工，保护环境，爱护公共设施	10	
9	知识拓展	能查阅文献，深入学习相关知识	10	
10	创新意识	能针对具体管理案例，运用新知识思考可能的创新点	10	
合计			100	

六、课后巩固

（1）一般情况下工程机械维护采用就机维护综合作业方式，规模较大、机械设备较多的单位可采用________________的方式。有条件的单位还可采用总成互换的维护方法。

（2）换季维护指机械在季节温度变换时所进行的一种适应性维护，其主要作业内容是换用适合不同季节温度的燃油、______、润滑脂和液压油，采取防寒或____措施。

（3）必须坚持由操作人员进行的维护（如________________）应由操作人员自检，

班组长复检，专职人员抽检；由专业维护人员进行的维护（如________________）应实行维护人自检、互检，班组长复检，专职人员逐台检验和操作人员验收的制度。

（4）不要轻易改变设备原来的液压系统管路长度，不要轻易改变____________的性能，也不要轻易改变这些元件的___________。

（5）技术维护计划应同时下达给__________和_________。月度维护计划还应抄送或通知____________________，以保证维护计划的落实。

情境五任务二数字资源

学习情境六 工程机械修理管理

学习目标

通过本情境的学习，你应该能够掌握以下知识：

（1）工程机械修理管理的内涵、绿色维修及再制造技术；

（2）工程机械修理的作用与分类，工程机械修理作业内容；

（3）工程机械总成、整机大修标志。

通过本情境的学习，你应该能够具备以下能力：

（1）编写制定工程机械年度、季度、月度修理计划；

（2）组织实施工程机械总成、整机大修理作业；

（3）组织完成工程机械修理作业的质量检验与验收。

任务一 工程机械修理分类

一、任务描述

掌握工程机械修理的作用与分类，工程机械修理作业内容。

二、任务要求

在本学习任务完成过程中，你应该努力做到以下几点：

（1）能描述工程机械修理的基本概念；

（2）掌握工程机械修理的作业方法与修复工艺；

（3）能识别工程机械大修标志。

三、任务实施

将学生按特定数量分组，明确每组的工作任务，并填写分组任务表（见表 6-1），每组任务可以一样也可以有差异性，视任务大小而定。

表 6-1　学生分组任务情况表

组别	工作任务	备注
1		
2		
3		
4		
5		
6		

【问题引导 1】

在同样的使用、维护条件下，机械设备使用寿命的长短主要由什么决定?

____

____

【学习提示】

1. 工程机械修理的基本概念

工程机械在使用过程中，由于受外界负荷及内外部因素的影响，机械的零部件必然会发生磨损、疲劳、变形、腐蚀和老化等现象，加强工程机械维护工作，虽然能有效地减轻或减缓上述现象，但不能完全防止其产生。因此，随着工程机械使用时间的增加，机械设备的动力性能、经济性能和安全可靠性等技术性能必然会不断降低，最终将不可避免地产生各种故障，导致工程机械不能正常工作。为了恢复工程机械的技术性能、使其能正常工作，必须对工程机械采取一系列的技术措施，这些为恢复已发生故障机械设备的技术性能而对其进行的拆卸、清洗、检验、修复、更换、装配、调试等一系列的技术措施即统称为工程机械修理。修理是恢复机械设备完好状况、保持机械设备技术性能指标的唯一手段，是机械设备管理中的一项重要工作。工程机械修理的对象是已产生或即将产生故障的工程机械设备，其目的是排除故障或隐患，使工程机械恢复正常的技术状态。

2. 工程机械修理的作用

（1）恢复机械设备的技术性能，保证工程机械正常工作。即使在正常使用、维护的前提下，任何机械设备都不可能永远保持正常的工作状态。随着时间的推移，组成机器的各零部件必然会发生磨损或其他变化；当一些零部件的磨损或变化超过了使用允许的限度时，就会导致机器不能正常工作，就必须修理。通过修理，恢复零部件的几何尺寸、表面粗糙度、理化性能和装配间隙等，使零部件、总成达到正常的技术指标、工作状况，才能恢复机器的性能指标并正常运转，从而有效地降低机械设备故障对工程施工的影响。

（2）延长机械设备使用寿命，降低工程建设项目成本，提高施工单位经济效益。

任何机械设备都不能无限期地使用，都有规定的修理标志和相应的修理间隔期，达到修理标志就必须进行修理；否则，工程机械就无法正常使用，就会严重影响工程建设项目的工期和质量。一般情况下，在机械设备整个寿命周期中，可进行四次大修，加上新机出厂后的间隔期，共有五个大修理间隔期的寿命；除第一个大修间隔期是由工程机械生产制造企业决定外，其余的大修理间隔期寿命都是通过大修取得。因此，在同样的使用、维护条件下，机械设备使用寿命的长短主要由大修质量所决定。通常，一台机械设备如果未经过大修就报废，只能使用一个大修理间隔期，只达到规定使用寿命的 1/4 左右；但一台机械设备的一次大修费用约只占原值的 1/3，可获得相当于新机三倍的使用寿命，可大幅度降低机械设备使用成本，节约资源。在满足工程项目建设速度、质量、安全、环保的前提条件下，合理延长机械设备使用寿命，可减少购置新机械设备的投资，降低工程建设项目成本，提高施工单位经济效益。

【问题引导 2】

工程机械修理有哪些作业方法和修复工艺?

____

____

【学习提示】

1. 工程机械修理的作业方法与修复工艺

机械设备的修理方法因工程建设项目工期需要，零部件自身的材料、结构不同，零部件损伤的部位、形式、程序不同而异。总体而言，常用的修理方法主要有钳工和机加工修理、焊修、喷涂、电镀、黏结和压力加工六大类。

2. 钳工和机加工修理方法

钳工和机加工修理方法是指利用钳工和机加工的方法来恢复零部件技术状况的修理方法。这类方法是各种修复工艺中性价比最高、实际修理中应用最多的一类方法，它包括更换新零部件（新总成）法、调整法、换向换位法、修理尺寸法、附加零件（镶套修理）法、局部更换法等六种作业方法。

（1）更换新零部件（新总成）法。

已经磨损、损坏不可修复或不值得修复的零部件，可以用新的零部件替换。零部件的更换主要取决于两方面的因素：一是技术上的原因，二是经济上的原因。

技术原因是指零部件磨损或损坏较严重，无法修复或修复后不能满足技术要求；如有的发动机曲轴可继续修磨、强度足够，但修复后与之配合的轴瓦尺寸超过允许限度，而买不到与曲轴轴颈相配的轴瓦。

经济原因是指零部件修复所耗用的成本比新零部件价值还高，不值得修复。如大修发动机时，活塞环必须全部更换而不进行修复。在工程项目建设过程中，为了不影响工期，机械设备各总成产生故障后，施工单位通常采取新总成更换法进行修复。

（2）调整法。

调整法是一种最简便、最经济的方法，应优先采用。很多机械设备在设计制造时就考虑到一些部位的调整问题，例如柴油机的气门挺杆、高压油泵的挺杆都可用改变螺丝和螺母的相对位置维持规定的挺杆长度。螺旋锥齿轮的啮合间隙、锥形滚柱轴承的游隙调整等均采用调整法。

（3）换向换位法。

换向换位法指的是对于使用中仅是单边磨损或损伤具有明显方向性的零部件，如结构允许，可将其换个方向安装，以使零部件没有损伤或损伤很少的面换到工作位置，从而恢复机械设备性能，使其正常工作的方法。例如，履带式推土机，当其单边磨损到一定程度后，即可采用换向换位法将推土机左、右两侧的最终传动齿轮和驱动链轮变换安装；又如推土机铲刀的主刀板，当其单边磨损到一定程度后，也可采用换向换位法将推土机铲刀的每一块主刀板换向 180°安装，从而利用其未磨损的一面继续工作。

（4）修理尺寸法。

修理尺寸法是修理配合副零件使其恢复配合性能的一种修理方法。修理中，对于损伤超限的配合副零件，可对其中一件的配合（工作）表面进行机加工整形，以恢复其形状精度和表面质量，然后根据零件加工后的新配合尺寸及配合性质的要求，更换与之相配合的另一配合零件的修理方法即称为修理尺寸法。修理后配合零件的尺寸与原来不同，这个新尺寸称为修理尺寸，修理尺寸与原尺寸的差值则称为修理间隔。例如，曲轴与轴承配合副，当磨损使配合间隙超限时，采用磨曲轴而更换相应尺寸轴承的修理方法；又如，发动机缸体磨损后按修理尺寸镗孔，更换加大活塞的修理方法。修理尺寸法的优点是能有效地延长配合副中贵重零件的使用寿命，但是由于配合尺寸的改变，破坏了零件的互换性，给机械设备的维修带来了很大的不便。为了解决零件互换性问题，各行业对于本行业较适合采用修理尺寸法修复零件的各级修理尺寸及级差做了明确的规定，以满足维修需要。修理中仅需确定修理尺寸或修理级差即可，例如曲轴轴颈的修理间隔一般为 0.25 mm，最大允许修理量为 1.5 ~ 2 mm；发动机气缸孔的修理间隔一般也为 0.25 mm，最大允许修理量为 1.5 ~ 2 mm。

（5）附加零件（镶套修理）法。

附加零件法适用于修理配合件。对于配合零件，当其磨损超限时，可将零件配合表面机加工整形，并在原配合件中增加一个附加零件，以恢复原有的配合，该方法称为附加零件法。例如，气门座磨损烧伤后镶气门座圈，干式气缸镶气缸套等均属于附加零件（镶套修理）法。附加零件（镶套修理）法的优点是可一次恢复很大的磨损，零件加工时不受高温影响，修复质量高，可多次更换附加零件，有效延长复杂零件的使用寿命。但其对零件强度有较大削弱，且往往受到零件结构的限制而难以实施，工艺也较复杂。

（6）局部更换法。

局部更换法是对于使用中仅局部损伤超限而其他部位完好的零部件所采用的一种修理方法。对于此类零部件的修理，可将其损伤严重部位去除，然后采用焊接、镶嵌、螺钉连接等方式重新连接上一个新的部分，以恢复零部件原有形状、尺寸及表面质量等。如大型齿圈的个别齿损坏超限时，采用镶齿或镶齿扇的方法即是局部更换法。这种方法的优点是能有效地修复大型零部件的局部损伤，能节约大量金属材料，但其修复工艺复杂。黏结成一体的修复方法在修理中主要用于代替铆接来连接构件（如离合器摩擦片的黏结等）；黏补破损的零件与裂纹（如缸体破裂的黏补等）；黏结修复零件局部磨损（如液压缸活塞杆磨损黏补等）。黏结修复的优点是操作简单方便，可用于任何材料间的黏结，接头部位应力分布均匀、耐疲劳性好，黏补处防漏密封性好；缺点是抗冲击、弯曲、剥离的强度低，耐高温、抗老化性差。常用的黏结剂包括有机黏结剂和无机黏结剂两大类，有机黏结剂主要有环氧树脂黏结剂和酚醛树脂粘黏结，无机黏结剂主要为氧化铜与磷酸铝溶液配成的黏结剂，可直接从市场上选购成品使用。

（7）压力加工修理法

压力加工是利用外力作用使金属零件产生塑性变形，恢复零件的几何形状或使零件非工作部位的金属向磨损部位移动，以补偿磨掉的金属，恢复零件工作表面原来的尺寸和形状的修复方法。

压力加工修理法的优点是省工省料，修复质量好，生产效率高，成本低；缺点是需要专用模具，应用受材料结构、性质限制。此方法适用于修复形状简单、材料塑性好的零件，如气门镦粗修复、连杆衬套挤压加工等。

【问题引导 3】

工程机械修理的作业内容有哪些？

____

____

【学习提示】

1. 工程机械修理的作业内容

工程机械修理的作业内容较多，主要是恢复零件的几何形状、几何尺寸、表面粗糙度、理化性能和装配技术条件；同时包括对修理部位和规定的部位进行维护作业的全部内容。修理时，必须按修理范围对需修部位进行解体、清洗和鉴定，保留免修范围的零件，修复可修且值得修复的零件，更换不可修、不值得修复的报废零件。按技术标准重新进行装配，然后试运转和整体检验，达到规定的性能参数后，方为修理完毕。对可修且值得修复零件进行修复的工艺有“焊、补、喷、镀、铆、镶、配、涨、缩、校、黏、改”十二字修旧作业法。

2. 工程机械修理分类

根据修理工程机械的内容、性质不同，划分为小修、项修、中修和大修。

（1）小修。

小修是指工程机械使用过程中所进行的一般零星修理作业，排除由偶然因素引起的突发性故障。其目的在于消除工程机械在使用过程中，由于操作使用、维护不良或个别零件损坏而造成的临时故障和局部损伤，以维持工程机械的正常运行。小修属于事后修理，一般在修理车间或施工现场完成。

（2）项修。

项修是指工程机械在进行二级、三级维护或转移前维护过程中，根据维护前对工程机械运行情况或技术状态检测的基础上，针对即将发生故障的零件或技术项目而进行的事前单项修理作业。其目的是消除工程机械存在的故障隐患，更换损伤严重的零部件，平衡零部件。

① 焊接修复。

零部件的焊接修复是将焊接技术应用于零部件的修理而产生的各种修复方法。其具体的方法种类较多，应用广泛，但从修理的内容和目的来看主要有以下两类。

a. 焊补各种金属零部件的裂纹、破损、断裂等损伤。焊补的目的是使零部件的破、裂、折断等处重新恢复原来的连接状态，并能承受足够的荷载，满足零部件的工作要求（如密封、防泄漏等）。采用的方法是通过各种焊接工艺在金属零部件的损伤部位形成一定的焊缝，利用焊缝金属使零部件间形成牢固的冶金连接，因而连接强度高，修理质量好。

由于工程机械基础件、结构件较多，且形状复杂、荷载多变、冲击荷载大，因此各种断裂部位较多。这些断裂部位都属于金属件，一般易于施焊，焊接后大多无需加工，且所需焊接设备简单，因此这种方法特别适合于工程施工现场维修。常用手工电弧焊和氧-乙炔火焰焊两种作业方法。

b. 堆焊是采用电弧或各种火焰将焊条（焊粉）溶化堆敷在零件磨损表面，使其与零件基体金属熔接相连，从而在零件表面形成一层敷盖层使零件磨损部位得以恢复的特殊焊接方法。

堆焊修复的优点是生产率高、可快速修复磨损量很大的零件，且修复堆焊层的硬度高、耐磨性好、与基体金属结合强度高；缺点是局部高温对零件的影响大、堆焊层内应力大、降低零件的疲劳寿命，且设备、工艺复杂，焊料品种多，难于配齐，因而影响其使用。此方法适用于要求具有较高耐磨性，且承受疲劳荷载较小的零件磨损的修复，如履带式机械行走机构零件的修复。

② 喷涂。

喷涂也是一种在零件磨损表面涂敷一层金属（非金属材料）敷盖层，从而对磨损的零件进行恢复尺寸的修理方法。它是用高速气流将熔化的粉末材料或金属线材吹成雾状，并使之喷射向事先处理好的零件表面上，从而在零件表面形成一层金属敷盖层以修复磨损的零件。

喷涂修复的优点是零件受热影响小，能一次快速修复很大磨损，且修复层的耐磨性、磨合性均很好；缺点是涂层与基体金属结合强度低，且喷涂过程噪声大、金属损耗多、环境污染重。此方法适用于修复各种在润滑条件下工作的配合副轴颈的磨损，如发动机曲轴轴颈磨损后的修复等。

③ 电镀。

电镀是利用电镀技术对零件磨损表面进行恢复尺寸的一种修复方法。其修复过程是将金属零件浸入到金属盐的溶液中，并将其作为阴极通电，在电场作用下溶液中的金属阳离子就会在零件阴极表面得到电子而结晶析出沉积到零件表面，从而形成镀层，修复磨损的零件。

电镀修复的优点是金属修复层的强度、硬度、耐磨性、耐腐蚀性均较好，且镀层表面光滑平整，对基体金属无影响；缺点是镀层性能随镀层厚度增加而急剧下降，生产率低、对环境污染大，设备复杂。此方法适用于修复磨损量小（一般不超过 0.5 mm）、加工精度要求高的零件，如液压元件的修复。

④ 黏结修复。

黏结修复是利用化学黏结剂与零件表面产生物理、化学等多种综合作用来将两个零件的使用寿命延长，使工程机械在两次维护之间或转入新工地之后能维持正常的技术状态。作业内容视修理项目不同而有较大区别，一般结合维护计划同时安排进行。

（3）中修。

中修是指工程机械在两次大修之间，对一个或几个总成有计划进行的平衡性修理。工程机械经过一定时间的使用之后，有的总成磨损较慢，有的总成磨损较快，使工程机械不能协调一致地正常工作。为此，对工程机械部分总成进行中修，以调整各总成之间的不平衡状态，恢复工程机械技术性能，中修一般需有计划地安排在修理厂或工地修配车间进行。

（4）大修。

大修是指全面恢复整机技术状况的修理。大修时要对工程机械进行全面的解体、清洗、检验、修理或更换损坏及磨损超限的零件，重点在于基础件、重要零件的修复与更换，并对外观进行整修。大修后的工程机械应达到新机械出厂时的技术性能指标，大修应根据工程机械的工作时间及技术检验结果有计划地进行，一般在修理厂内完成。

3. 工程机械总成及整机大修标志

在工程机械运行过程中，应定期对工程机械技术状况进行检测，当发现其技术状况明显劣化，达到了工程机械总成或整机的大修标志时，需及时对工程机械进行大修。

【问题引导 4】

什么是发动机大修标志?

____

____

【学习提示】

1. 发动机大修的标志

（1）动力性能显著降低，经调整后无明显提高。发动机功率较额定功率降低 25% 以上或移动式工程机械较正常情况下需降低一个挡位工作。

（2）气缸磨损超限，气缸压缩压力达不到额定压力的 75%时。

（3）机油消耗量显著增加，压力下降；燃油消耗量显著增加。

（4）发动机运转中连续发生敲缸、轴承响、活塞销响等异响。

2. 轮式底盘总成大修标志

（1）机架总成。主梁断裂、锈蚀、弯曲或扭曲变形超限，大部分铆钉松动或磨损，主要焊缝开裂，必须拆卸其他总成后才能进行校正、修理或重新铆接，方能修复者。

（2）变速器总成。壳体破裂、轴承座孔磨损超限，齿轮或轴出现严重磨损，需彻底解体修理者。

（3）驱动桥总成。桥壳破裂、变形，半轴套管座孔磨损超限，主减速齿轮严重磨损，需要校正或彻底修理者。

（4）转向桥总成。桥梁裂纹、变形，主销孔磨损超限，需要校正或彻底修理者。

（5）工作装置总成。主要零部件裂纹、变形，铰接销孔磨损超限，需要校正或彻底修理者。

3. 履带式底盘总成大修标志

（1）机架总成大修标志同轮式底盘。

（2）变速器总成（包括分动箱）。壳体破裂，轴承座孔磨损超限，齿轮及轴磨损严重，运转中有脱挡现象及不正常响声，锥齿轮磨损超限，需修换者。

（3）转向离合器总成（包括制动器及液压助力器）。离合器外壳、压盘及分离杆破损、磨损、翘曲超限，摩擦片磨损、硬化、龟裂，制动带需重新铆接，液压助力器壳体、柱塞、油泵轴头、齿轮等磨损松旷致使操纵力增大至 80 N 以上，离合器、制动器、助力器操纵机构零件磨损超限而无法使其正常结合，需修理者。

（4）驱动机构总成。最终减速器壳体、主动接盘、驱动轮体破裂，各轴承座孔磨损超限，大部分花键轴、驱动轮、半轴磨损或变形断裂，减速器齿轮磨损松旷运转时有异响，各轴承、弹簧、护油圈磨损漏油有 50%以上，需修换者。

（5）行走机构总成。八字架变形、断裂，各轮组轮缘工作面磨损严重，轴套、轴、挡板松旷有 30%以上，需修换者。

（6）工作装置总成大修标志同轮式底盘。

4. 液压系统大修标志

液压泵、马达壳体破裂，轴头磨损超限，内部零件磨损严重致容积效率下降超过 25%或运转时产生异响必须解体修理，液压缸密封失效或磨损严重致外泄漏明显或液压缸沉降量显著增大，液压缸动作效率及作用力明显下降，液压系统管路及橡胶密封件老化破裂使系统多处泄漏无法正常工作，系统各阀类元件损伤超限致使系统压力、流量、方向控制准确性显著下降且调整无效，需拆修或更换者。

5. 电动机、发电机大修标志

（1）在额定荷载下测量线圈温度超过规定值。

（2）线圈烧损、断路、短路。

（3）转子轴弯曲松动、裂纹轴头磨损超限，滑环和整流子烧损、磨蚀到极限，绝缘不良，铁芯嵌线槽内绝缘有枯焦脱出现象，碳刷架破损变形。

6. 空气压缩机大修标志

（1）风量、风压显著降低，对阀及调节器调整后仍达不到额定参数，排气量比额定参数减少 25%。

（2）在没有外漏的情况下，机油消耗量增大，排气口有严重喷油现象。最后运转 30 h 内的机油添加量超过定额 100%。

（3）在运转时，产生严重的异常响声。

（4）主要零部件磨损超限。

7. 工作装置大修标志

（1）推土装置、松土装置严重变形或破裂。

（2）铲运斗框架或上梁严重变形，底板、侧板及推土板破裂。

（3）起重臂中心线偏移或挠度超过使用限度。

（4）挖掘斗、斗杆、动臂破裂或变形。

（5）平地机的牵引架、环齿圈、刮刀松土器及其固定装置破裂、严重变形。

（6）工作装置严重变形、破裂，不能满足正常使用条件。

8. 整机大修标志

（1）发动机和机架总成同时达到大修条件。

（2）发动机和其他 1/2 ~ 1/3 总成同时达到大修条件。

四、拓展学习

【问题引导 5】

工程机械修理计划的制定要注意哪些问题？

____

____

【学习提示】

在制定工程机械修理计划时，为了既保证工程机械能及时得到按需修理，避免过度修理或修理不足，同时又尽可能减少机械修理对工程施工的影响，减少停机时间，提高工程机械利用率，应注意以下几点：

（1）工程机械修理的作业内容、作业深度，除小修作业外，须依据对工程机械进行技术检测基础上的综合技术评定来确定，以做到按需修理。

（2）在确定修理作业内容时，应在考虑工程机械的使用环境、负荷程度、运行总时间及维护水平等因素后综合评定。

（3）对于作业量及作业难度较大的项修、中修及大修，应尽可能安排在工程施工淡季，以减少停机修理对工程施工的影响。

（4）工程机械的检测维修必须配备足够的技术力量及检修设备，并严格按照检修计划与技术标准进行。

五、评价反馈（见表 6-2）

表 6-2　自评与反馈

序号	评价项目	评价标准	分值	得分
1	工程机械维修基本知识	能正确理解工程机械维修的概念	10	
2	工程机械修理分类	能根据修理工程机械的内容、性质不同区分小修、项修、中修和大修	10	
3	工作装置大修标志	能识别工作装置大修标志	10	
4	整机大修标志	能识别整机大修标志	10	
5	工作态度	态度端正、无无故缺勤、迟到、早退现象	10	
6	工作质量	能正确理解工程机械管理中安全、环保要求，按计划完成工作任务	10	
7	协调能力	与小组成员、同学之间能合作交流，协调工作	10	
8	职业素质	能做到安全生产，文明施工，保护环境，爱护公共设施	10	
9	知识拓展	能查阅文献，深入学习相关知识	10	
10	创新意识	能针对具体管理案例，运用新知识思考可能的创新点	10	
合计			100	

六、课后巩固

1. 填　空

（1）为恢复已发生故障机械设备的技术性能而对其进行的拆卸、_______、检验、修复更换、________、_________等一系列的技术措施即统称为工程机械修理。

（2）__________、___________或___________的零部件，可以用新的零部件替换。

（3）零部件的更换主要取决于两方面的因素：一是______________________，二是______________________原因。

（4）根据修理工程机械的内容、性质不同，划分为_____、______、中修和_____。

2. 判　断

（1）中修是指工程机械在两次大修之间，对一个或几个总成有计划进行的平衡性修理。(　　)

（2）工作装置大修标志是在没有外漏的情况下，机油消耗量增大，排气口有严重喷油现象。最后运转 30 h 内的机油添加量超过定额。(　　)

（3）在同样的使用、维护条件下，机械设备使用寿命的长短主要由大修质量所决定。（　　）

（4）达到修理标志就必须进行修理；否则，工程机械就无法正常使用。（　　）

情境六任务一数字资源

任务二　组织实施工程机械大修

一、任务描述

了解工程机械大修工艺的概念，以及进行工程机械修理检验质量分类

二、任务要求

在本学习任务完成过程中，你应该努力做到以下几点：

（1）能进行工程机械修理检验质量分类；

（2）能组织实施工程机械总成、整机大修理作业；

（3）能组织完成工程机械修理作业的质量检验与验收。

三、任务实施

将学生按特定数量分组，明确每组的工作任务，并填写分组任务表（见表 6-3），每组任务可以一样也可以有差异性，视任务大小而定。

表 6-3　学生分组任务情况表

组别	工作任务	备注
1		
2		
3		
4		
5		
6		

【问题引导 1】

工程机械修理计划的制定要注意哪些问题？

____

____

【学习提示】

工程机械大修工艺过程是指工程机械在大修理期间，从工程机械的入厂检验交接直至修理竣工出厂的整个工艺过程。工程机械大修的基本工艺过程分为就机修理工艺与总成互换修理工艺两大类。

（1）就机修理工艺。

就机修理工艺是指在工程机械的大修过程中，一台机械设备上的零件经过清洗、检验、修理之后仍装回到原来机械设备上的修理工艺。这种大修工艺的特点是修理所需的配件储备少，便于组织生产，适合于分散作业及修理量小而机型复杂的修理厂。但由于需等修理时间最长的零件修好之后才能进行组装，易造成停修待料现象，工程机械停修时间长。

（2）总成互换修理工艺。

总成互换修理工艺是指在大修过程中，除机架等基础件采用就机修理之外，其他部件、总成均用事先修好的（新的）总成来进行替换修理，而换下的部件、总成则另外安排修理。总成互换修理工艺的优点是修理速度快，机械设备停修时间短，但要求储备一定数量的备用总成，因而较适合于修理机型相对固定、修理量较大的修理厂。

【问题引导2】

在工程机械大修过程中，相关人员的组织按作业方式不同分为____________和____________两种。

【学习提示】

工程机械大修过程中的劳动组织是指大修过程中相关人员的组织方法。在工程机械大修过程中，相关人员的组织按作业方式不同分为如下两种。

（1）综合作业法。这是指在对一台工程机械的修理过程中，除了部分零件的修配加工由专业人员完成外，其他全部修理及装配工作都由一个修理小组来负责完成的作业方法。这种方法的特点是组织简单灵活，适用于分散作业，但对修理工要求高，修理质量不稳定，停修时间长。一般适用于修理量不大且修理机型多的修理厂。

（2）专业分工法。这是指将工程机械的修理作业按工种、部件、总成或工序分成若干个单元，每个单元由一人或几人专门负责完成的组织方式。其特点是专业化程度高，易于提高单项作业的熟练程度，可采用专用工具，修理质量稳定、工作效率高、速度快、机械停修时间短、成本较低。但要求有较高的组织管理水平，各个单元必须紧密配合完成工作。适合于修理量大且机型相对固定的修理厂。

【问题引导3】

什么是工程机械修理检验质量分类?

____

____

【学习提示】

1. 工程机械修理检验质量分类

工程机械维修过程中的质量检验工作是保证修理质量的关键，也是防止返工的重要环节，其检验的对象既有零件、部件，也包括总成和整机，贯穿维修的全过程。一般按工程机械在维修过程中的工艺位置不同，检验分为下列几种。

（1）零件修理过程中及修后检验。

零件修理过程中检验是指修理人员根据修理工艺要求，为检查或控制零件修理质量而进行的检验。由维修人员自行完成。其目的是通过检验来判断零件修理是否达到了技术要求，是否需继续修理。修后检验则是对修理竣工零件所进行的质量验收检验。一般由专业技术人员负责，通过检验判定零件是否达到了技术要求，确定其是否为合格品、废品或返修品。

（2）零件装配前检验。

零件装配前检验是指在机械装配前，对准备安装的零件所进行的检验。其目的是通过检验以确认零件是否符合质量标准从而确保修理质量。一般由装配人员自行完成。

（3）装配过程中及装配后检验。

装配过程中检验是指在装配过程中对每一工序所进行的检查，是避免装配误差及损坏、保证装配质量的关键，对于组合件及配合件间的间隙、过盈、偏摆量、高出量、游隙、调整紧度等更应注意检查，重要部位应经过技术人员检查验收后方可进行下一步工作。装配后检验是指部件、总成及整机装配后的检查验收。对部件主要是检查其装配过程中的累积误差是否超过技术要求，能否进行下一步装配；而对总成及整机，主要通过试运行试验以检查其各项技术指标是否达到大修后技术要求，修理装配质量是否合格，能否出厂等。一般在磨合试验后由技术人员进行该项检查。

2. 工程机械修理中的质量检验制度

为了确保修理质量，减少返工率，必须建立健全完善的质量检验制度。质量检验制度的建立可以结合各单位的具体情况有针对性地制定，一般应包括以下几种制度。

（1）工程机械入厂的检验交接制度。工程机械入厂时必须由技术人员会同送修单位人员对入厂修理机械进行详细的检查，做好记录，并以此为确定工程机械维修内容的依据。

（2）零部件的检验鉴定制度。对于拆卸的零件，应由专业人员进行检验鉴定，填写检验鉴定记录表，并以此作为安排修理工艺、进行维修备料的依据。

（3）零件修理与装配过程中的自检制度。修理人员对自己所负责的修理作业应进行仔细的检验，填写检修记录，作为向下一工序移交的凭证。对于下道工序的修理人员来说，也应做好对上道工序修理作业的复检验证工作，如不合格有权拒绝接收。

（4）检查验收与抽检制度。在维修过程中，由专业质检人员对修理竣工零件及装配完成的部件总成进行验收检验，填写验收记录。对不符合要求的零部件或总成有权责令重新修理；对于修理过程中的自检，有权随时抽查复检以确保检验制度能切实可靠执行。

（5）竣工验收与出厂检验交接制度。对于修理竣工的总成及整机进行认真的检查验收，做好详细记录。对于修竣出厂的机械，应会同送修单位共同做好技术文件的填写交接工作。

（6）检验仪器定期校验制度。为确保检验工作的准确度，对检测工具、仪器进行定期校验，重要仪器应集中由专人保管。

四、拓展学习

【问题引导 4】

如何进行工程机械整机及总成的检查验收?

____

____

【学习提示】

1. 发动机的检查验收

发动机修理完成经磨合试验之后即应对其进行竣工验收。该项应由专业质检人员负责，并严格遵守竣工验收技术条件要求，只有验收合格的发动机才能进行整机组装或出厂。

2. 整机竣工验收

机械整机总装完成后，应由质检人员对整机进行检查验收，以确定其能否出厂。一般分四步进行，即外观检查、无负荷试验、负荷试验和性能测试。

（1）外观检查。包括完整性检查、连接可靠性检查和燃润料与冷却液检查等。

（2）无负荷试验。工程机械外观检查符合规定后即可启动发动机，使机械在各挡位无负荷运行 10 ~ 30 min。在运转过程中及运转后，须对发动机缸盖、传动系、行驶系、转向系、制动系等重要连接部位进行可靠性检查，发现不正常现象应立即排除。

（3）负荷试验。在额定负荷的 25%、50%、75%情况下，各挡运行 10 ~ 30 min，以检查工程机械各总成在负荷状况下的运转情况，检查内容及要求与无负荷试验相同。

（4）工程机械性能测试。工程机械的性能测试主要包括底盘行驶性能测试（如速度、转向、制动爬坡等），工作装置及作业性能测试两方面。工作装置性能主要测试其动作速度、作用力、液压缸沉降量及回转性能等；而作业性能则主要是指循环作业时间及作业质量等。

五、评价反馈（见表 6-4）

表 6-4　自评与反馈

序号	评价项目	评价标准	分值	得分
1	工程机械大修基本知识	能正确理解工程机械大修工艺过程的概念	10	
2	工程机械维修检验	能清楚零件修理过程中及修后检验要求	10	
3	工程机械维修质量检验制度	能够进行工程机械维修过程中的质量检验	10	
4	工程机械整机及总成的检查验收	能按标准完成工程机械整机及总成的检查验收	10	
5	工作态度	态度端正、无无故缺勤、迟到、早退现象	10	

续表

序号	评价项目	评价标准	分值	得分
6	工作质量	能正确理解工程机械管理中安全、环保要求，按计划完成工作任务	10	
7	协调能力	与小组成员、同学之间能合作交流，协调工作	10	
8	职业素质	能做到安全生产，文明施工，保护环境，爱护公共设施	10	
9	知识拓展	能查阅文献，深入学习相关知识	10	
10	创新意识	能针对具体管理案例，运用新知识思考可能的创新点	10	
合计			100	

六、课后巩固

1. 填　空

（1）工程机械的性能测试主要包括__________测试和_________测试两方面。

（2）在工程机械大修过程中，相关人员的组织按作业方式不同分为__________和__________两种。

（3）装配后检验是指_______、_______及_________的检查验收。

2. 判　断

（1）发动机大修之后即应对其进行竣工验收。(　　)

（2）工程机械入厂时由技术人员对入厂修理机械进行详细的检查。(　　)

（3）修后检验则是对修理竣工零件所进行的质量验收检验。(　　)

（4）专业分工法适合于修理量大且机型相对固定的修理厂。(　　)

（5）零件装配前检验一般由装配人员自行完成。(　　)

情境六任务二数字资源

任务三　绿色维修及再制造

在 20 世纪后期全球经济高速发展的同时，世界各国对自然资源的过度开采和对环境的无偿利用造成全球生态破坏、资源浪费和短缺、环境污染等重大问题，使人类面临环境、资源、人口三大威胁。从 20 世纪 80 年代开始，人们开始逐渐认识到必须转变对环境有害的生产和消费模式，形成了可持续发展的概念。对工程机械而言，在其寿命周期全过程中，制造、使用、维修这几个环节所需时间最长、耗能最大，造成的污染也最多，因而进入 20 世纪 90 年代，在可持续发展的经济发展战略倡导下，形成了 21 世纪维修学科发展模式，即绿色维修与再制造技术。

一、任务描述

了解工程机械修理管理的内涵及绿色维修与再制造技术。

二、任务要求

在本学习任务完成过程中，你应努力做到以下几点：

（1）正确表述绿色维修的概念；

（2）能编制绿色维修实施方案。

三、任务实施

将学生按特定数量分组，明确每组的工作任务，并填写分组任务表（见表 6-5），每组任务可以一样也可以有差异性，视任务大小而定。

表 6-5　学生分组任务情况表

组别	工作任务	备注
1		
2		
3		
4		
5		
6		

【问题引导 1】

什么是绿色维修？

【学习提示】

1. 传统维修业中存在的问题

维修行业是我国国民经济不可缺少的基础产业，它涉及范围相当广泛，大到巨型设备的修补，小到零部件的修复，维修行业量大面广。随着科学技术的发展，在维修行业生产过程中有些环节，如设备的拆卸、零部件的清洗、修复等，以及其他附加过程中，如燃烧过程、加热过程、冷却过程和成品整理过程，所使用的维修设备、维修场所都可能成为人为的污染源。

在维修行业中按排放污染的空间分布方式多数为点污染源，主要是设备在维修过程中所使用的工艺方法，如清洗、焊接、喷涂、刷镀以及机加工等，排出含有不同污染物的废物，如废气、废油（水）、废渣等污染大气、水体及土壤，同时还产生噪声、振动、电磁辐射和光辐射等污染，危害周围的环境。

传统的维修过程，由于没有考虑到机械设备在维修过程中所造成的环境污染、人体伤害及资源的合理利用等问题，造成大量的资源、能源浪费和环境污染，甚至是人体伤害。如焊接过程中产生的弧光电焊烟尘、金属气体、氟化氢、氮氢化合物、臭氧、一氧化碳、噪声等污染；由焊接而引起的电焊尘肺病已列为职业病之一。各种保护工作应给予重视。

2. 绿色维修的概念

绿色维修是综合考虑环境影响和资源利用效率的现代维修模式，其目标是除保持和恢复产品的规定状态这一物理目标外，还应满足可持续发展的要求。即在维修过程及产品维修后直至产品报废处理这一段时期内，最大限度地使产品保持和恢复原来的规定状态，又要使维修废弃物和有害排放物最小；既对环境的负面影响最小，且对人员（维修者和使用者）的劳动保护性好，还要使资源利用率提高。绿色维修是可持续发展战略和清洁生产模式在维修业中的具体体现，是现代维修业的可持续发展模式。

3. 绿色维修系统模型

绿色维修目标就是要做到资源的综合利用，在维修中能够节省能源，节省材料，保护环境和避免人员伤害。这些思想主要体现在维修的两个过程中：维修过程和零部件的生命周期（指零部件从投入使用到报废的全过程）。绿色维修实施内容中贯彻可持续发展思想，每一部分、每一细节，都要考虑到环保和节能问题。例如维修过程中注重回收、使用绿色维修设备、物料的节省及工作环境的保护等。在资源利用方面，主要考虑到绿色原料和绿色能源，要求来源丰富，便于利用，便于回收，而且不污染环境，即环保性好。对于维修后的零部件，整机应有环保要求，如要求能够节省能源，环保性好，便于拆卸，便于回收及再利用等。

实现绿色维修的主要途径：首先改变传统观念，加强立法及对可持续发展战略、清洁生产模式，以及有关节能环保的法律、法规的宣传教育，使人们在思想上认识节能环保的重要性；其次进行技术革新，对设备、工艺和技术进行更新和改造，从技术方面控制污染的产生；最后通过加强管理，制定严格的规章制度，杜绝耗能大、耗材多、污染环境等事件（现象）的发生。

绿色维修管理主要是生产管理和人员管理，要制定一些具体的绿色维修制度，规范人员证书，实行持证上岗；工作中实施清洁生产、规范操作，对工作成绩突出者给予绿色维修奖励等；对维修工艺、修理工厂及车间可以进行整体性的绿色维修评估，合格者颁发“绿色维修工艺”“绿色维修工厂”或“绿色维修车间”证书等。

【问题引导 2】

如何在维修过程中运用绿色维修技术？

____

____

【学习提示】

1. 绿色维修的实施方案

绿色维修方案要兼顾维修工艺的传统评价指标（适用性、耐久性和技术经济性）和“绿色性”指标。如在维修材料的选择上，要优先考虑无毒或少毒且来源广泛的材料；在工艺方案的选择上，要尽量选择无污染或少污染的工艺方案，如机加工中的磨削、铣削改为干磨削、干铣削，就可以有效地减少油液和乳化液的污染；焊接工艺中把明弧焊改为埋弧焊，就可以有效降低紫外线辐射和光辐射，甚至在条件允许的情况下还可以把焊接改为螺栓连接；在电镀时可以考虑使用无氰电镀液等。这些都是解决污染的一些措施，虽然这些做法有些从经济方面来看成本较高，但是符合维修业长远发展要求。

绿色维修不仅包括类似上面所述的维修中的创新，也包括对现有的维修方案、维修工艺的“绿色改造”。现有的维修形式上的污染一般有大气污染、水污染、噪声污染、振动污染、光辐射、电磁辐射、紫外线污染和固体废弃物污染等，这些污染的来源是维修工艺中的零件清洗、焊接工艺、黏结工艺、电刷镀工艺以及机加工工艺等。一般说来，针对以上污染都可以找出相应的解决方法，如通过改变能源结构改善大气污染，使用减振阻尼和屏蔽的方案来减少振动噪声污染等，都是现有维修模式中积极有效的“绿色改造”方案。

2. 绿色维修与可持续发展的关系

在人类对环境与发展关系的认识经过几个阶段后，人们意识到必须转变对环境有害的生产和消费模式，并逐步确立了可持续发展的概念。世界环境与发展委员会向联合国第 42 届大会提交的研究报告《我们共同的未来》正式提出了可持续发展定义：“既满足当代人的需要，又不对子孙后代满足其需要的能力构成危害的发展。”可持续发展是绿色维修的指导思想和理论根据，绿色维修是可持续发展的必然。绿色维修兼顾经济效益和环境效益，最大限度地减少原材料和能源的消耗，降低成本，提高效益，对环境和人类危害最小，对生产全过程进行科学的改革和严格的管理，使维修过程中排放的污染达到最小，鼓励使用环境无害化的产品，使环境危害大大减轻。绿色维修方式可以实现资源的可持续利用，在维修过程中可以控制大部分污染，减少污染来源，具有很高的环境效益。同时，绿色维修可以在技术改造和结构调整方面大有作为，能够创造显著的经济效益。所以无论从经济角度，还是从环境和社会角度来看，均是符合可持续发展战略的。

四、拓展学习

【问题引导 3】

再制造技术在维修过程中有哪些运用?

____

____

【学习提示】

1. 先进制造技术与再制造技术

先进制造技术是指在制造业中不断采用机械、电子、信息、材料和现代管理等领域的最新成就，应用于产品的设计、制造和运行的全过程，以生产出高质量、高效益、低消耗、清洁环保和高效率产品并获得最佳的技术和经济效益的一系列通用的制造技术。

先进制造技术强调节能、节材、减少环境污染。根据全寿命周期费用分析研究显示，产品的使用和维修所消耗的费用往往数倍于前期（开发、设计、制造）费用。随着先进制造技术及设备工程的不断发展，制造与维修将逐渐趋于统一，维修技术将渗透到产品的制造工艺中。如何通过产品全寿命周期费用分析，如何科学地解决产品全生命周期费用是先进制造技术面临的一项重大课题。而再制造技术符合知识经济和节能、节材、减少环境污染发展的要求，不仅能使产品不断得到技术改造，降低后半生费用，还扩展了产品一生中的内涵，延长了产品寿命，创造更多的利润。

再制造与传统制造技术重要区别是毛坯再制造成型技术。再制造是先进制造技术21 世纪发展的一个重要组成部分和发展趋势；是一个统筹考虑产品部件全寿命周期的系统工程；是利用原有零件并采用高新表面工程技术（深层与改性）及其他加工技术，使零部件恢复尺寸、形状和性能。其主要包括在新产品上重新使用经过再制造的旧部件以及在产品的长期使用过程中对部件的性能、可靠性和寿命等通过再制造加以提高。再制造是以优质、高效、节能、节材、环保为主要目标，统筹考虑部件整个寿命周期内的再制造策略，从而使报废产品在对环境的负面影响最小、资源利用率最高的情况下重新达到最佳的性能要求，再制造业已成为一种极具潜力的新型产业。

从产品寿命周期分析，以往的产品是从设计、制造、使用、维修至报废。报废后，将可再生的材料进行回收，将不可以回收的材料进行环保处理。维修在这个过程中主要是针对在使用过程中因磨损或腐蚀等原因而不能正常使用的零件的修复。而再制造是整个产品报废后，对报废的产品通过最先进技术手段进行再制造形成新的产品。再制造过程不但能提高产品的使用寿命，而且可以影响产品的设计，最终达到产品的全寿命周期费用最小，保证产品创造最高的效益。此外，再制造虽然与传统的回收利用有类似的环保目标，但回收利用（如熔化钢铁和溶解纸张）只是重新利用它的材料，往往消耗大量能源并污染环境，而且产生的是低级材料。再制造技术是一种从部件中获取最高价值的核算方法，通常可以获得更高性能的再制造产品。

传统制造技术在产品的性能、结构、材料成型和加工工艺方面考虑较多，而从全寿命周期的观点看，还应重点考虑产品的可靠性、维修性、保障性、安全性和可测试性，以及考虑产品损坏后如何迅速再生，以恢复其应有性能。再制造工程的引入，可重点解决上述问题。再制造工程不仅能对产品进行技术改造和区分报废的零件是作为回炉材料，还是作为再制造毛坯；并且采用先进的表面工程技术或快速成型技术使其起死回生。这些都是对先进制造技术的补充和发展。

再制造技术集中了材料科学、冶金学、机械学、电子学、物理学、化学等领域的理论、技术和最新成果，是具有重大实用价值的优质、高效、低耗的新兴绿色技术。目前，再制造工程体系的研究主要包括产品的失效分析与寿命评估（包括智能测试与诊断）、再制造设计、结构与材料分析、再制造技术与方法、质量控制与仿真等。

2. 再制造技术应用

磨损、腐蚀、疲劳等对机械设备及国家资产造成的损失巨大。目前我国进口设备资产达到人民币上万亿元，每年由于磨损造成的损失，需花数十亿美元外汇去补充备件。我国改革开放后，经济发展迅速，近年设备资产高达人民币几万亿元，若能利用重新制造技术进行修复和强化设备的10%，也能创造巨大的经济效益。

采用再制造技术，可以大量恢复设备及其零部件的性能，延长使用寿命，降低全寿命周期费用，节约原材料，减少环境污染，而且可形成新的产业，吸纳专业技术人员和工人就业，创造价值，迅速形成新的经济增长点。

再制造工程的最大优势是能够以多种表面工程技术和先进成型技术制备出优于本体材料性能的零件，如采用金属材料的表面硬化处理、热喷涂、激光表面强化等修复和强化零件表面，赋予零件耐高温、防腐蚀、耐磨损、抗疲劳、防辐射等性能，这层表面材料与制作部件的整体材料相比，厚度薄，面积小，但却承担着工作部件的主要功能。不同表面工程技术所获得的覆盖层厚度一般在几十微米到几毫米，仅占工件整体厚度的几百分之一到几十分之一，却使工件具有比本体材料更高的耐磨性、抗腐蚀性和耐高温等能力，采用表面工程措施的平均效益高达 5～20 倍。表面工程能直接针对许多贵重零部件的失效原因，实行局部表面强化或修复，对零件进行预保护，或是把已失效的零件，重新恢复使用价值，若再考虑在能源、原材料和停机等方面的费用节约，其经济效益和社会效益是显而易见的。我国自第六个“五年计划”以来，运用表面工程技术在机器设备零件的制造和重新制造等方面已取得了百亿元量级的经济效益。由此可见，表面工程技术是再制造技术的重要手段之一，已具备了先进制造技术的特征，即优质、高效、低耗，其研究、推广和应用将为先进制造技术和再制造的发展提供重要的工艺支持。

3. 再制造技术展望

再制造产品的质量控制是再制造工程的核心。再制造成型技术和表面技术是再制造工程的关键技术，而这些技术的应用又离不开产品的失效分析、检测诊断、寿命评估、质量控制等，所以发展再制造技术还能牵动其他领域的发展，其他领域的发展又反过来促进再制造技术的完善。这一切都充实和发展了先进制造技术的内涵，对我国21世纪机械加工工业的发展有着极其重要的作用。

五、评价反馈（见表6-6）

表6-6　自评与反馈

序号	评价项目	评价标准	分值	得分
1	工程机械绿色维修基本知识	能正确理解工程机械绿色维修的概念	10	
2	工程机械绿色维修基本知识	了解传统维修和绿色维修的特点	10	
3	工程机械绿色维修实施方案	能够在工程机械维修实施方案中体现绿色维修的运用	10	
4	再制造技术	知道再制造技术的概念，能列举再制造技术在工程机械维修中的运用	10	
5	工作态度	态度端正、无无故缺勤、迟到、早退现象	10	
6	工作质量	能正确理解工程机械管理中安全、环保要求，按计划完成工作任务	10	
7	协调能力	与小组成员、同学之间能合作交流，协调工作	10	
8	职业素质	能做到安全生产，文明施工，保护环境，爱护公共设施	10	
9	知识拓展	能查阅文献，深入学习相关知识	10	
10	创新意识	能针对具体管理案例，运用新知识思考可能的创新点	10	
合计			100	

六、课后巩固

1. 填　空

（1）绿色维修目标就是要做到__________，在维修中能够_______，__________，保护环境和_________。

（2）绿色维修方案要兼顾___________和___________。

（3）再制造与传统制造技术的重要区别是___________　，__________　。

（4）工程机械维护的作业内容主要是清洁、________、调整、_______、_______。

（5）绿色维修目标就是要做到在维修中能够_______________，_______________，___________和避免人员伤害。

2. 判　断

（1）绿色维修是可持续发展战略和清洁生产模式在维修业中的具体体现，是现代维修业的可持续发展模式。(　　)

（2）采用再制造技术，可以大量恢复设备及其零部件的性能，延长使用寿命。（　）

（3）再制造技术是一种从部件中获取最高价值的核算方法。（　）

（4）再制造与传统制造技术重要区别是新材料的运用。（　）

（5）再制造过程不但能提高产品的使用寿命，而且可以影响产品的设计。（　）

情境六任务三数字资源

学习情境七　工程机械安全管理

学习目标

通过本情境的学习，你应该能够掌握以下知识：

（1）安全、危险、危害、事故、安全评价、工程机械事故的概念。

（2）工程机械安全生产的意义；工程机械安全管理的内容；工程机械安全操作规程；预防工程机械事故的措施。

（3）工程机械事故的性质与事故的分类。

通过本情境的学习，你应该能够具备以下能力：

（1）合理选用工程机械安全转移和运输的方法；

（2）正确选择和使用工程机械停机场；

（3）配合相关部门处理工程机械事故。

任务一　安全转移、运输工程机械

一、任务描述

按照工程机械安全管理的要求，掌握工程机械安全操作规程、预防工程机械事故的措施。

二、任务要求

在本学习任务完成过程中，你应该努力做到以下几点：

（1）正确表达清楚安全、危险、危害、事故、安全评价、工程机械事故等的定义；

（2）正确应用工程机械安全操作规程，合理选用工程机械安全转移和运输的方法。

三、任务实施

将学生按特定数量分组，明确每组的工作任务，并填写分组任务表（见表 7-1），每组任务可以一样也可以有差异性，视任务大小而定。

表 7-1　学生分组任务情况表

组别	工作任务	备注
1		
2		
3		
4		
5		
6		

【问题引导 1】

安全管理有哪些基本概念？

____

____

【学习提示】

1. 安全生产的基本概念

（1）安全。

安全的定义是："不发生导致死伤、职业病、设备或财产损失的状况"。安全泛指没有危险、不出事故的状态。

（2）安全生产。

安全生产是为了使生产过程在符合物质条件和工作次序下进行的，防止发生人身伤亡和财产损失等生产事故，消除和控制危险、有害因素，保障人身安全与健康、设备和设施免受损坏、环境免遭破坏的总称。

（3）安全生产管理。

安全生产管理是针对人们在生产过程中的安全问题，运用有效的资源，发挥人们的智慧，通过人们的努力，进行有关决策、计划、组织和控制等活动，实现生产过程中人与机器设备、物料、环境的和谐，达到安全生产的目标。安全生产管理是管理的重要组成部分，是安全科学的一个分支。

（4）危险。

危险也称风险。危险是造成人的伤害及物的损失的机会，它是由危险严重及危险概率来表示可能的损失。传统习惯上认为安全与危险是两个不相容的、绝对的概念，而现代安全工程则认为不存在绝对的安全，安全是种模糊数学的概念。因此，危险性就是对安全性的隶属度。当危险性低到某一程度，人们就认为安全。

（5）危害。

危害是超出人的直接控制之外的某种潜在环境条件。它可能造成重大损失，也可能不产生危险。工程机械在使用过程中，造成危害的因素是多方面的，如操作人员、作业场地、工程机械本身等。

（6）事故。

事故是人们在生产过程中，造成人员死亡、伤害、职业病、财产损失或其他损失的意外事件。事故是意外事件，是人们不希望发生的；同时该事件产生了违背人们意愿的后果。如果事件的后果是人员死亡、受伤或身体的损害，就称为人员伤亡事故，如果没有造成人员伤亡就是非人员伤亡事故。

（7）事故隐患。

事故隐患泛指生产系统中可导致事故发生的人的不安全行为、物的不安全状态和管理上的缺陷。在生产过程中，依据人们对事故发生与预防规律的认识，为了预防事故的发生，制定了生产过程中物的状态、人的行为和环境条件的标准、规章、规定、规程等；如果生产过程中物的状态、人的行为和环境条件不能满足这些标准、规章、规定、规程等，就可能发生事故。

综合事故性质分类和行业分类，考虑事故起因，可将事故隐患归纳为21类，即火灾、爆炸、中毒和窒息、水害、坍塌、滑坡、泄漏、腐蚀、触电、坠落、机械伤害、煤与瓦斯突出、公路设施伤害、公路车辆伤害、铁路设施伤害、铁路车辆伤害、水上运输伤害、港口码头伤害、空中运输伤害、航空港伤害和其他类隐患等。

（8）安全评价。

安全评价是对系统存在的危险性进行定量或定性分析，得出系统发生危险的可能性及其程度的评价，以寻求最低事故率、最小的损失和最优的安全投资效益。由于危险性是损失与发生概率的乘积，故对危险程度的评价通常称之为双因素评价。其中损失又可分为直接经济损失和间接经济损失。

2. 安全生产管理原理

安全生产管理原理是从生产管理的共性出发，对生产管理中安全工作的实质内容进行科学分析、综合、抽象与概括所得出的安全生产管理规律。

（1）系统原理。

安全生产管理系统是生产管理的一个子系统，包括各级安全管理人员、安全防护设备与设施、安全管理规章制度、安全生产操作规范和规程以及安全生产管理信息等。安全贯穿于生产活动的方方面面，安全生产管理是全方位、全过程、全天候且涉及全体人员的管理。

（2）人本原理。

人本原理是指在管理中必须把人的因素放在首位，体现以人为本的指导思想。以人为本有两层含义：一是一切管理活动都是以人为本展开的，人既是管理的主体，又是管理的客体，每个人都处在一定的管理层面上，离开人就无所谓管理；二是管理活动中，作为管理对象的要素和管理系统各环节，都是需要人掌管、运作、推动和实施的。

（3）预防原理。

预防原理是指安全生产管理工作应该做到预防为主，通过有效的管理和技术手段，减少和防止出现人的不安全行为和物的不安全状态。在可能发生人身伤害、设备和设施损坏及环境破坏的现场，事先采取措施，防止事故发生。

（4）强制原理。

强制原理是指采取强制管理的手段控制人的意愿和行为，使个人的活动行为等受到安全生产管理要求的约束，从而实现有效的安全生产管理。所谓强制就是绝对服从，不必经被管理者同意便可采取控制行动。

3. 工程机械安全生产的意义

随着我国经济高速发展，基础设施建设任务急剧增加，需要投入大量的机械设备进行机械化施工，因此，众多的不安全因素也随之进入生产过程。在机械化施工过程中，高压、高速、高温、有毒排放物、电击电灼，噪声、粉尘、振动、辐射等因素的存在，使事故发生的可能性大大增加。

在工程建设过程中，由于大量采用机械化施工，存在许多不安全因素，如果稍有疏忽，后果不堪设想，轻则使工程机械损坏，重则使工程机械报废，还可能发生人员伤亡的重大事故。因此，工程建设单位的领导和工程机械管理人员在抓好施工生产的同时，必须高度重视工程机械的安全生产管理工作，不仅要树立安全生产管理的宏观思想，还需制定机械设备安全管理的制度、规章和条例，确定科学合理的具体实施程序并采取有效的防范措施，以保证工程机械和人员的安全。

4. 工程机械安全管理的内容

安全管理的主要内容是查明生产过程中发生事故的原因和经过，并采取必要措施防止事故的发生。

从工程机械管理角度出发，工程机械安全管理的内容应包括以下几点：

（1）工程机械本身受到不正常损坏的单纯机械事故；

（2）由于工程机械事故而引发的人员伤亡事故；

（3）由于工程机械发生事故而引起的其他性质的灾害，如火灾、停电、停产等；

（4）由于工程机械的原因而引起的有关人员职业病以及对环境的污染等。

根据施工企业内部各部门的分工，上述第（1）类事故由工程机械管理部门单独负责管理。第（2）、（3）类事故则由工程机械管理部门与安全技术管理部门共同管理，以安全技术管理部门为主。第（4）类事故一般由企业劳动保护部门管理，这是因为在这类事故中，工程机械未受到任何损坏，也不需要任何用于修复的直接费用支出，所以在业务上往往不作为工程机械事故上报处理。但从安全管理角度出发，企业应及时组织有关部门分析事故发生原因，研究防止这类事故发生的方法。

【问题引导 2】

工程机械技术责任制包含哪些内容？

____

____

【学习提示】

技术责任制是使工程机械正常进行工作和安全生产的有力保证。在工程机械管、用、养、修的各个环节中，情况复杂，头绪繁多，如果在技术指挥系统中没有明确的技术责任制，必然影响正常工作的进行，甚至发生混乱和事故，所以施工单位必须有一整套完整的技术责任制，以确保生产秩序正常和安全施工。

1. 工程机械技术责任制的具体内容

从工作内容来说，下列各项工作是各级工程机械技术人员、管理人员的主要职责。

（1）审定工程机械施工方案的技术措施，组织机械化施工。

（2）负责工程机械技术革新（技术改造）方案和自制设备的审定，组织革新成果和自制设备的技术鉴定。

（3）负责工程机械的安全技术工作，主持工程机械事故的分析和处理。

（4）组织新型工程机械的技术试验和技术交底。

（5）负责检查工程机械各项技术规定的执行情况，对不合理使用工程机械的行为，有权制止并加以纠正。

（6）组织工程机械专业人员的技术培训和考核。

2. 工程机械安全操作规程（总则）

为了加强工程机械的安全使用管理工作，保证施工作业安全及施工质量，提高工程机械的完好率，各级机械设备管理部门和工程机械驾驶操作人员应认真贯彻执行以下安全操作规程：

（1）工程机械操作人员必须严格遵守机械设备操作规程、施工安全规程等相关的规范，确保工程质量和安全生产。

（2）工程机械操作人员必须经指定医院体检合格，并经过专业培训考试合格，获得有关部门颁发的操作证（驾驶执照）或特殊工种操作证后，方可独立操作工程机械，不准操作与操作证不相符的机械设备。

（3）新机和大修后的工程机械要注意做好机械设备走合期的使用维护；工程机械冬季使用时，应按机械设备冬季使用维护的有关规定执行。

（4）工程机械作业时，应按其技术性能要求正确使用，缺少安全装置或安全装置已失效的工程机械不得使用。

（5）保证工程机械上的自动控制机构、力矩限制器等安全装置、监测装置、指示装置、仪表装置、报警装置及警示装置齐全有效。

（6）工程机械的安全防护装置必须可靠，在危险环境下施工，一定要有可靠的安全措施，要注意防火、防冻、防滑、防风、防雷击等。工程机械作业时，操作人员不得擅自离开工作岗位，不准将工程机械交给非本机人员操作，严禁无关人员进入工程机械作业区和操作室内。工作时，思想要集中，严禁酒后操作。

（7）工程机械驾驶操作人员及配合作业人员在工作中必须按规定穿戴劳动保护用品，长发不得外露。高空作业时，必须系安全带。

（8）对于违反安全操作规程、进行危险作业的强行调度和无理要求，驾驶操作人员必须立即要求纠正，并有权拒绝执行，任何组织或个人不得强迫驾驶操作人员违章作业。

（9）工程机械进入施工现场前，应查明行驶路线上桥梁的承载能力及隧道、跨线桥和电气化铁路的通行净空，确保工程机械安全通行。

（10）在工程机械施工作业前，施工技术人员应向操作人员作施工任务及安全技术措施交底；操作人员应熟悉作业环境与施工条件，服从现场施工管理人员的调度指挥，遵守现场施工安全规则。

（11）配合作业人员，应在工程机械回转半径之外工作，如需进入工程机械回转半径之内时，必须停止工程机械回转，并可靠制动；机上机下人员密切联系。

（12）工程机械不得靠近架空输电线路作业，如限于现场条件，必须在线路近旁作业时，须采取安全保护措施；工程机械运行轨道范围与架空导线的安全距离应符合有关规定。

（13）下挖工程施工作业区域内有地下电缆、光缆及其他管线时，应查明位置与走向，用明显记号标示，严禁在离上述管线 2 m 距离以内作业。施工前，应征得有关主管部门的同意并取得配合，方可施工。施工中，如发现有危险品或其他可疑物品时，应立即停止下挖，报请有关部门处理。

（14）工程机械在夜间作业时，作业区内应有充足的照明设施。

（15）在有碍工程机械安全及人身健康的场所作业时，应采取相应的安全措施；操作人员必须配备适用的安全防护用具。

（16）工程机械必须按要求配备经公安消防部门鉴定合格的消防用品。

（17）工程机械应按《公路筑养路机械保修规程》的规定，按时进行维护，严禁工程机械带病运转或超负荷作业。

（18）驾驶操作人员必须严格执行工作前的检查制度、工作中的观察制度和工作后的检查维护制度。

（19）驾驶操作人员应认真准确地填写运转记录、交接班记录或工作日志，多班作业要严格执行交接班制度。交接班时要交代清楚工程机械运转情况、润滑维护情况及施工技术要求和安全情况。

（20）工程机械在施工现场停放时，必须注意选择好停放地点，关闭驾驶室（操作室），要拉上驻车制动装置，坡道上停机时，要搭好掩木或石块，夜间应有专人看管。

（21）工程机械在维护或修理时，要特别注意安全。禁止在工程机械运转中冒险进行维护修理、调整作业。禁止在工作机构没有保险装置的情况下，在工作机构下面工作。各种电气设备检查维修时，一般应停电作业，电源开关处应挂设“禁止合闸，有人工作”的警告牌并设专人负责监护。

（22）要妥善保管长期停放或封存的工程机械，并定期发动检查，确保工程机械处于完好状态。

（23）工程机械及工程车辆在公路和城市道路上行驶时，必须严格遵守交通法规及国家有关规定。

（24）使用工程机械时，应严格执行国家行政部门颁发的有关环境保护方面的规定。

3. 定人、定机、定岗位的“三定”制度

定人、定机、定岗位的“三定”制度是工程机械使用负责制的表现形式，长期以来，被认为是管好、用好工程机械的好办法，并把它作为工程机械管理中应该遵循的重要原则。“三定”就是把人和机的关系固定下来，把工程机械使用、维护等各个环节都落实到每个人身上，做到台台机械设备有人管、人人有专责。

（1）“三定”制度的优点。

① 操作人员熟悉情况，有利于使用、维护和维修。

② 有利于操作人员的正确操作和安全使用，加强其责任感，减少工程机械的损坏和工程机械事故的发生，有利于提高工程机械完好率和延长其使用寿命。

③ 可以大大提高操作人员操作工程机械的熟练程度及生产效率。

④ 有利于单机单车核算。

（2）正确理解和完善“三定”制度。

①“三定”制度具有阶段性。如在某项工程中或某段工程中，操作的工程机械类型应该固定，工程结束后，其他工程需要时，则可改做其他工作，不是一成不变“三定”下去，但在固定的时期，就负有所定工程机械的责任。

② 在阶段性的“三定”期内，所有责任制度，如操作、维护、记录、交接班制度等，都要严格执行。

③ 大力培养驾驶操作人员“一专多能”，除熟悉本机操作技术外，还应掌握几种主要工程机械的操作技术，这样可增强适应性，减少“机多人少、忙闲不均”的矛盾。

④ 对于没有明文规定操作规程的工程机械，机械技术人员按照工程机械的性能和使用要求，参照其他近似机型合理地制定工程机械的操作规程，交由上级管理机构批准后，方可执行。

（3）“三定”的具体做法。

① 一人管理一台工程机械，或一人管理多台工程机械，该人即为该机机长或保管人。

② 多班作业或多人驾驶操作的工程机械，任命一人为机长，其余为机组成员。

③ 中小型工程机械班组，在工程机械和驾驶操作人员不能固定的情况下，应由班长指定专人负责。

④ 公路工程机械驾驶操作人员的配备应根据交通运输部颁发的《公路工程机械台班费用定额》中规定的人员配备标准执行。

4. 工程机械交接班制度

为了使工程机械在多班作业或多人轮班作业时，能相互了解情况，进行工程机械技术状况交底，分清责任，防止工程机械损坏和附件丢失，保证施工能连续、高效安全进行，必须建立交接班制度，它是贯彻责任制的组成部分。

工程机械交接班时，双方都要全面检查，做到项目不漏，交接清楚，由交接双方填写“交接班记录”，如表 7-2 所示，接班方核对并验收后，交班方才能下班。交接班的内容如下：

（1）交清本班生产任务情况、技术要求及注意事项；

（2）交清工程机械运转和使用情况，燃润料消耗和准备情况；

表 7-2　交接班记录

工程机械编号：	
工程机械名称：　　　　　　　　　　时间：　年　月　日	
任务情况	
工程机械情况	
维护情况	
附件工具情况	
存在问题	
需要注意问题	

接班人：　　　　　　　　　　　　　　　　交班人：

（3）交清工程机械技术状况和存在的问题；

（4）交清随机工具、附件情况；

（5）填写原始记录；

（6）交接班操作人员负责工程机械的例行维护及清洁工作。

交接班记录由机械设备管理部门于月末更换，收回的记录由该部门存查。班组长经常检查交接班制度执行情况，并作为驾驶、操作人员日常考核的依据。

【问题引导 3】

工程机械的安全转移、运输和设备停放场地有哪些具体要求？

____

____

【学习提示】

在公路工程与养护施工中，工程机械在一个工地的工作时间通常比较短，施工工地之间的调动比较频繁；同时送厂修理或回保管基地时，也产生了调动转移的运输问题。工程机械的运输方式有自行转移、拖带运输、汽车装运、铁路运输和水路运输等。选择何种运输方式，要根据运输距离、工程机械行走装置的构造、工程机械的载重、交通路线和季节、气候等因素来综合考虑，在保证工程机械安全运输和良好经济性的前提下最后确定运输方案。

1. 安全转移和运输

（1）自行转移。

工程机械的自行运输方法最为简单，同时运费也较低，但这种运输方式仅适用于短距离运输。当运距大于 20 km 时，仅在特殊情况下，才能采用。特别是履带式工程机械不宜长距离行驶，长距离转移将引起传动装置的损坏及行走机构过早磨损。

（2）拖带运输。

拖带运输指用牵引机车拖带被运的工程机械，而这些被牵引的工程机械必须具有轮胎行走装置和牵引杆，否则无法拖运。尽管被牵引的轮式工程机械的行走装置优于履带式，但大部分工程机械设计时仅考虑短距离场地转移，没有制动装置，因此必须限速。长距离拖运的工程机械，一定要有可靠的制动装置，否则没有安全保证。拖带运输中应注意以下事项：

① 牵引速度不宜快，一般限制在 20 ~ 25 km/h，以确保安全；

② 工程机械在被拖运之前，须对轮胎气压、制动系统转向装置、拖杆、拖钩等做详细检查，如发现问题，经排除后才能拖运；

③ 在拖带运输超限时，必须事先取得交通管理部门的允许和核发“通行证”后，方可进行。

（3）汽车装运。

运距在 50 ~ 200 km 时，最好将工程机械放置在平板拖车上或汽车上运输。因为这样工程机械不必拆卸可直接运输到工地上。运输时应注意以下事项：

① 工程机械装车后必须固定牢靠，完全满足安全要求后，方可上路。

② 为了防止碰上架空输电线，工程机械装车后，上面要放一根竹竿，万一与电线接触，可安全通过。

③ 对超高、超宽或超重的工程机械运输，应详细检查沿线的桥梁负荷、路面宽度、坡度、弯道、立交桥和电气化铁路以及隧道、架空电线的限高等。如果在哪些方面存在问题，必须采取相应的措施并得到解决后方可装运。

④ 装运前，如被装运工程机械超宽或超高时，要事先取得交通管理部门允许和核发“通行证”后，才可装运。

⑤ 工程机械在转移途中，须严格遵守道路交通法，服从交警的指挥。

（4）铁路运输。

铁路运输除按铁路运输规定办理外，托运单位应做好下列工作：

① 采用铁路运输工程机械时，由于较长时间在露天停放，受到空气的侵蚀，金属表面容易锈蚀。因此，在机械关键部位，应涂上防锈油脂，在机身上覆盖防水布，并将其绑扎牢固。

② 在装有发动机的工程机械上，将水和燃油从冷却系和油箱中放净，工作部分（如水泵等）有水时也要放净，以防结冰而损坏工程机械。

③ 冬季应将蓄电池从机器上取下，搬放在温暖的车厢中，以防结冰而损坏蓄电池。

④ 重要附件和工具都应另行装箱或捆扎好，以防丢失。

⑤ 轮式工程机械要检查气压，必要时将气压充至规定的标准。

⑥ 工程机械装上火车后，必须用铁丝将工程机械捆绑牢固，前后垫上三角模木，以防在运输途中产生滑移。

（5）水路运输。

采用水路运输时，应注意以下事项：

① 应根据船舶运输的特点和要求进行运输；

② 工程机械和工程车辆自行上下船舶时，应将船舶紧靠码头或趸船，并将缆绳拉紧系牢；

③ 工程机械装在船舱内或甲板上时，前后左右载重要平衡，以防船舶倾斜；

④ 工程机械装船后，要用绳索固定，以防遇风浪颠簸时产生滑移；

⑤ 其他可参考铁路运输的要求。

2. 对停机场的选择和要求

为了加强管理，便于维护，不受各种灾害的侵害，凡工程机械较多的单位应建立停机场。

停机场有永久性和临时性两种。设置停机场要从实际出发，因地制宜，其基本要求是便于管理，不受水灾、火灾侵害，便于保修或加油，便于出进，方便回转和紧急疏散。

（1）永久性停机场。

在各施工单位、养护部门的基地内设置停机场，一般要求环境稳定，适宜建设永久性的建筑和设施。根据工程机械数量的多少，确定规模、建筑、设施和场地等。

（2）临时性停机场。

公路建设的特点是点多线长，流动分散，因此，临时性的停机场地必须根据这一特点建立。其设施应是临时性和简易性的，设备是可移动的，便于展开、撤收和转移。

临时性停机场以专业施工队为单位建立，即在本队施工地段内，选择适当地点。在附近施工，能自行转移的工程机械、工程车辆均可集中在这里，以便统一维护和管理。不能自行转移的工程机械，单台或多台在一起使用时，可以建立临时停机棚，能够防风、防雨和防其他灾害。在山区停放时，应选择地基基础稳固的高地，注意防止被洪水淹没冲走，并在轮下加楔固定，以防滑坡。

（3）停机场地的选择。

在选择停机场地时，应根据停机场的技术要求，贯彻执行勤俭节约的方针。其基本条件如下：

① 场地宽阔、土质坚硬、便于排水；

② 有良好的场内外道路，便于工程机械、工程车辆出进；

③ 便于开展维护工作；

④ 自然条件好，便于防风、防晒、防潮等；

⑤ 便于看守和管理。

（4）停机场的安全管理。

① 场内必须采取严格的防火措施，并配备必要的消防设备。

② 场内除值班室和指定地点外，禁止吸烟。

③ 加油站与停机场应采取电气照明，严禁明火照明。

④ 场内常用油料应存放于油库内，工程机械维护工间的清洗油、润滑油等油液必须专门存放，妥善保管。

⑤ 场内外道路必须畅通，各建筑物的出入口附近，禁止堆放物品和停放工程机械。

⑥ 场内应保持清洁，使用过的油棉纱等，应投入专门容器内并及时处理。

⑦ 停机场如使用期较长，四周应设置围栏，防止工程机械零部件和小型机具丢失及损坏。

四、拓展学习

当装卸机器时，一定要利用坡道或平台，并按下列步骤进行操作。

1. 装　车

（1）只能在坚实平整的地面上进行装车，并与道路边缘保持一定的距离。

（2）适当地对拖车施加制动，并在轮胎下放上垫块以确保拖车不移动，然后在拖车和机器之间安装坡道，确保两侧坡道在同一水平面上。坡道的坡度应不超过 15°，把坡道之间的距离调整到与履带中心相匹配。

（3）如果机器装有工作装置，要把工作装置放在前面，并向前行走装车，如果没有工作装置，则倒退行走装车。

（4）对正与坡道的行走方向，并缓慢地行走。在不造成影响的情况下，尽量不要落下工作装置，在坡道上时，只能操作行走操纵杆，不采取其他任何动作。

（5）当机器行走到拖车后轮上方会变得不稳定，因此要缓慢小心地驾驶（不要转向）。

（6）在机器经过后轮的一瞬间，会向前倾斜，因此要小心操作，不要让工作装置碰到车体上，把机器向前开到规定的位置，然后停住机器。

（7）然后缓慢回转上部结构 180°。

（8）把机器停在拖车上规定的位置。

2. 固定机器

在履带两端的下面放置垫块，以防止机器在运输中移动，并用铁链或钢丝绳把机器栓系牢固，避免机器滑动。

3. 卸　车

（1）只能在坚实平整的地面上进行卸车，并与道路边缘保持一定安全距离。

（2）适当地对拖车施加制动，并在轮胎下放上垫块以确保拖车不移动。然后在拖车和机器之间安装坡道，确保两侧坡道在同一水平面上。坡道坡度不超过 15°，把坡道之间的距离调到与履带中心匹配。

（3）拆下固定机器的铁链或钢丝绳。

（4）启动发动机。

（5）把安全锁定控制杆调到自由位置。

（6）升起工作装置，把斗杆收到动臂下面，然后缓慢移动机器。

（7）当机器水平处在拖车后轮上方时停止机器。

（8）当从拖车的后部移向坡道时，要将斗杆与动臂之间的角度调到 90° ~ 110°，把铲斗落至地面，然后慢慢移动机器。

（9）当机器移到坡道时，慢慢操作动臂和斗杆，小心地降下机器直到完全离开坡道。

五、评价反馈（见表 7-3）

表 7-3　自评与反馈

序号	评价项目	评价标准	分值	得分
1	工程机械安全生产管理原理知识	能正确理解安全生产管理原理的内容和要求	30	
2	工程机械的安全转移、运输和设备停放场地知识	能正确掌握工程机械安全转移、运输和设备停放场地的方法	30	
3	工作态度	态度端正、无无故缺勤、迟到、早退现象	10	
4	协调能力	与小组成员、同学之间能合作交流，协调工作	10	
5	知识拓展	能查阅文献，深入学习相关知识	10	
6	创新意识	能针对具体案例，运用新知识思考可能的创新点	10	
合计			100	

六、课后巩固

1. 填　空

（1）安全生产是为了防止发生（　　　）和（　　　）等生产事故。

（2）事故隐患泛指生产系统中可导致事故发生的（　　　）、（　　　）和管理上的缺陷。

（3）损失可分为（　　　）经济损失和（　　　）经济损失。

2. 判　断

（1）安全泛指没有危险、不出事故的状态。（　）

（2）安全生产管理是管理的重要组成部分。（　）

（3）事故是人们在生产过程中，造成人员死亡、伤害、职业病、财产损失或其他损失的意外事件。（　）

（4）任何组织或个人不得强迫驾驶操作人员违章作业。（　）

（5）在有碍工程机械安全及人身健康的场所作业时，应采取相应的安全措施。（　）

3. 单　选

（1）事故发生的主要因素是（　　　）。

A. 人的不安全行为　　B. 物的不安全状态

C. 管理上的缺陷　　D. 领导的干涉

（2）工程机械的自行运输方法适合于运距小于（　　　）的情况。

A. 10 km　B. 20 km　C. 50 km　D. 100 km

（3）拖车和机器之间安装坡道的坡度不超过（　　　）。

A. 5°　B. 10°　C. 15°　D. 20°

（4）施工作业区域内有地下电缆、光缆及其他管线时，严禁在离上述管线（　　）距离以内作业。

A. 1 m　　B. 2 m　　C. 5 m　　D. 10 m

情境七任务一数字资源

任务二　工程机械事故预防

一、任务描述

掌握工程机械事故发生与发展的基本规律、事故预防的方法和措施。

二、任务要求

在本学习任务完成过程中，你应该努力做到以下几点：

（1）正确说出工程机械事故发生与发展的基本规律内容；

（2）正确说出工程机械事故的预防应该采取的措施。

三、任务实施

将学生按特定数量分组，明确每组的工作任务，并填写分组任务表（见表 7-4），每组任务可以一样也可以有差异性，视任务大小而定。

表 7-4　学生分组任务情况表

组别	工作任务	备注
1		
2		
3		
4		
5		
6		

【问题引导 1】

事故发生与发展的基本规律包含哪些内容?

____

____

【学习提示】

任何事故的发生与发展都具有一定的规律性，认识、掌握这个规律，对于分析事故原因、有效地预防事故和控制事故蔓延扩大具有重要意义。在劳动生产过程中，生产管理的缺陷（如错误指令、错误操作、外界影响等）作用于危险因素，导致事故发生、蔓延和扩大。

从事故发生的时间历程上看，任何事故的发生与发展一般可分为三个阶段。

1. 前兆阶段

导致事故的各种危险因素积累阶段称为事故发生与发展的前兆阶段。这个阶段往往出现某种事故迹象（苗头、前兆或隐患），假如能及时发现消除，控制这些隐患，就可避免事故或减少事故造成的损失。这正是开展安全检查工作的意义所在。

2. 爆发阶段

爆发阶段是事故高速度、大强度发生的阶段，时间上一般只是短暂的一瞬间，而事故造成的损失基本上都集中在这个阶段。这个阶段具有突发性和紧急性的特点，人为控制往往无法进行。

3. 持续阶段

持续阶段指事故造成的后果（损失）仍然存在的阶段，这个阶段持续时间越长，造成的损失越大。如工伤事故的抢救善后处理、现场清理、恢复生产等都属于持续阶段。

【问题引导 2】

工程机械事故的预防包含哪些内容?

____

____

【学习提示】

凡由于管理操作、维修、经营指挥、施工措施或者其他原因引起的工程机械非正常损坏或损失，造成工程机械及附件的精度或技术性能降低、使用寿命缩短，不论对生产有无影响均称为工程机械事故。

预防工程机械事故，把事故消灭在萌芽之中，是保证工程机械安全运转的重要措施。各级工程机械管理部门必须把它当作一件大事来抓，把预防工程机械事故工作做好。

预防工程机械事故发生要抓好以下工作。

1. 安全生产制度建设

（1）首先要贯彻好“安全为了生产，生产必须确保安全”和“合理使用，安全第一”的原则；建立专职安全机构，由专职人员负责工程机械安全管理工作，制定安全操作规程、安全责任制、安全考核标准和安全奖惩办法。

（2）各级机械设备管理部门应坚持对操作人员定期和不定期地进行安全教育，开展安全月活动，定期对操作人员进行安全技术考核。

（3）开展技术培训，提高业务素质和操作技能。

（4）坚持“三定”制度，严禁无证人员操作工程机械或非本机操作人员未经批准操作工程机械。

（5）结合机械设备检查，定期对工程机械的安全操作、安全保护和安全指示装置以及施工现场使用工程机械情况和操作工安全操作情况进行检查，发现问题及时处理，把事故消灭在萌芽之中，杜绝事故的发生。

2. 工程机械的防冻

在每年冬季来临之前，要布置和组织一次设备越冬维护工作，妥善安置越冬设备，落实越冬措施。特别对于停置不用的工程机械，要逐台进行检查，放净发动机内的积水，放净工程机械工作部分（如水泵等）的积水，同时加盖，防止雨、雪融水渗入；并在工程机械外部挂上“水已放”的标识，同时标明检查日期。

3. 工程机械的防洪

（1）雨季到来之前一个月，在河里、水上和低洼地带施工或停放的工程机械，都要进行一次全面检查，采取有效措施，防止工程机械被洪水冲毁。

（2）雨季开始前，对露天存放的停用工程机械要“上盖下垫”，防止雨水渗入锈蚀工程机械。

4. 工程机械的防火

（1）工程机械驾驶操作人员必须严格按防火规定进行检查，做到提高警惕，消灭明火，发现问题，及时解决。禁止用明火烘烤发动机。

（2）集中存放工程机械的场地内，要配备沙箱、灭火器等消防器材。禁止无关人员入内。

（3）工程机械、工程车辆必须排列整齐，场内留有足够的安全通道，禁止乱停乱放，以免发生火灾时堵塞出路。

（4）工程机械在施工现场加注燃油时要有适当的防火措施，严禁附近有明火时加油，加油过程中严禁吸烟。

四、拓展学习

在整个工程机械产业链中，制造商、代理商等环节的工作是紧紧围绕用户展开的，继工程机械行业增速放缓以后，以服务取胜成为以质取胜外各方争夺市场的热点，而安全操作培训也成为众多服务中的重中之重。

近年来，三一重工、中联重科、徐工、柳工等国内工程机械知名企业纷纷开展“服务万里行”活动，对工程机械提供保养维修、整机销售、配件供应、信息反馈等丰富的服务，惠及了众多的工程机械用户。

安全操作培训已得到众多用户的称赞。安全操作培训对于新手或接触新型设备的人很有必要，不仅使操作者能够尽早适应工作日程，而且对确保安全操作，减免不必要的事故很有必要。

对于发生工程机械安全事故的案例，制造商、代理商应当及时进行调查研究，对于设备本身的不合理引发的事故，制造商应当进行设备评估，改进不合理的制造流程、逐步完善产品设备；对于不规范操作和其他原因引发的事故，代理商和经销商应当总结备案，并及时提供给用户，督促用户规范操作。

在机械安全事故中，由于工程机械操作者的疏忽大意而造成的机械安全事故率占事故总数的 88%；由于客观因素而造成的安全事故占 9%；另有 2%列为不可抗拒因素；至于事故原因不明者则只占 1%。由此可见，工程机械安全事故中，有 97%的事故是可以采取预防措施加以防范的。

操作者以及组织、指挥、管理、调度、维修保养等人员造成的机械安全事故，均属于人为因素，人的不安全行为主要表现在以下几点：

（1）安全操作知识的缺乏。如事故责任者对工程机械设备的安全操作规程不熟悉，私自拆装安全装置，紧急情况下缺乏应急能力等。

（2）存在侥幸心理或冒险心理。如酒后作业，违章操作，带电作业，不停机维护，不带防护用品等，并不一定每次都发生事故，使人的警惕性放松；严格按照操作规程作业，操作者的行为受到约束，于是经常有人抱着侥幸心理违章作业。

（3）预防措施不周，应急预案缺乏实地的贯彻性。

纵然人的主观预见能力有限，但周密的预案和预防措施对事故能够未雨绸缪，防患于未然。

综上所述，工程机械的安全生产不仅直接影响机械的使用寿命，而且关系国家和人民生命财产的安全。在贯彻“安全第一，以人为本”和“安全第一，预防为主”方针的同时，工程机械制造商、代理商、经销商、企业等诸方对机械安全操作都应尽心尽力，互相协作，形成一条安全生产的保障渠道，真正使施工能够安全、稳定、高效进行。

五、评价反馈（见表 7-5）

表 7-5　自评与反馈

序号	评价项目	评价标准	分值	得分
1	工程机械事故发生与发展的基本规律知识	能正确理解工程机械事故发生与发展的基本规律内容	30	
2	工程机械事故的预防知识	能正确表达工程机械事故的预防应该采取的措施	30	
3	工作态度	态度端正、无无故缺勤、迟到、早退现象	10	
4	协调能力	与小组成员、同学之间能合作交流，协调工作	10	
5	知识拓展	能查阅文献，深入学习相关知识	10	
6	创新意识	能针对具体案例，运用新知识思考可能的创新点	10	
合计			100	

六、课后巩固

1. 填　空

（1）任何事故的发生与发展一般可分为（　　）、（　　）和持续阶段共三个阶段。

（2）任何事故的发生与发展都具有一定的（　　）性。

（3）预防工程机械事故，把事故消灭在（　　）之中，是保证工程机械（　　）的重要措施。

2. 判　断

（1）严禁无证人员操作工程机械或非本机操作人员未经批准操作工程机械。（　）

（2）工程机械非正常损坏或损失且对生产有影响时，才能称为工程机械事故。（　）

（3）事故造成的损失基本上都集中在持续阶段。（　）

3. 单　选

（1）任何事故的发生与发展一般可分为三个阶段，下面不属于三个阶段的是（　　）。

A. 前兆阶段　　B. 爆发阶段

C. 持续阶段　　D. 结束阶段

（2）每年在（　　）来临之前，要布置和组织一次设备维护工作，落实防冻措施。

A. 春季　　B. 夏季

C. 秋季　　D. 冬季

（3）在河里、水上和低洼地带施工或停放的工程机械，必须采取（　　）措施。

A. 防火　　B. 防洪

C. 防冻　　D. 防盗

（4）在机械安全事故中，由于工程机械操作者的疏忽大意而造成的机械安全事故占事故总数的（　　）。

A. 22%　　B. 44%

C. 66%　　D. 88%

情境七任务二数字资源

任务三　工程机械事故处理

一、任务描述

掌握责任事故产生的主要原因、工程机械事故分类、工程机械事故处理方法。

二、任务要求

在本学习任务完成过程中，你应该努力做到以下几点：

（1）正确说出责任事故产生的主要原因；

（2）正确说出工程机械事故的分类方法；

（3）正确说出工程机械事故的处理方法。

三、任务实施

将学生按特定数量分组，明确每组的工作任务，并填写分组任务表（见表 7-6），每组任务可以一样也可以有差异性，视任务大小而定。

表 7-6　学生分组任务情况表

组别	工作任务	备注
1		
2		
3		
4		
5		
6		

【问题引导 1】

工程机械事故的性质包含哪些内容？

____

____

【学习提示】

1. 责任事故

（1）驾驶操作不当，包括工作前检查准备不周、操作不当、工作粗心大意、违反操作规程、超速、超载等原因所造成的事故。如起重机摔坏起吊物或碰坏其他物品，工程机械作业装置破坏地面或地下已知的构造物和设施。

（2）因维护不到位，不按规定进行检查维护，或者检查不细致、调整不当、紧固不严等，造成安全装置失效，脏物进入油道或工作面所造成的事故。如因缺油、缺水而损坏机件，打坏变速器、减速器、散热器或扭、断、裂工作装置等。

（3）施工条件恶劣，妨碍工程机械正常作业，事前未采取有效措施，盲目作业造成的事故。

（4）管理不严，如机械设备带病作业，使用中又检查不仔细，以及不按冬季防寒防冻规定等使用机械设备所造成的事故。

（5）修理质量差，不符合修理质量要求以及事先可检查排除的故障未能查出等所造成的事故。如未经严格检验而出厂，或因配合不当而烧瓦、轴承装配不正确及螺丝或销子松动而使发动机、变速器、后桥等内部组件分离，损坏总成等。

（6）指挥人员或现场主管强迫驾驶操作人员违章作业、危险作业所造成的工程机械损坏和其他事故。

（7）非驾驶操作人员或学员擅自独立操作，驾驶操作人员擅离工作岗位造成的事故。

（8）因工程机械、工程车辆违反道路交通法而发生的交通事故。

（9）因丢失主要随机附件和工具而影响工作的事故。

2. 非责任事故

（1）确系预想不到和无法防范的自然灾害或不可抗拒的外界原因引起的事故。如台风、地震、山洪、雪崩和坍方，以及抢险救灾等造成的工程机械损坏。

（2）因原厂设计缺陷、制造质量低劣，而又无法预防和补救所引起的事故。

3. 破坏性事故

凡是人为有意破坏所造成的事故。

【问题引导2】

如何对工程机械事故进行分类？

____

____

【学习提示】

事故按其造成危害的性质分为工伤事故、交通事故和工程机械事故三大类，而工程机械事故又分为一般事故、大事故和重大事故。工伤事故和交通事故由机械设备管理部门配合有关部门按规定处理；工程机械事故由机械设备管理部门负责处理。

1. 一般事故

造成总成、零部件损坏，经小修或一、二级维护即可恢复，或直接经济损失在2 000元以内者为一般事故。

2. 大事故

造成主要总成，零部件损坏，经总成大修或三级维护即可恢复，或直接经济损失在 2 000 ~ 10 000 元以内者为大事故。

3. 重大事故

造成重要基础零部件损坏，必须经大修理或更换主机才能恢复，或整机报废，或直接经济损失在 10 000 元以上者为重大事故。

【问题引导 3】

如何对工程机械事故进行处理？

____

____

【学习提示】

1. 工程机械事故处理方法

事故处理的目的是分析原因，划清责任，找出规律，吸取教训。其处理方法如下：

（1）工程机械事故发生后，如有人员受伤，要迅速抢救受伤人员，在不妨碍抢救人员的条件下，注意保护现场，并迅速报告领导和上级主管部门，进行妥善处理。如发生工程机械事故隐瞒不报，经发现后对隐瞒者要严加处理。

（2）无论事故大小，肇事者和肇事单位均应如实上报，并填写“工程机械事故报告单”，如表 7-7 所示。一般事故报告单由肇事单位存查，大事故和重大事故报告单应在三日内报上级主管部门。

表 7-7　工程机械事故报告单

填报单位：　　　　　　　　　　　　　　　　填报日期：

工程机械编号		工程机械名称		规格型号	
使用单位		事故发生时间		事故地点	
事故责任人		职务		事故等级	
事故经过及原因					
损失情况					
单位处理意见					
上级审批意见					
备注					

单位主管：　　　　　　　　　　　　　　　　经办人：

（3）工程机械事故发生后，肇事单位必须严肃认真对待，按照“四不放过”的原则对责任者进行批评教育和处理。

（4）在处理过程中，对责任者要根据情节轻重、态度好坏和造成损失的大小分别予以批评教育、纪律处分、经济制裁直至追究刑事责任和法律责任。对非责任事故也要总结教训。

（5）单位领导忽视安全生产，对人民生命财产不负责任者，追究领导责任，严肃处理。

（6）对长期坚持安全生产和采取相关措施，消除隐患，避免重大工程机械事故发生的人员，要给予表彰和奖励。

（7）在工程机械事故处理完毕后，将事故详细情况记入工程机械履历书的“事故记录栏”内，以备查考。

2. 工程机械事故处理的分工

凡属于工程机械事故性质中所列举的各项事故，并不涉及交通安全问题者，均为工程机械事故，由机械设备管理部门处理，必要时请安全人事部门配合。至于撞车、撞人等交通安全事故，由交通管理部门处理。工程车辆损坏也必须填写“工程机械事故报告单”，按规定上报。至于烧毁工程机械、工程车辆，或被破坏盗窃等事故，应由保卫部门处理，机械设备管理部门检查损坏情况，填写“工程机械事故报告单”，并按规定上报，并凭此单据请修理部门安排修理。

四、拓展学习

1. 工程机械设备事故现场应急处置方案编制目的

管井管线及有限空间施工是一项责任重大、影响面广、危险性大的行业，各类突发性和不可预测的重大伤亡事故时有发生，事故所造成的人员伤亡和财产损失巨大，教训十分深刻，为加强对施工生产安全事故的防范，及时做好安全事故发生后的救援处置工作，最大限度地减少事故损失，确保迅速、正确地处理突发事故，根据《中华人民共和国安全生产法》《建设工程安全生产管理条例》等有关规定，结合本企业施工生产实际，制定本项目机械设备事故应急处置方案。

2. 机械伤害事故预防监控措施

（1）教育培训措施。对各类机械操作人员加强机械常识、安全操作堆积知识的教育培训，提高安全生产技能和安全自我防护意识。教育培训可采用培训班、宣传栏、知识竞赛、安全会议、班前会等形式开展。

（2）对各类机械操作人员，特别是特种作业操作人员，按国家有关法律法规要求组织培训，达到全部持证上岗的要求。

（3）加强机械设备维修保养。各级使用部门定期对机械设备进行维修保养，完善各类安全部件，对国家强制要求检测的设备需委托权威部门检测，严格检查检测合格证，从本质上消除机械安全隐患。

（4）做好机械设备专项检查，设备管理部门定期对所有机械进行专项检查，重点检查设备安全部件、检测情况、设备完好状况，清除国家明令禁止使用的设备，若查出设备安全隐患，督促有关部门维修、整改，力求各类机械设备处于安全运行状态。

（5）加强现场监督检查。各安全职能部门和现场安全员加强施工现场机械设备使用的监督检查，若发现设备安全隐患，立即制定整改措施，定人定责，确定整改时间，消除一切设备安全隐患。

（6）施工现场配备必要的消毒药品和急救用品，确保发生机械伤害事故时应急所需。

3. 救援器材、设备、车辆等落实

根据施工单位生产的性质、特点以及应急救援工作的实际需要有针对、有选择地配备应急救援器材、设备，并对应急救援器材、设备进行经常性维护、保养。启动应急救援预案后，项目的机械设备、运输车辆统一纳入应急救援工作之中。

4. 事故调查处理

（1）应急救援领导小组确定事故调查的时机，事故调查组组织相关部门对事故进行调查，必要时组织技术鉴定；查明事故发生的经过、人员及财产损失情况；查明事故性质、原因、责任单位和责任者；提出事故处理意见及防止类似事故再次发生所采用措施的建议；提出对责任者的处理建议；编写事故调查报告。

（2）事故处理原则。

坚持“四不放过”的原则，即事故不查清不放过，防范措施不落实不放过，责任人和广大群众未受到教育不放过，与事故有关的领导和责任人未受到处理不放过。

五、评价反馈（见表 7-8）

表 7-8　自评与反馈

序号	评价项目	评价标准	分值	得分
1	工程机械事故的性质分析知识	能正确说出责任事故产生的主要原因	20	
2	工程机械事故分类知识	能正确说出工程机械事故的分类方法	20	
3	工程机械事故的处理知识	能正确说出工程机械事故的处理方法	20	
4	工作态度	态度端正、无无故缺勤、迟到、早退现象	10	
5	协调能力	与小组成员、同学之间能合作交流，协调工作	10	
6	知识拓展	能查阅文献，深入学习相关知识	10	
7	创新意识	能针对具体案例，运用新知识思考可能的创新点	10	
合计			100	

六、课后巩固

1. 填　空

（1）工程机械事故的性质分为（　　）、（　　）和破坏性事故。

（2）事故按其造成危害的性质分为（　　）、（　　）和工程机械事故。

2. 判　断

（1）起重机摔坏起吊物或碰坏其他物品造成的事故属于破坏性事故。（　）

（2）工伤事故和交通事故由机械设备管理部门负责处理。（　）

（3）小事故造成的损失不大，所以肇事者和肇事单位可不用上报。（　　）

3. 单　选

（1）属于责任事故产生的原因是（　　　）。

A. 台风　　B. 违章

C. 坍方　　D. 山洪

（2）工程机械事故发生后，由责任人填写（　　　）上报。

A. 派工单　　B. 报修申请单

C. 工程机械事故报告单　　D. 操作记录单

情境七任务二数字资源

学习情境八 工程机械智能监控

学习目标

通过本情境的学习，你应该能够掌握以下知识：

（1）智能施工条件下，机械化施工机群配置方法、优化配置、机群作业控制方式，控制系统的结构组成，中单机智能体、机群智能体、中央调度决策智能体的作用；

（2）工程机械设备远程监控技术的特点，工程机械智能管理系统组成和机械设备监控管理中心管理工具的应用，以及物联网技术在工程机械监控中的应用；

（3）大数据驱动的维修体系（BDDM）的特点，大数据驱动维修的流程和体系结构。

通过本情境的学习，你应该能够具备以下能力：

（1）在智能施工条件下，配置机械化施工机群；

（2）根据控制要求选择无线通信方式；根据状态信息分析工程机械设备常见状态；

（3）根据大数据驱动维修体系分析工程机械维修信息。

任务一 机械化施工机群组网

随着我国交通建设的快速发展，特别是高速公路建设速度的加快，机械化施工在交通建设中发挥着越来越重要的作用。交通工程施工质量与速度在相当大的程度上取决于施工的机械化程度。随着施工机械化程度的不断提高，一些施工企业的筑路机械已占企业固定资产的 80%以上。机械设备实力的强弱、性能的优劣、设备的完好性及配置是否合理，直接影响着工程质量、施工工期和综合效益。随着交通建设机械化施工的发展，如何科学合理地管理好、组织好施工机械显得越来越重要。

一、任务描述

根据机群作业模式，结合施工质量、施工成本、工期、施工机械（车辆）效率或寿命等因素，进行机群配置，并进行优化。

机械化施工机群组网可分为三个阶段：第一个阶段为机群合理选择阶段，在该阶段将确定选择何种类型的工程机械以及其大小；第二个阶段为机群优化阶段，该阶段是以使机群作业效率最高为目标，合理组合第一阶段中选择的工程机械；第三个阶段是集群组合实施阶段，在确定组合方案之后，列出具体实施方案，表明机群作业在何种条件下运行。

二、任务要求

在本学习任务完成过程中，你应该努力做到以下几点：

（1）知道机械化施工机群配置的总体原则；

（2）掌握沥青混合料搅拌机、摊铺机、压实机、运输车等机组的配置方法；

（3）正确描述优化机械化施工机群配置的方法；

（4）理解机械化施工机群作业控制方式；

（5）了解智能施工机群作业控制方式。

三、任务实施

将学生按特定数量分组，明确每组的工作任务，并填写分组任务表（见表 8-1），每组任务可以一样也可以有差异性，视任务大小而定。

表 8-1　学生分组任务情况表

组别	工作任务	备注
1		
2		
3		
4		
5		
6		

【问题引导 1】

沥青路面机群需要如何配置？

____

____

【学习提示】

通常，按照以下原则对沥青路面机群进行配置：

（1）主导机械。

沥青混凝土路面面层施工中，主导机械是指沥青混合料搅拌站中的搅拌机；搅拌机组的配置以路面面层施工质量要求、工程量大小和工期为依据。

（2）主要机械。

主要机械包括沥青混合料摊铺机组、运输汽车、压实机械、装载机以及洒水车；主要机械的配置必须服从主导机械，以提高主导机械工作效率。

沥青混合料搅拌机必须是强制间歇式搅拌设备。其基本技术性能除必须满足国家有关沥青混合料搅拌机标准外，还必须满足高速公路沥青路面热拌沥青混合料拌制质量要求，且符合国家环境保护相关规定。

沥青混合料搅拌机的其他配套设施性能要求如下：

（1）沥青罐储量应保证搅拌机能至少连续工作 8 h。

（2）沥青脱桶设备或沥青罐的加热装置应能保证沥青混凝土路面正常施工时沥青罐沥青储量或沥青加热的需要。

沥青混合料摊铺机必须具备左右独立液压驱动的履带式行走装置，摊铺速度具有恒速控制功能，输分料传动装置必须具备电液比例无级调速功能，且具备全埋分料的传动能力，料位应采用超声波传感控制，熨平板必须具备使得预压密实度大于 90%的振捣、振动压实机构，配有先进的自动调平装置。沥青混合料摊铺机组的配置以路面施工工艺规范要求和进度要求为依据。沥青混凝土路面施工中，单台摊铺机的最大摊铺宽度不能超过 7.5 m。沥青混合料摊铺机的摊铺方式主要有单机全幅摊铺和多机并行梯状摊铺两种。沥青混合料摊铺机的柴油机冷却系统、液压油冷却系统应具有良好的散热能力，能够保证摊铺机在 50 °C 的高温环境下 24 h 连续作业的要求。

压实机械机组配置取决于沥青混合料摊铺层厚度和压实机械的压实能力。沥青混合料铺层厚度决定压路机的选型，如质量、振幅、振频；压实能力决定压实机械机组配置数量。

沥青混合料初压时，应采用双轮双轴轻型压路机或振动压路机（静压）；沥青混合料在复压时，应采用双钢轮振动压路机、轮胎压路机或双轮双轴重型压路机；沥青混合料在终压时，应采用双钢轮振动压路机（静压）、轮胎压路机或双轮双轴轻型压路机，如表 8-2 所示。

表 8-2　压实机械选型

作业工序	行驶速度/（km/h）		碾压遍数	类型
	适宜	最大		
初压	1.5 ~ 2	3	2	双轮双轴轻型压路机
	1.5 ~ 2	5	2	振动压路机（静压）
复压	2.5 ~ 3.5	5	4 ~ 6	双轮双轴重型压路机
	3.5 ~ 4.5	8	4 ~ 6	轮胎压路机
	4 ~ 5	6	4 ~ 6	双钢轮振动压路机
终压	2.5 ~ 3.5	5	2 ~ 4	双轮双轴轻型压路机
	2 ~ 3	5	2 ~ 4	双钢轮振动压路机（静压）
	4 ~ 6	8	2 ~ 4	轮胎压路机

沥青混合料运输车组的运输能力由车组的单个运输力量组成。车组整体运输能力

由沥青混合料搅拌机组的生产能力确定，并适当大于沥青混合料搅拌机组生产能力。路面正常施工时，车组的运输力量应使搅拌机前等待装料和摊铺机前等待卸料的车辆排队数量保持在 1～2 辆。在路面施工中，随着工况的变化，运输车组的运输能力会发生变化。

【问题引导 2】

机群作业如何优化?

【学习提示】

所谓机群的最优配置或称机群最优组合，即以机械化作业机群系统为对象，运用概率统计、运筹学、模拟仿真等方法，经分析、判断、推理，建立系统数字模型，进而采用最优化方法求得系统的最佳结果，使系统中各组成机械及设备在技术参数上相互协调，在工艺方法上相互配合，从而获得技术上先进、运行中可靠、经济合理的机群配置和调度系统。沥青路面机群作业系统的工艺流程如图 8-1 所示。

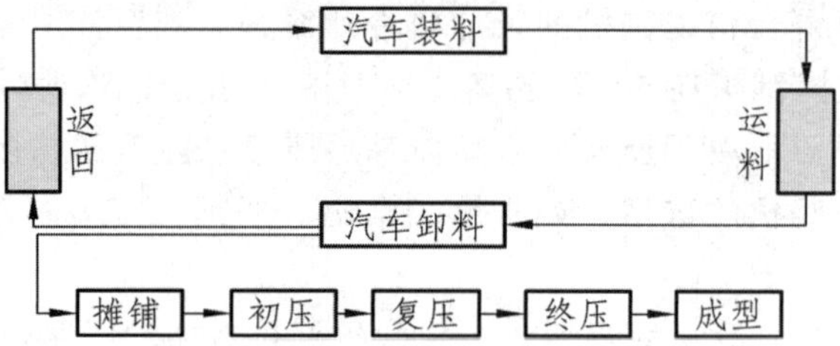

图 8-1　沥青路面机群作业系统的工艺流程

沥青路面机群作业的理想工况是拌合机、摊铺机、初压机、复压机、终压机前面没有运料汽车或待压路段在排队等待服务，各种设备有条不紊地进行作业，没有空闲和资源浪费。

【问题引导 3】

机群作业如何控制?

【学习提示】

根据网络连接的方式，将机群智能化系统分为五大块：机群智能化工程机械管理与监控中心（中央控制室）、移动通信车、摊铺机群子系统、搅拌站、自卸卡车车队。中央控制室负责对整个系统中的各种机械进行统一管理、监控及调度；中央控制室直接与国际互联网相连。摊铺机群子系统主要包括摊铺机、压路机和转运车。由于施工的特殊性，在各单机内部采用 CANBUS 总线通信技术；由于摊铺机、压路机、转运车之间协同工作紧密，数据交互量大，通常采用无线通信方式构成无线局域网。移动通信车设在离施工现场 10 ~ 20 km 范围。它一方面与摊铺机机群系统构成无线局域网，另一方面通过国际互联网与中央控制室进行数据交换，即完成无线与有线的转换工作。拌和站负责材料的配比、搅拌工作。搅拌站与中央控制室相邻，它自身采用 CAN 总线结构，并通过 CAN 总线与中央控制室相连接。自卸车通过无线通信链路实时地将位置、作业状态等信息发送到中央控制室，并接受中央控制室的调度管理。

四、拓展学习

根据沥青混凝土路面施工工程的特点，并模拟传统由人工指挥调度的施工调度方法和公路施工机群的层次划分原理建立了按功能分组的分层-分布式的组织结构，如图 8-2 所示。

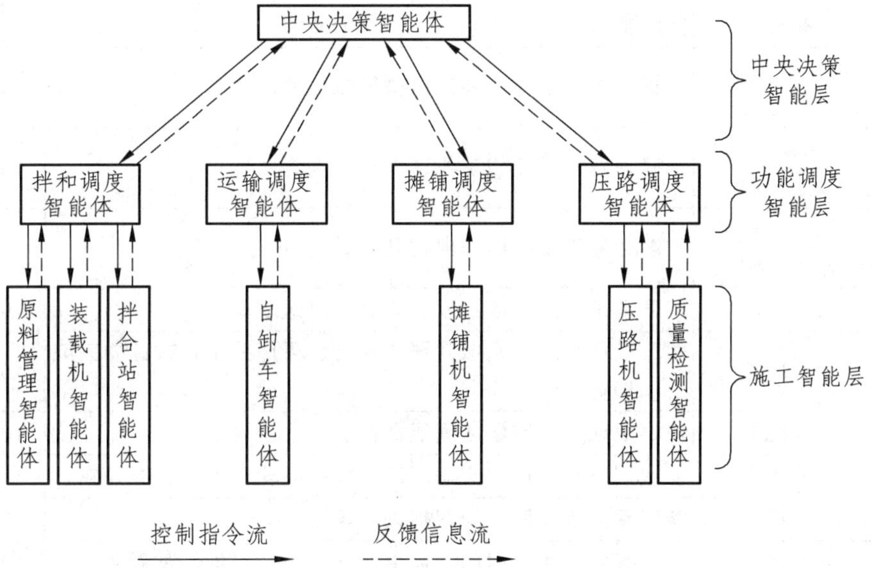

图 8-2 分布式体系结构

该体系结构属于行政管理性质，处于顶层的是中央决策智能层，具有最高的权限，相当于“项目总经理”，它根据工程要求和整个机群的施工能力确定施工进度和参数，负责整个施工系统的协调作业，实时处理施工过程中下级调度决策智能体上传的信息，对影响整个系统运行的情况做出相应的决策和调度。中间层为功能调度智能层，包括拌和调度智能体、运输调度智能体、摊铺调度智能体以及压路调度智能体等，它们相当于公司职能部门的“经理”。中间层的任务是负责调度位于其下层的工程机械完成系统设定的任务，维持生产节拍，保证质量参数，接受决策调度指令并把涉及改变整个系统状态的决策结果通知中央调度决策智能体。施工智能层包括在路面施工中完成某种施工任务的施工机械或设备，它们具有机群智能化协调作业所需要的智能化程度，有一定程度自动检测自身状况或环境的能力，与机群进行信息交互的通信能力以及移动设备的定位能力等，能够接受上级的决策调度指令并把本身的状态信息及时反馈给其上层的调度智能体，它们相当于公司的“职能部门”。不同层次的智能体具有不同的职能，顶层和中间层智能体的主要职能是对整个公路机械化施工机群的协调调度，它们不是具体的工程机械，是能够对施工过程中实时出现的各种情况进行处理和决策的软件智能体，而施工智能层是智能化工程机械，它们接受上级智能层下达的生产调度指令，进行协同施工。基于该体系结构开发的公路施工机群智能化协调作业系统可以在保证完成施工任务的前提下，达到追求机群资源的最优配置、最优工作效率和最佳工程质量的目的。

五、评价反馈（见表 8-3）

表 8-3　自评与反馈

序号	评价项目	评价标准	分值	得分
1	机械化施工机群配置	能正确理解机械化施工机群配置的总体原则，掌握施工机组配置方法	10	
2	机械化施工机群优化配置	能正确描述机械化施工机群优化配置的方法	10	
3	机械化施工机群作业控制	正确理解机械化施工机群作业控制方式	10	
4	智能施工机群作业控制	了解智能施工机群作业控制方式	10	
5	工作态度	态度端正、无无故缺勤、迟到、早退现象	10	
6	工作质量	能正确理解工程机械管理中安全、环保要求，按计划完成工作任务	10	
7	协调能力	与小组成员、同学之间能合作交流，协调工作	10	
8	职业素质	能做到安全生产，文明施工，保护环境，爱护公共设施	10	
9	知识拓展	能查阅文献，深入学习相关知识	10	
10	创新意识	能针对具体管理案例，运用新知识思考可能的创新点	10	
合计			100	

六、课后巩固

1. 填　空

（1）沥青混凝土路面面层施工中，主导机械是____________________。

（2）沥青混合料______________决定压路机的选型，如重量、振幅、振频；________决定压实机械机组配置数量。

（3）沥青混合料运输车组整体运输能力由沥青混合料搅拌机组的________确定。

（4）沥青路面机械化施工机群作业的理想工况是拌合机、摊铺机、初压机、复压机、终压机前面________________________________。

（5）根据网络连接的方式，机群智能化系统分为五大块：中央控制室、移动通信车、______________、搅拌站、自卸卡车车队。

2. 单　选

（1）沥青混合料搅拌机的沥青罐储量应保证搅拌机能至少连续工作________h。

A. 2　　B. 4

C. 8　　D. 10

（2）沥青混凝土路面施工中，单台摊铺机的最大摊铺宽度不能超过________m。

A. 5　　B. 7. 5

C. 10　　D. 15

（3）由于摊铺机、压路机、转运车之间协同工作紧密，数据交互量大，通常采用________无线通信方式。

A. 无线局域网　　B. CANBUS 总线

C. 国际互联网　　D. 红外线

情境八任务一数字资源

任务二 工程机械智能监控

工程机械具有技术结构复杂、前期投资大、设备流动性大、工作环境恶劣以及运输转移困难等特点，而工程机械行业内部竞争激烈，为赢得客户，按揭、分期付款与融资租赁等新型销售方式被越来越多的厂商所使用。在新时期发展背景下，越来越多的信息技术应运而生，如地理信息技术、现代通信技术等。通过 GPS，GPRS 等技术手段建立的远程监控系统，可以实现减少人员干预、减少数据采集录入工作量、预防造假、远程监控及设备调配等需求。从中可看出，工程机械智能监控管理已是未来发展主要趋势。

一、任务描述

在工程机械智能监控过程中选择合理的通信技术和监控方法，对出售或租赁出去的工程机械进行精准定位，对设备工况、使用状态以及地理信息进行采集与统一调度，并对数据进行相应分析，及时协调处理故障、安全隐患、设备调度等工作，更加合理地实现工程机械设备智能化管理。

二、任务要求

在本学习任务完成过程中，你应该努力做到以下几点：

（1）了解工程机械设备远程监控无线通信方式的特点；

（2）能正确描述工程机械智能管理系统组成，并说明各部分的作用；

（3）正确理解工程机械设备监控管理中心管理工具的作用；

（4）掌握工程机械运行状态的特征，并能根据监控传感器的信息分析工程机械状态；

（5）了解基于物联网技术的工程机械智能调度与监控系统的结构特征；

（6）了解物联网技术在工程机械管理和施工智能化中的应用。

三、任务实施

将学生按特定数量分组，明确每组的工作任务，并填写分组任务表（见表 8-4），每组任务可以一样也可以有差异性，视任务大小而定。

表 8-4　学生分组任务情况表

组别	工作任务	备注
1		
2		
3		
4		
5		
6		

【问题引导 1】

如何选择工程机械设备远程监控无线通信方式?

____

____

【学习提示】

无线通信按载波频率分可分为无线电通信、微波通信和红外线通信。无线电是指频率低于 300 MHz 的电波。微波是指频率为 300 MHz ~ 300 GHz 的电磁波，它是现在陆地公用无线通信服务系统主要的采用方式。红外线是指频率大于 300 GHz 无线电波，红外线系统由于其特殊的性能在无障碍的高速传输场合中受到重视及广泛应用。

几种典型的无线通信系统结构及特点如下：

（1）无线局域网。

无线局域网是指采用无线传输媒体的计算机局域网。它采用的标准是 IEEE 802.11 协议。无线局域网主要由无线网卡、无线接入点 AP（Aecess Point）、计算机和有关设备组成。

（2）GPS 系统。

全球定位系统（GPS）是由 24 颗高度为 20 000 km 的卫星组成，它们以 6 个不同的运行轨道运行，可提供全球范围从地面到 9 000 km 高空任一载体的高精度的三维位置、三维速度和精确的时间信息。安装在车辆上的车载单元只要能收到来自三颗卫星的定位信号，就可定出该辆车的经、纬度位置和时间信息。GPS 系统包括三大部分：空间部分——GPS 卫星星座、地面控制部分——地面监控系统和用户设备部分——GPS 信号接收机。

（3）数字电台系统。

数字电台系统是运用于特殊场合的无线通信系统，可用于点对点或点对多点的工作环境，电台提供标准 RS-232 接口，可直接与计算机、RTU、PLC 等数据终端连接，无中转通信距离达 50 km 以上，并能适应室内或室外的恶劣工作环境。

【问题引导 2】

工程机械智能管理系统由哪些部分组成？各部分的作用是什么？

【学习提示】

工程机械智能管理系统可以实时监控工程机械设备的各类工况信息，如设备运行工作状态参数、故障异常信息以及设备定位导航信息等。此外，通过远程终端发布指令后，可以实现对现场设备的实时远程控制。工程机械智能管理系统由现场数据采集终端、数据传输系统、设备远程监控系统、设备信息管理平台四大功能模块组成。

现场数据采集终端主要由GPS定位模块、GPRS传输模块以及DSP数字信号处理模块三部分组成。各个设备传感器都会与CAN总线相连，并将其检测得到的各类信息数据都传输至DSP数字信号处理模块进行数据处理。其中，GPS定位模块的主要功能是为工程机械设备提供实时定位和导航辅助；GPRS传输模块以封包形式将工程机械实时设备参数以及定位导航状态等信息传送至服务器端；DSP数字信号处理模块的主要功能则是将各类信息数据进行调制、滤波以及压缩，最终按照特定的协议打包处理，其获得的数据主要是各传感器测得的设备状态信息以及GPS定位模块获得的定位导航信息。

数据传输系统主要用于实时监控由CAN总线传来的各传感器所测得的设备状态信息，并将其进行解析转码后发送至服务器端。同时，用户可以在远程发送相关控制指令，并通过该系统传递，实现对现场设备远程操纵。通过使用双工通信，提升了信息传递的效率和可靠性。

设备远程监控系统的主要功能是实时查看对应的工程机械设备状态信息，并通过图形用户界面（GUI）清晰明了地给用户展示实时地理位置信息、工作状态与设备参数。一旦现场出现任何异常状况，监控系统都可以立即在终端同步显示，便于及时处理故障和意外状况。同时，设备所有历史工作状况记录、故障报告、维护状况以及现场状态都由系统数据库统一管理，便于用户查询。

设备信息管理系统主要包含存储工程机械设备各类信息的数据库，可以帮助用户对设备状态的状态信息、位置信息、用户信息等数据进行增加、删除、更改以及查询等操作，可以对重点信息进行标注，对错误信息进行处理等。该系统的设计好坏影响了整个工程机械智能化管理系统的运行效率，决定了用户的体验感。

【问题引导3】

工程机械设备监控管理中心有哪些管理工具?

【学习提示】

通常来说，工程机械设备监控管理中心都是以地理信息系统为核心的，其借助通信系统、电子地图、数据库系统、信息管理系统等多种管理工具，开展机械设备的具体监控管理工作，具体作用如下：

（1）通信系统。工程机械设备控制器的主要作用就是对传感器运行期间产生的各种信息数据进行准确收集整理，如用户信息、报警信息等，进而利用万维网来对每一移动站进行监控，监控平台一旦发现有效信息便要立即将其存储到数据库中。此外，需注意，在此过程中需开展较为复杂的编码、解码工作。

（2）电子地图。根据相关调查显示可知，通常工程机械设备监控平台需配置大量电子地图，不仅能实现地图比例大小的任意调整和准确查询，还能根据历史运行轨迹准确找出相关信息数据。

（3）数据库系统。数据库系统的主要作用就是准确记录所有来往机械设备数据信息，充分展现系统具有的数据恢复和备份功能，并且还能与企业内部实现有效连接，进而自动获得某一机械设备技术参数数据，如维修记录、日常检查、客户实际信息等，便于更加顺利开展机械设备辅助监控管理工作。

（4）信息管理系统。信息管理系统主要包含两点内容：机械设备信息管理和接收信息管理，其中机械设备信息管理主要是指对所有运行设备进行合理的管理维护工作；而接收信息管理则是指从接收数据中有效分离位置信息，便于在显示屏幕上显示出该设备详细情况。

【问题引导 4】

工程机械设备有哪些常见状态?

____

____

【学习提示】

工程机械的运行状态十分复杂，通常需要监控的工程机械设备的状态主要包括停机、怠速、负荷运转、设备转场，以及是否燃油补充（低油量、异常油耗）等。

1. 停　机

停机是指工程机械结束作业后，发动机熄火，车辆不再运作。工程机械设备停机顺序：先将设备开至合适的停机位，稳定车身姿势，收起机械设备作业臂，将油门旋转至怠速油门，运行 5 min 左右后熄火。

2. 怠　速

怠速是一种常见的工程机械设备状态，施工过程中设备的怠速是不可避免的，怠速指的是发动机空转时的状态，就是工程设备机械在没有作业时，发动机在无负荷的情况下运转。

在日常施工中，很多工程设备怠速时间占设备运行时间的 40% ~ 50%，怠速时间内发动机燃烧的机油没有创造任何价值，换句俗话说，就是在“烧钱”。长时间的怠速除了会增加油耗量，还会给设备和工程作业带来以下的影响：

（1）增加燃油成本，降低作业效率；

（2）降低设备发动机等部件寿命；

（3）产生额外的保养费用，比如更换滤芯等；

（4）增加维护的时间，耽误工程进度；

（5）增加发动机磨损，影响二手机价值；

（6）燃油不完全燃烧，增加废气排放，影响环境。

因此在工程中需要尽量减少工程设备处于怠速状态的时间。

3. 负荷运转

负荷运转是指工程机械设备的正常工作状态。此时设备的发动机运转，工作臂正常运作。发动机消耗燃油，工程作业正常进行，产生经济效益。

负荷运转是我们需要的工程机械设备工作状态，要尽可能地确保设备有足够的负荷运转时间，把处于怠速和停机的工程设备分配到需要工程作业的地方，增加经济效益。

4. 设备转场

设备转场是工程设备需要转移到目标施工地点进行作业，近距离的转场是通过启动工程机械行驶至目标地点，而远距离的转场是通过大型卡车进行移动。其中近距离转场，工程机械的发动机正常启动并产生油耗；而远距离转场，设备会停在卡车内，在停机的状态进行移动。设备转场过程中因行驶的路况情况变化如转向和上下坡，角度传感器会监测到数值变化。

5. 燃油补充

燃油补充主要是监控设备的加油状态，包括加油的时间、加油地点和加油量自动生成报表，减少人员的干扰。可见工程机械需要监测的状态繁多并且复杂，而工程项目需要减少设备的闲置和空耗，合理地增加负荷运转时间，并且需要记录下设备的油耗和加油情况，改善设备的调度情况。

【问题引导5】

如何进行各类工程机械状态监控分析？

____

____

【学习提示】

各类工程机械可监控状态如表8-5所示，各类机械监控点布置如下。

主要监控点：发动机上安装的温度传感器，油箱底部的油压传感器和挖掘臂安装角度传感器；辅助监控点：通过安装在操作室的GPS传感器监测该机械设备的位置信息。

表8-5　各类工程机械可监控状态

设备种类	监控传感器	监控状态
挖掘机械/铲土运输机械/起重机械	温度、角度、油压、GPS	停机、怠速、负荷运转、转场、低油量、异常油耗
压实机械/桩工机械/钢筋混凝土机械	温度、油压、GPS	

【问题引导6】

基于物联网技术的工程机械智能调度与监控系统有何结构特征？

【学习提示】

工程机械产品监控的内容主要分为两部分：静态信息和动态信息。静态信息主要包括设计信息、制造信息、流通信息、维护信息等；动态信息主要是产品主要部件的状态参数信息，如压力、流量、温度、电压、电流等。

施工机群包括沥青混合料搅拌站、自卸卡车、转运车、摊铺机和压路机五个机种。搅拌站拌好的混合料由自卸卡车送至转运车进行二次搅拌，由摊铺机摊铺、熨平与预压实后，压路机进行终压实。整个系统由“调度与控制”“机群定位”“通信网络”“状态监测”“故障诊断与维护”五个功能模块组成。系统按空间位置布局可分为六个部分：中央控制室（管理与监控中心）、移动通信车（距离较远时）、摊铺机群（转运车、摊铺机、压路机）、搅拌站、自卸卡车车队、远程维护中心。

中央控制室是整个工程机械智能调度与监控系统的中枢，与搅拌站毗邻，负责对整个系统中的各种机械进行统一管理、监控及调度；根据单机运行状态信息和单机工艺模型，在最优调度软件支持下产生单机调度信息，机群内各单机运行及施工状态均在控制中心大屏幕上显示。中央控制室与远程维护中心通过互联网相联。摊铺机群系统包括摊铺机、压路机和转运车，它们之间的协作控制是整个智能化机群系统的重点。物料运输车队以 GSM 短信息形式与中央控制室联系，按控制中心指令进行物料运输与调配。通信网络系统由无线局域网、数传电台、GSM 和互联网组成。摊铺机群因相互位置邻近，通过安装在摊铺机上的 AP 网桥形成局域网，局域网与控制中心通过无线数传电台联系，当距离较远时，需加移动通信车。远程维护中心通过互联网接收机群控制中心的维护请求及发出维护指导意见。机群智能调度与监控系统基本结构如图 8-3 所示。

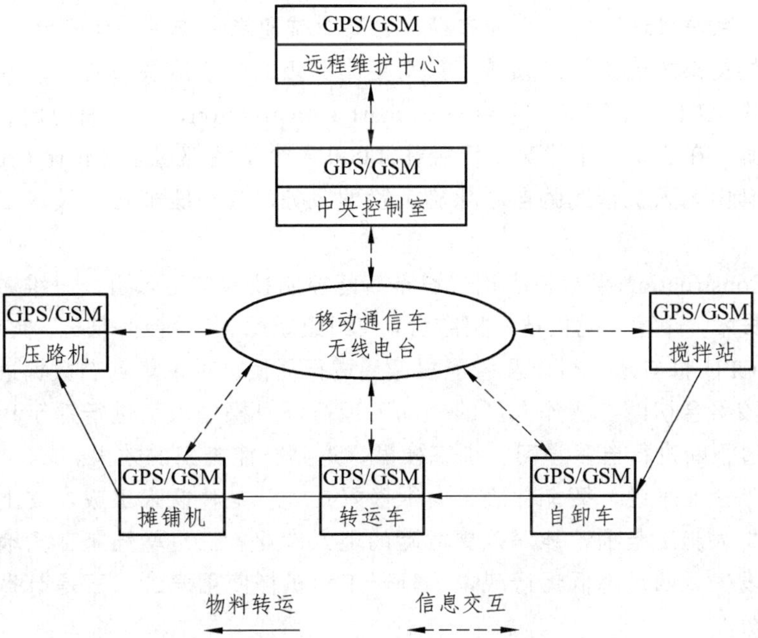

图 8-3　机群智能调度与监控系统基本结构

四、拓展学习

1. 物联网在施工智能化中的应用

智能施工是当前物联网在工程机械施工领域最为广阔的应用场景。随着人工成本的不断升高以及无线传感器、边缘计算等物联网技术的不断成熟和普及，智能施工在工程建设领域，尤其是矿山中的应用也愈发普遍。

日本小松集团联合一些科技企业跨界打造的自动运输系统（AHS）——Front Runner，已经成为全球众多大型矿山的首选智能运输系统。该系统在安全性、生产力、环境耐受性以及系统灵活性等方面均有良好的表现，并且自动运输的物料量级也是行业之最。

小松 Front Runner 系统是一个综合性的矿山车队管理系统，接入此系统的每一台矿用自卸车都配备车辆控制器、高精度 GPS 模块、障碍物侦测系统、无线网络系统。车队管理中心给每一辆矿用自卸车预先设置运输目的地，车辆接收到无线指令后，以合适的速度按照预定路线行进。矿用自卸车由高精度 GPS 模块、控制中心无线指令和其他引导装置，来确定其在该矿山内的准确位置坐标以及周边设备与物料情况，这样一来，矿用自卸车便能够在无人操作下实现复杂场景的装载、运输和卸载。

除了矿用自卸车之外，物料运输作业中需用到的其他工程机械和辅助车辆也被纳入到这个智能管理系统内。装载物料时，配备高精度 GPS 模块的挖掘机（装载机）同样会上传自身位置和状态到管理中心，由管理中心计算并引导矿用自卸车至正确的装载位置。装载完成后，矿用自卸车将按照指定路线行驶到卸载位置，保证准确卸载。在安全方面，Front Runner 系统可避免场内工作的矿用自卸车、平地机、推土机、服务车辆和其他设备之间互相碰撞。此外，如果障碍物侦测系统发现车辆行驶路线上有其他并未纳入该系统管理下的行人或车辆，会马上减速或停驶，确保安全。

对于更加复杂的建筑施工领域，只有更高等级的智能解决方案才能胜任。小松集团大力推进的 AI（人工智能）平台——Smart Construction，便是面向建筑施工领域的智能解决方案。在日本，小松集团已经在 4 000 多个工地部署了 Smart Construction 平台，它是一套由无人机辅助的自动化施工管理服务，旨在缓解日本技术工人严重短缺的情况。

Smart Construction 平台将小松的设备智能控制技术与无人机、三维激光扫描仪施工现场测绘技术、计算机视觉技术相结合，共同组成此 AI 平台的基础，实现智能施工。平台搭载的 GPU 将与无人机以及智能摄像头进行通信，对采集到的数据进行分析和可视化处理。该平台初期在操作人员的辅助下运行，对操作人员进行提示和预警，其终极目标是通过不断进行自我学习，训练模型，达到智能施工的效果。

对于施工企业来说，智能化施工有很多好处：一是降低人工成本支出；二是提升施工效率，扩大施工范围，能深入更危险的地方作业；三是增强施工场地的安全性，减少意外的发生；四是降低运行成本，延长工程机械使用寿命；五是节省燃油和减少污染物的排放。

2. 北斗导航系统在工程机械中的应用

近年来，我国道路施工行业得到快速发展，工程机械对于建设施工来说，是应用比较广泛的工具，而且通过卫星高精度定位提高工程机械的施工精度可大大改善道路质量，北斗导航系统已逐步满足工程机械运行和施工定位对高精度的要求。2015 年 6 月，“中国精度”正式提供服务，该全球星基高精度增强服务系统将使我国北斗用户无需架设基站，在全球范围享受便捷的亚米级、分米级和厘米级三种不同精度层级的增强服务。

工程机械车联网是指针对工程机械车辆，对其出厂前车辆属性信息和出厂后静、动态信息进行提取和采集（利用安装在车辆上的物联网 GCU 终端），建立统一的数据中心，并根据工程机械厂家、代理商、用户等对车辆信息的不同需求，分别提供车信通、车贷通、车务通等信息服务。2000 年以来，我国科技应用企业利用自身研发优势，创造性开发了工程机械车联网系统，为做大做强工程机械行业助力加油。2014 年江苏吉美思发布了第三代 GMS 工程机械信息化系统，它采用我国自行研制的北斗导航系统，利用 3G 技术，以物联网技术、数据挖掘技术、云计算技术等车联网综合技术，以“一个统一中心，三个应用平台”为核心（车信通、车贷通、车务通），远程采集工程机械的地理位置、运动、工作状态、报警状态等信息，并进行大数据挖掘、远程监测、故障诊断和技术支持，通过 PC、智能手机端、多媒体车载终端及平台对接形式进行信息推送，为工程机械厂家、代理商、用户等提供覆盖工程机械产品全生命周期的信息服务，从而为我国工程机械行业制造服务化探索新的途径。

基于北斗导航系统的工程机械车联网系统如图 8-4 所示。

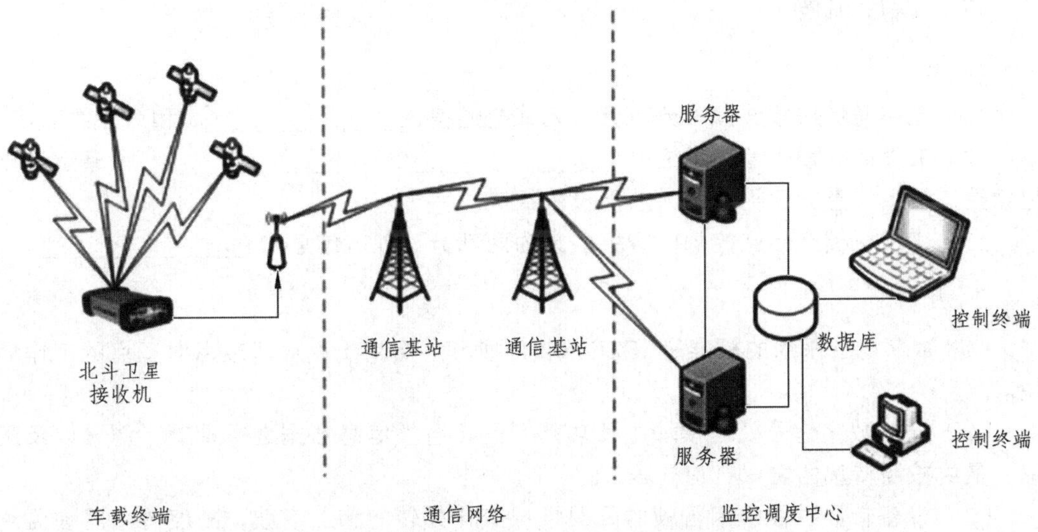

图 8-4　基于北斗导航系统的工程机械车联网系统

北斗卫星接收机实时处理北斗卫星定位系统的定位信息，经主控制模块的处理后，将处理后的坐标信息传回至监控调度中心。卫星接收机预留 CAN 数据接口，可接入工程机械运行的状态信息。

五、评价反馈（见表 8-6）

表 8-6 自评与反馈

序号	评价项目	评价标准	分值	得分
1	无线通信方式	了解工程机械设备远程监控无线通信方式的特点	10	
2	工程机械智能管理系统组成	能正确描述工程机械智能管理系统组成，并说明各部分的作用	10	
3	工程机械设备监控管理工具	正确理解工程机械设备监控管理中心管理工具的作用	10	
4	工程机械运行状态	掌握工程机械运行状态的特征，并能根据监控传感器的信息分析工程机械状态	8	
5	物联网技术应用	了解基于物联网技术的工程机械智能调度与监控系统的结构特征，了解物联网技术在工程机械管理和施工智能化中的应用	6	
6	工作态度	态度端正、无无故缺勤、迟到、早退现象	10	
7	工作质量	能正确理解工程机械管理中安全、环保要求，按计划完成工作任务	10	
8	协调能力	与小组成员、同学之间能合作交流，协调工作	10	
9	职业素质	能做到安全生产，文明施工，保护环境，爱护公共设施	10	
10	知识拓展	能查阅文献，深入学习相关知识	8	
11	创新意识	能针对具体管理案例，运用新知识思考可能的创新点	8	
合计			100	

六、课后巩固

1. 填　空

（1）无线通信按载波频率分可分为无线电通信、________________和红外线通信。

（2）工程机械智能管理系统由________________、________________、设备远程监控系统、设备信息管理平台四大功能模块组成。

（3）工程机械产品监控的内容主要分为两部分：静态信息和________________。

2. 判　断

（1）数字电台采用的标准是 IEEE 802.11 协议，可用于点对点或点对多点的工作环境。（　）

（2）DSP 数字信号处理模块主要功能则是将各类信息数据进行调制、滤波以及压缩，最终按照特定的协议打包处理。（　）

（3）设备转场过程中因行驶的路况情况变化如转向和上下坡，角度传感器会监测到数值变化。（　）

情境八任务二数字资源

任务三　工程机械大数据分析

大数据时代信息技术发展迅速，使得计算机网络技术广泛应用于工程机械维修和工程建设中。通过传感器等技术对工程机械的运行状态进行监控，开展设备运行过程的大数据分析，并建立与之配套的维修体系，在此过程中，逐渐实现了对工程机械设备的大数据管理。

一、任务描述

结合工程机械维修管理需要，了解大数据背景下的远程监控技术应用，掌握大数据驱动的维修体系概念和结构特征，熟悉工程机械大数据驱动的维修流程。

二、任务要求

在本学习任务完成过程中，你应该努力做到以下几点：

（1）掌握大数据驱动的维修体系的概念和内涵；

（2）知道大数据驱动维修工作流程和各环节的具体内容；

（3）正确理解大数据驱动的维修体系结构组成及各部分作用；

（4）了解大数据背景下的远程监控技术特点和实际应用。

三、任务实施

将学生按特定数量分组，明确每组的工作任务，并填写分组任务表（见表 8-7），每组任务可以一样也可以有差异性，视任务大小而定。

表 8-7　学生分组任务情况表

组别	工作任务	备注
1		
2		
3		
4		
5		
6		

【问题引导 1】

什么是大数据驱动的维修体系（BDDM）？

【学习提示】

在很多企业中，资产老化和运营风险不断增加，设备更新带来新的不确定性，而人员更替、经验不足，又带来新的运营风险。随着时代的发展，数据中的有效信息不断被挖掘，“数据金矿”逐渐显露，其可利用的价值不断增加。在精准维修时代，决策支持技术或自动化决策技术基本依赖数据。

越来越多的企业思考如何在数据里挖掘为什么发生，将发生什么，以及未来最可能发生什么的精准信息，辅助做出维修决策，从而形成大数据驱动的维修（Big Data Driven Maintenance），也称为大数据导向的维修（Big Data Oriented Maintenance）。

【问题引导 2】

大数据驱动维修有哪些流程?

【学习提示】

企业思考设计的大数据驱动维修的流程如图 8-5 所示。

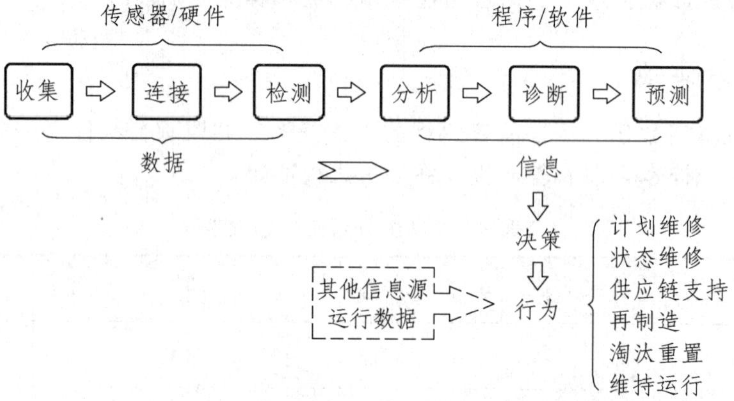

图 8-5　大数据驱动维修的流程

在这一流程里，通过传感器和硬件获取、检测数据，通过软件和程序进行筛选、过滤、分析和诊断，能够预测设备的未来状态，指导维修行为。这些维修行为包括持续运行、预防维修、相关资源的配置和支持或者再制造和重置等。

【问题引导 3】

大数据驱动的维修体系有哪些环节?

【学习提示】

大数据驱动的维修体系从培训与训练开始；其次是开发监测工具，对设备实施有效监测；接着是预测设备状态；然后提出可靠性解决方案并加以实施；最后将产生的经验和案例归纳、反馈给知识中心，构成未来指导设备维修可调用的知识库，如图 8-6 所示。

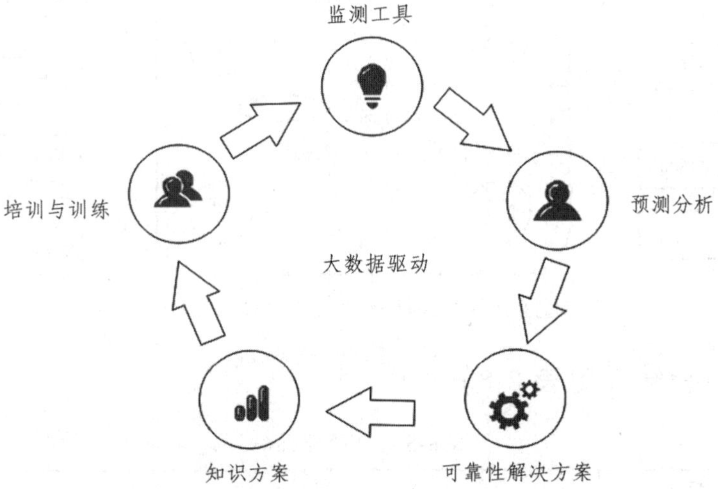

图 8-6　大数据驱动的维修流程

【问题引导 4】

大数据驱动的维修体系是怎样的结构?

____

____

【学习提示】

围绕着大数据驱动的维修，有的企业提出如图 8-7 所示结构。图中，将资产状态监测、数据采集与监视控制（Supervisory Control And Data Acquisition，SCADA）系统和风险监测，以及外部数据、维修管理数据纳入体系。左侧是相关的分析内容，作为输入内容；右侧是输出的内容，包括维修策略、维修计划和相关故障处理视型。

四、拓展学习

大数据的发展使信息技术得到迅速发展，远程监控技术是基于传统的监控技术发展起来的，它融合了计算机网络技术的无线信息传输技术，实现了监控过程的实时性、远程性。其不仅应用于工程机械监控，在各行各业都得到了广泛的应用。远程监控技术融合了计算机网络视频的远端传输功能，可以实现对工程机械设备的实时监控。使用远程监控对机械设备进行监督管理、调度使用，可以在最短的时间内解决机械设备的维护、维修问题。远程监控技术最主要的特点就是具有远程性和监控作用，现代企业通常使用基于 B/S 模式的监控技术设备，对工作进行指挥和监督。对工程机械设备进行远程监控，可以减少使用过程中工程机械设备的损坏，实现对机械设备的远程控制、检修，分析、解决机械设备故障，从而使得工程建设顺利进行，保证工程进度，实现机械设备各种信息的实时管理。

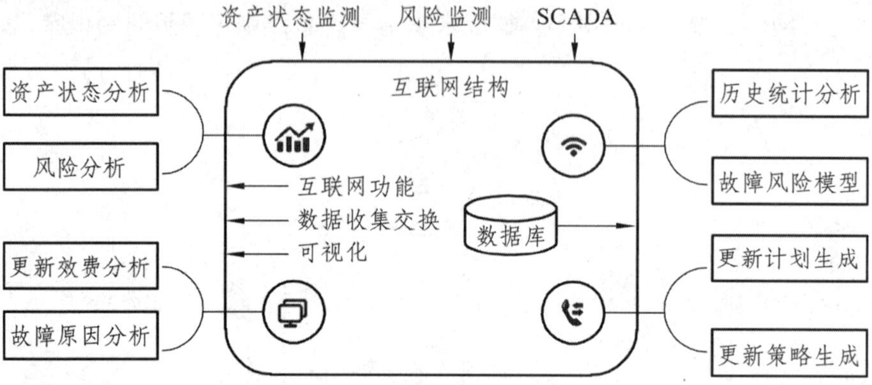

图 8-7　大数据驱动的维修体系结构

五、评价反馈（见表 8-8）

表 8-8　自评与反馈

序号	评价项目	评价标准	分值	得分
1	大数据驱动的维修体系基本知识	掌握大数据驱动的维修体系的概念和内涵	10	
2	大数据驱动维修工作流程	知道大数据驱动维修工作流程和各环节的具体内容	10	
3	大数据驱动的维修体系结构	正确理解大数据驱动的维修体系结构组成及各部分作用	10	
4	大数据背景下的远程监控技术	了解大数据背景下的远程监控技术特点和实际应用	10	
5	工作态度	态度端正、无无故缺勤、迟到、早退现象	10	
6	工作质量	能正确理解工程机械管理中安全、环保要求，按计划完成工作任务	10	
7	协调能力	与小组成员、同学之间能合作交流，协调工作	10	
8	职业素质	能做到安全生产，文明施工，保护环境，爱护公共设施	10	
9	知识拓展	能查阅文献，深入学习相关知识	10	
10	创新意识	能针对具体管理案例，运用新知识思考可能的创新点	10	
合计			100	

六、课后巩固

1. 填　空

（1）企业大数据驱动维修流程包括数据采集中的收集、连接、__________，信息处理中的分析、诊断、__________。

（2）大数据驱动的维修体系主要有培训与训练、开发监测工具、设备监测、______、提出可靠性解决方案、归纳经验和案例等环节。

（3）大数据驱动的维修体系输出的内容包括____________、维修计划和相关故障处理模型。

2. 判　断

（1）远程监控技术是基于传统的监控技术发展起来的，它融合了计算机网络技术的无线信息传输技术，实现了监控过程的实时性、远程性。(　　)

（2）大数据驱动的维修体系从开发监测工具开始；其次是对设备实施有效监测，接着是预测设备状态；然后提出可靠性解决方案并加以实施；最后将产生的经验和案例归纳、反馈给知识中心，构成未来指导设备维修可调用的知识库。(　　)

情境八任务三数字资源

参考文献

[1] 张爱山．工程机械管理[M]．2版．北京：人民交通出版社，2015.
[2] 田昌奇．工程机械与机具管理[M]．西安：西安交通大学出版社，2017.
[3] 周以德．公路工程机械设备管理[M]．北京：人民交通出版社，2008.
[4] 张志国．道路施工机群智能化管理系统的设计应用研究[J]．黑龙江交通科技，2013，36（7）：159.
[5] 晁玉增，李希胜．公路工程施工机群实时动态优化配置研究[J]．建筑经济，2009（S2）：184-186.
[6] 管啸天，张明路，高春艳，等．基于多智能体的公路施工机群分层—分布式体系结构研究[J]．河北工业大学学报，2008（3）：11-15.
[7] 陆宏新，莫志凡，缑永涛，等．沥青混凝土路面机械化施工机群作业规律研究[J]．黑龙江交通科技，2013，36（11）：181-182.
[8] 夏学军．沥青混凝土路面施工机械组织与机群配置研究[J]．黑龙江交通科技，2011，34（6）：226-227.
[9] 石宣喜．工程机械远程监控系统应用[J]．中华建设，2016（4）：106-107.
[10] 李冰，贺尚红，吴运新，等．沥青混凝土路面施工机群智能调度与监控系统[J]．筑路机械与施工机械化，2003（6）：29-31.
[11] 李玺，胡志刚，戚建．路面施工机群智能化管理及通信方法研究[J]．计算机工程与应用，2003（27）：220-223.
[12] 汪艳强．物联网在工程机械领域的应用及展望[J]．工程技术研究，2017（7）：132+156.
[13] 杜珍萍．物联网技术在机械设备管理中的应用与分析[J]．施工技术，2020，49（S1）：448-451.
[14] 莫文晖，於永东．北斗导航定位技术在工程机械远程监控中的应用[J]．通讯世界，2015（19）：270-271.
[15] 李海成，石国平．基于北斗卫星导航的工程机械车联网系统[J]．电子技术与软件工程，2014（19）：111.